普通高等教育数据新闻系列教材

数据新闻入门教程

主编 陈积银 曹树林

西安交通大学出版社
XI'AN JIAOTONG UNIVERSITY PRESS

内 容 提 要

本书是数据新闻课程的基础性教材。全书分为五个章节，分别是：第一章，数据新闻概论；第二章，数据新闻的选题；第三章，大数据语境下的信息提取：获取数据；第四章，数据分析；第五章，用数字讲故事：数据可视化。

本书图文并茂，读者可以从更加直观的角度来学习和了解数据新闻各个方面的知识。本书可以作为新闻专业学生的专业课教材，也可以作为新闻媒体从业人员的参考用书，还可以作为对数据新闻感兴趣人士的学习读本。

编委会成员（按姓氏拼音排名）

Pam Tobey　Rick Dunham　白红义　蔡晓艺

曹树林　陈　杰　陈积银　高红波　郭亚娟

刘　鹏　刘文红　王　未　王建磊　王资佶

吴　恒　杨　廉　赵　洋　曾凡齐

前言 Foreword

近年来数据新闻在国内外发展得如火如荼,是大数据技术对新闻业全面渗透的必然结果。2013年被称为"大数据"元年。数据新闻正是在大数据技术背景下逐渐兴起的一种新型的新闻生产方式,其核心是数据的挖掘、分析和可视化呈现。数据新闻是大数据技术对新闻业全面渗透的必然结果。它在一定程度上改变了传统新闻的生产方式,是未来新闻发展的主要方向之一。目前,国内外的媒体都在尝试运用此方法生产新闻,部分国内外的一流院校如哥伦比亚大学、密苏里大学、清华大学、中国传媒大学、中山大学、上海大学、河北大学等已经开设了相关课程与专业。西北师范大学也在整合资源,开设了数据新闻的相关课程,并与哥伦比亚大学合作举办了"数据新闻工作坊",进行了数据新闻生产的培训,邀请了全国近20家传媒机构参与。

甘肃省委依托西北师范大学成立了甘肃省融合媒体研训基地。基地成立一年来,邀请哥伦比亚大学的老师来甘肃为全国的莘莘学子培训数据挖掘和数据分析与可视化技巧。另外,基地还组织学员前往香港大学、复旦大学、上海大学等著名高校学习数据新闻的制作能力。

2015年4月,甘肃省融合媒体研训基地联合中国传媒经济与管理学会启动了首届中国数据新闻大赛。该活动历时3个月,在全国范围内征集了业界和学界的优秀数据作品88件,有70余家机构约300余人参与这项赛事。参赛的作品通过深度的数据分析、专题讨论或其他形式的研究来呈现其作品主题,内容涉及经济、环境、教育、时政、娱乐、文化等方面。此次大赛共收获了来自全球近10万人的投票参与。学界有哥伦比亚大学、纽约大学、密苏里大学、清华大学、北京大学、中国人民大学、中国传媒大学、西北师范大学等40多所高校,业界有人民日报社、上海报业集团、浙江日报集团、新京报、澎湃网、甘肃日报社等20多家媒体机构参与,受到了媒体从业人员、相关专业老师和高校学生的广泛关注。

2015年11月,甘肃省融合媒体研训基地联合北京师范大学新闻学院等机构在北京师范大学开启了第二届中国数据新闻大赛。经过近半年的组织,会务组共收到来自全国各地共计110余个队伍的报名信息,直接参与人数达600余人。此次活动的主题主要围绕新丝路经济带建设过程中的成就、机遇、挑战、传播与战略合作问题。此次大赛共收获了来自全球 15 万余人的投票参与。业界包括：人民日报、光明日报等 10 余家业界机构；学界包括清华大学、中国人民大学、复旦大学、武汉大学、北京师范大学、中国传媒大学、上海大学、华东师范大学、西北师范大学等 70 多所高校。北京捷泰天域信息技术有限公司、兰州智慧传播有限责任公司、《新闻与传播研究》、《新闻记者》、《网络传播》、《传媒》杂志、《西北师范大学学报》等机构参与了协办。

然而，在和众多的从业者和高校师生们交流的过程中，我们发现，当前数据新闻的制作，还是一件不太容易的事。国内数据新闻教学的教材奇缺。因此，甘肃省融合媒体研训基地特别组织国内数据新闻精英以及基地本身的成员编写了《数据新闻入门教程》。

本书共分为五章，第一章主旨在于厘清数据新闻的概念，讲述数据新闻的发展脉络，辨析数据新闻与统计新闻、精确新闻、算法新闻、计算机辅助新闻报道、数据可视化的概念。介绍在"信息爆炸"和"大数据"时代下，数据新闻的主要形态（包括数据地图、数据图表、数据漫画、专属新闻、数据驱动调查），并梳理国内外数据新闻的发展现状，包括当前业界的发展情况和学界数据新闻的教育情况。第二章从数据分析程度、选题的时效性两个维度梳理数据新闻可分为四类：展示型、分析型、周期型和突发型。并介绍数据新闻的选题类型、选题范围（包括互联网议题、体育议题、政治议题、体育议题）及发展现状，阐述了未来将呈现娱乐化、产品化、个性化的趋势。第三章主要基于大数据语境下的信息提取，介绍数据搜索的方法，数据来源渠道（包括国际官方机构、国内官方机构、自建数据库等），数据挖掘或转换数据用到的工具（包括火狐浏览器、八爪鱼、Document Cloud、Python、CiteSpace、ABBYY FineReader 等）。这些数据信息的提取方法可以帮助更好地完成数据新闻的数据收集工作。第四章以理论和实践操作结合案例进行讲解对获取的数据进行分析，提出数据分析的必备素养及思路（如 PEST 分析法、5W2H 分析法、逻辑树分析法），并介绍数据分析常用的工具（如 Excel、SPSS 等）。在未来的新闻业中，学会简单的数据分析是新闻人必备的技能之一。第五章主要对数据可视化的概念、优秀的数据可视化的标准以及数据可视化的常用工具（主要包括 Excel、iCharts、Tagxedo 和图悦、ARCGIS、Gephi、Tableau Dshtop、Echarts 和百度图说以及基于 HTML5 的数据可视化工具等）进行分析，通过案例对数据可视化有初步的了解和认识。同时，本书还对全国的数据新闻优秀团队一一进行了采访。

很明显，数据新闻在一定程度上改变了传统新闻的生产方式，是未来新闻发展的主要方向之一。当然也存在鱼龙混杂、泥沙俱下的情况。部分数据新闻开始忽略新闻真实含义，过分强调数据新闻的技术。其实最重要的是正确运用数据新闻其独特的叙述新闻方式，才能推动新闻更好地向前发展。

本书第一章由陈积银、王资佶编写；第二章由吴恒编写；第三章由杨廉、蔡晓艺、郭亚娟编写；第四章由王未、杨廉编写；第五章由赵洋编写；附录1由曾凡齐编写，附录2由陈积银、刘文红整理。

感谢中国传媒经济与管理学会常务副会长吴信训教授，北京师范大学周星教授、张洪忠教授，南京大学王成军博士，中国社会科学院新闻研究所的朱鸿军博士，清华大学的Rick Dunham、杭敏女士，他们的大力支持和鼓励是本书最终得以面世的保证。感谢中央电视台市场研究（CRT）总经理徐立军博士，复旦大学周葆华教授、徐笛博士，上海大学吴小坤博士，他们的鼓励与支持，使我们基地的团队在不断壮大。

尽管在编辑此书的过程中，我们兢兢业业，不断研讨，搜集资料，唯恐出现错误。但是，由于水平有限，本书还难免存在一些问题。**本书中的图片仅具有示意作用，读者们如果要查看原图，请拨打029-82668133索取电子课件。**在此敬请读者批评指正！也恳请读者给我们及时反馈，以便我们修订完善。

编　者

2016年4月10日

目录 Contents

第一章 数据新闻概论 (1)
第一节 数据新闻的发展历程 (1)
第二节 什么是数据新闻 (4)
第三节 数据新闻的主要形态 (10)
第四节 数据新闻的发展现状 (20)

第二章 数据新闻的选题 (26)
第一节 选题类型 (26)
第二节 选题范围 (37)
第三节 趋势 (50)

第三章 大数据语境下的信息提取:获取数据 (54)
第一节 获取数据总论 (54)
第二节 数据信息搜索 (56)
第三节 数据挖掘和转换数据工具 (81)

第四章 数据分析 (125)
第一节 什么是数据分析 (125)
第二节 数据分析开始前做什么 (127)
第三节 数据分析思路及方法 (133)
第四节 用工具来进行数据分析 (142)

第五章 用数字讲故事:数据可视化 (167)
第一节 什么是数据可视化 (167)
第二节 数据可视化:如何用数据讲故事 (174)
第三节 可视化用到的工具 (182)
第四节 优秀数据新闻可视化案例 (196)

附录 (199)
附录1 基于Python语言的在线社区用户行为分析 (199)
附录2 国内部分数据新闻团队介绍 (211)

第一章 数据新闻概论

数据新闻,简而言之,就是从数据中寻找故事,并利用数据来讲述故事的新闻样式。它是西方新闻业的发明,2009年,英国著名质报《卫报》开设了"数据博客",专攻数据新闻。2014年,美国《纽约时报》设立了专注于数据新闻的网站——The Upshot。数据新闻正日益跻身新闻业主流报道样式。

本章主旨在于厘清数据新闻的概念。本章首先讲述数据新闻的发展脉络,继而对数据新闻的概念进行辨析,接着介绍当下数据新闻的主要形态,随后介绍国内外数据新闻的发展现状,最后展望数据新闻的未来。

第一节 数据新闻的发展历程

数据新闻并不是21世纪的新生事物,它在媒体上的最早现身可以追溯至1821年,甚至更遥远的年代。只是彼时,新闻业还未使用"数据新闻"这一概念。数据新闻可以说是计算机辅助报道(computer-assisted reporting,CAR)的后裔,它汲取了计算机辅助报道的部分内核,又吸收了21世纪迅猛发展的计算机技术的养分,在特定的社会、经济、科技和文化等要素下孕育而生。追溯数据新闻的历史印记,不仅有助于分析数据新闻热潮背后的历史动因,也有助于理解数据新闻在当下的发展态势。

一、追溯数据新闻的成长史

用图表展示数据,并用数据辅助报道,是新闻业由来已久的做法。1786年,苏格兰工程师、政治经济学家威廉·普莱菲(William Playfair)出版了《商业与政治图解》(The Commercial and Political Atlas)一书,书中他绘制了44幅图表来解释经济统计数据[①],此后由他创造的饼图、柱图等开始被广泛使用。图表登上报纸的版面至少可以追溯至1821年。根据英国《卫报》数据博客前主编西蒙·罗杰斯[②](Simon Rogers)的考察,1821年5月5日,《卫报》(当时《卫报》叫做《曼彻斯特卫报》)在其创刊号上刊登了一幅表格,列出了曼彻斯特和索尔福德地区每所学校的学生人数和平均学费,表格揭示了接受免费教育的学生人数,而这一人数与政府曾公布的数字相去甚远。表格的运用简洁明了地展示了事情的另外一面,有利于读者进一步了解真实情况。

到了19世纪后期,在新闻中运用数据已变得习以为常,商业新闻、竞技赛事都大量使用数

---

① 西蒙·罗杰斯.数据新闻大趋势:释放可视化报道的力量[M].岳跃,译.北京:中国人民大学出版社,2015:54.
② 西蒙·罗杰斯,为数据新闻作出了开拓性的贡献。2009年他参与创办了英国《卫报》数据博客,并任主编,2013年跳槽至Twitter担任数据编辑,2015年3月加入Google,担任趋势数据分析师。

据辅助报道。1884年,道琼斯公司开始在报纸上发布股市交易数据。数据正变得日益重要,它不仅为商业精英所用,更成为崛起中的中产阶级作各项决定的重要依据①。

20世纪后半叶计算机技术的迅猛发展给新闻业注入了新的活力。1952年美国哥伦比亚广播公司率先使用一台大型计算机进行统计运算,预测了总统大选的结果②。计算机也扩展了记者的工具包,美国记者菲利普·梅耶(Philip Meyer)将社会调查统计方法与计算机数据分析技术相结合,创造出了一种新的报道样式——精确新闻。简而言之,精确新闻是指运用社会科学或行为科学的研究方法来报道新闻事件③。20世纪60年代,美国洛杉矶、纽瓦克和底特律等地区相继爆发种族骚乱,当时有两种流行观点解释骚乱成因:一是认为骚乱分子经济窘迫,又无力改变现状,借由骚乱来发泄绝望;二是认为南方黑人饱受种族歧视,当他们迁徙到北方后难以融入北方文化,骚乱成为他们长期被压制的发泄口。为验证这两种流行观点,菲利普·梅耶携手两位同事,通过随机抽样的方法对居住在底特律骚乱区的437名黑人进行了问卷调查,并用电脑对数据进行了统计分析。结果显示参加骚乱的人未必都来自社会底层,此外其中大部分在北方长大④。梅耶据此写出了《十二街那边的人们》系列报道,并发表在《底特律自由报》(The Detroit Free Press)上⑤,报道打破了人们的偏见,引起了轰动,并获得了普利策新闻奖,精确新闻这种报道样式也随之声名鹊起。

精确新闻在美国的流行并非偶然,它与20世纪美国社会科学的长足进展以及美国社会运转特点密切相关。社会科学中抽样与问卷调查的方法渐臻完善,这种方法也拓展到社会领域,民意调查成为体察社情民意的重要手段,它应用广泛,公共决策也大量依据民意调查的结果,以至于美国被称作"调查国家"(survey country)。在20世纪,民意调查已经发展成为一项潜力巨大的产业。

二、数据新闻发展的社会背景

(一)"信息爆炸"和"大数据"时代到来

进入20世纪90年代后,信息量就以几何级别增长,而互联网的出现则促进了信息的传播,新网站的数目随之开始狂飙突进,每天更新的资讯不计其数,我们实在难以完全将其收入脑中。2011年4月7日的"存储网络世界"(Storage Networking World)年会上,美国加州大学圣地亚哥分校的研究人员给了我们一个数字:世界范围内服务器年处理为9570000000000000000000字节,也就是9.57泽字节(1泽字节等于10的21次方)。这些数据到底有多少呢?具体来说,如果将地球的数据年处理量转换成书本格式,那么这些书本摞起来的厚度则长达90亿千米,这长度是地球与海王星距离的20倍⑥!这种信息快速增长的现象就是"信息爆炸"。"信息爆

---

① Alexander Benjamin Howard. The art and science of data-driven journalism: when journalists combine new technology with narrative skills, they can deliver context, clarity, and a better understanding of the world around us[EB/OL]. http://towcenter.org/wp-content/uploads/2014/05/Tow-Center-Data-Driven-Journalism.pdf.
② Alexander Benjamin Howard. The art and science of data-driven journalism: when journalists combine new technology with narrative skills, they can deliver context, clarity, and a better understanding of the world around us[EB/OL]. http://towcenter.org/wp-content/uploads/2014/05/Tow-Center-Data-Driven-Journalism.pdf.
③ 菲利普·梅耶. 精确新闻报道:记者应掌握的社会科学研究方法[M]. 肖明,译. 北京:中国人民大学出版社,2015.
④ 方洁. 数据新闻概论:操作理念与案例解析[M]. 北京:中国人民大学出版社,2015.
⑤ 菲利普·梅耶. 精确新闻报道:记者应掌握的社会科学研究方法[M]. 肖明,译. 北京:中国人民大学出版社,2015.
⑥ 果网. 全球信息大爆炸[EB/OL]. (2011-04-13). http://www.guokr.com/article/20331/.

炸"使得世界上的数据快速积聚,互联网中、服务器上都充斥着海量的数据,"大数据"时代随之而来。大数据的力量影响着全球的许多领域、行业。Google公司利用自己所掌握的海量用户搜索数据便可预测美国哪些区域将有可能爆发流感;Farecast软件通过分析海量数据便可预测当下的票价是否最便宜;亚马逊通过分析海量的顾客购买清单,便可预测顾客接下来的购买行为,进而有选择地为客户推荐相关产品。许多行业利用周围的海量数据而得到更有价值的信息,从而取得更大的成功。在"大数据"时代,人们不再为寻找数据而发愁,人们只需为如何开发、利用这些数据资源而绞尽脑汁。"大数据时代的预言家"舍恩伯格认为在"大数据"时代,就要拥有"大数据"思维。

首先,要摒弃随机抽样,而是使用全体数据。随机抽样是信息处理能力受限的时代产物,在大数据时代,技术的进步使得我们获取数据、存储数据、处理数据的成本低、易实现,人们有条件使用尽可能多的数据来分析问题,在大数据时代"样本=总体"。

其次,要放弃对精确的执着,学会接受混杂。所谓接受混杂,有两方面含义:其一是接受数据集中的错误信息,由于数据集中的数据量巨大,筛选错误信息非常浪费成本与时间,而且对于海量数据而言一些错误的信息基本可忽略不计;其二是接受数据的非结构化,因为只有5%的数据是结构化且能适用于传统数据库的,如果不接受非结构化,那么剩下的95%的数据都无法被利用。

最后,应关注相关关系,而不必过于追求因果关系。在大数据时代,我们要让数据自己"发声",有些时候知道"是什么"就已足够,没有必要刨根问底。同时,大数据的相关关系分析法更准确、更快,且不易受偏见的影响。

在"大数据"思维的影响下,许多公司开发出了对"大数据"导入、整理、分析的工具、软件,统称为"大数据"技术。它为新闻实践提供了新的思路。一方面,许多媒体自身就掌握着丰富的数据资源,但缺乏利用的技术。另一方面,"大数据"技术可以发掘出大数据背后更有价值的信息,为记者提供了更多的新闻资源。总之,"大数据"时代的到来,成为数据新闻得以产生的一个重要驱动力。

(二)可视化技术进入新闻领域

"大数据"及相关技术虽然可以让记者们发现更多的新闻资源,但这种资源只具备新闻价值中的"时新性",而可视化技术则增加这些信息的"趣味性""可读性",使这些资源成为真正的新闻作品。

可视化技术的概念界定有狭义和广义之分。狭义上的可视化技术就是指利用计算机技术和图形处理技术,将抽象的概念、文字、数据转化为易于理解且结构更为清晰、一目了然的图表信息;广义上的可视化技术,不只是将文字、数据转换成图表信息,还要包含人机交互性,人们可以与可视化后的信息终端进行互动活动。然而在可视化技术的应用上狭义与广义的概念并没有严格区分。

数据新闻工作者将可视化技术应用于数据新闻的制作过程中,一方面由于数据新闻使用了大量的数据,简单的数据罗列,会使读者产生反感,甚至找不到自己需要的信息,而可视化技术清晰、形象、生动地将大量数据以一些色彩明艳、生动有趣的画面形象将大量数据更有效地呈现出来,让读者理清复杂难懂的数据。另一方面,可视化技术中的交互处理技术应用于新闻呈现既实现了新闻与读者间互动,又满足了读者的个性化、碎片化阅读需求。

因此,将可视化技术应用于新闻实践,是数据新闻得以产生的另一个重要的驱动力。总之,"大数据"及"大数据"技术,让记者能够有效利用数据,掌握更多的新闻资源。可视化技术,可以帮助读者更好地理解数据,读懂数据新闻,甚至喜欢上数据新闻的阅读方式。这两者都是数据新闻产生的重要驱动力。

第二节 什么是数据新闻

一、数据新闻辨析

(一)数据新闻与传统叙述式的新闻报道

从功能上讲,数据新闻与传统叙述式的新闻报道最根本的区别在于,前者为社交媒体时代的新闻记者赋予了一种新的核心竞争力,即同时拥有敏锐的新闻嗅觉和使用大规模数据处理信息的能力,从而完成更具有深度和专业性、更富于逻辑性和感染力的报道。简言之,当今的专业记者应当善于挖掘数据,将其转化为生动的故事和深邃的洞见,并且借助于新媒体使新闻报道可视化、纵深化、互动化,使新闻报道更精确、深入、直观。

数据新闻涵盖的往往是与公共事务和国计民生密切相关,但又不容易通过文字或图表等传统手段理解和阐明的领域。目前较为成功的数据新闻集中于政治选举活动、财经、能源、环境、体育等领域的相关选题。

(二)数据新闻与统计新闻

统计界有名言:"统计是流动的历史,历史是流动的统计。"每项统计报告,都记载了刚刚过去的社会经济的数据历史;及时讲述这段历史,告诉人们这些刚产生的数字,此刻代表、说明、揭示、预示了什么[①]。统计新闻是用经过抽象量化的统计数字来反映某个经济活动或经济现象的数量状态,让人们从这个数量形态上去认识这个经济活动或经济现象的意义。它不同于一般的经济新闻直接反映具体的、实在的、可感的经济活动和经济现象。如果说新闻是新近发生的事实的报道,那么可以说,统计新闻是新近发生的事实的间接性报道。

统计新闻除了描述新闻事实的数字材料外,大量的引证和分析数字的材料往往是背景材料。而数据新闻则是基于数据的抓取、挖掘、统计、分析和可视化呈现的新型新闻报道方式。数据新闻是在大数据的技术背景下产生的,是随着数据时代的到来出现的一种新型报道形态,是数据技术对新闻业全面渗透的必然结果。

(三)数据新闻与精确新闻

精确新闻由美国学者菲利普·迈耶在20世纪60年代提出并出版了专著《精确新闻学———一种社会科学报道的理论》,主张将社会调查研究方法应用到新闻实践中,科学地收集资料、查证事实,用数据来说话,从而提高新闻报道的准确性和客观性。

精确新闻更像是用社会科学的研究方法做新闻,而数据新闻是基于数据的现实,或者说是数据驱动,它们的历史关系不可否认。

数据新闻在一定程度上的混杂性是通过大量数据更加促进了新闻事实的精确性,所以国内很多学者都把数据新闻作为精确新闻的补充。

---

① 高颉伟.统计新闻深度报道的采写探析[J].新闻世界,2013(10):108-109.

大数据时代下的数据新闻和精确新闻有着三个方面的不同：

1. 分析和处理的数据量不同

大数据时代产生的数据是巨量的，数据新闻在报道新闻事件时，分析和报道的数据量也是精确新闻无法比拟的。

2. 数据的地位和作用不同

在精确新闻中，更多的是以文字为主、数据为辅，或者两者相辅相成。而数据新闻则是数据驱动新闻，数据为主、文字为辅，新闻报道的思路和流程发生了改变。

3. 新闻报道的载体不同

精确新闻产生于传统媒体发达阶段，呈现载体是传统媒介。而数据新闻由于其分析的数据在空间和时间上的广阔，包含的数据量巨大，以及新的科技手段的出现，更适宜在数字平台发布。

而相对于精确新闻，数据新闻也有两大主要进步之处：

（1）数据获取方法和来源更多元，记者足不出户就可以借助互联网搜索、机器抓取获取数据；

（2）基于互联网的新闻数据可视化，表现力远远超出单调的统计数字和图表。

由于信息技术的进步、数据概念的扩展，数据新闻是在使命上继承了精确新闻的衣钵，而在方法论（数据获取与展示）上有了极大的丰富，更加回归新闻讲故事的本质[①]。

（四）数据新闻与算法新闻

算法新闻，即基于算法的机器新闻写作，新闻内容生产和编辑、出版均自动化。最早产生于谷歌新闻开启的机器自动选编和推荐新闻的做法。

算法新闻是大数据环境下数据新闻的一种形式，但又与数据新闻有些许差别。首届"国际数据新闻"圆桌会议[②]对数据新闻概念作出了如下界定："'数据新闻'是一种工作流程，包括下述基本步骤：通过反复抓取、筛选和重组来深度挖掘数据，聚焦专门信息以过滤数据，可视化地呈现数据并合成新闻故事。"[③]算法新闻是基于数据新闻流程自动生成新闻的模式。它与数据新闻的区别在于：

①除前期技术开发外，人工参与过程并不是算法新闻生成的关键环节。

②算法新闻不同于早期纯粹的信息收集、抓取程序，而是在数据收集、处理的基础之上自动生成完整的新闻样式。算法新闻是在特定的计算机程序系统的基础上，对信息内容进行抓取、分析后自动形成完整的新闻报道的新的生产方式。

③算法新闻的成果是完整的新闻报道，算法新闻的最大特征是自动化的新闻生成，在技术研发阶段以后，人工的参与不对新闻生成产生决定性影响。

目前，"算法新闻"多运用于体育、经济、灾难等信息报道中。因技术的局限性，"算法新闻"的适用对象多为具有数据性、时效性特征的简短消息。

---

① http://www.zhihu.com/question/23524711/answer/26510287.

② 首届国际数据新闻圆桌会议（data-driven journalism Amsterdam round-table），由米尔科·劳伦兹主持，于2010年在阿姆斯特丹召开，由欧洲新闻中心（European Journalism Centre）和荷兰阿姆斯特丹大学（the University of Amsterdam）主办。

③ 方洁，颜冬. 全球视野下的"数据新闻"：理念与实践[J]. 国际新闻界，2013(06).

(五)数据新闻区别于计算机辅助新闻报道

计算机辅助新闻报道发端于20世纪50年代,指的是用计算机来辅助收集和处理信息的新闻报道的方法。伴随着计算机技术的发展经历了使用大型机处理政府数据库、发现和调查新闻事实的早期阶段;再到20世纪70—80年代通过PC普及、商业和政府数据库的进一步开放形成的"以新闻报道为目的,对任何计算机化的信息来源的处理和使用行为"的第二阶段;发展到20世纪90年代中期以后利用互联网进行新闻采集、分析和制作的第三阶段①。与数据新闻相比较,计算机辅助新闻报道更像是一种辅助工具,并不是一种独立的新闻报道方式,它只是强调计算机对于新闻报道是一种方法,而数据新闻则是大数据时代下新闻发展的一种形态,一种报道样式,计算机辅助新闻报道可以作为新闻生产中的一环,两者的内涵和外延均不同。

(六)数据新闻区别于数据可视化

提到数据新闻就一定会提到数据可视化,可视化(visualization)指的是利用计算机图形学和图像处理技术,将数据转换成图形或图像在屏幕上显示出来②。随着数据新闻的发展,数据可视化成为数据新闻重要的组成部分,用以展现新闻事件背后多个维度的数据信息,使人们在理解这些信息及它们之间的关系时能够更直观,并发现其背后包含的信息。但是,数据新闻并不等同于数据可视化。

首先,可视化并不是新闻学的一个独立专业,数据可视化也并不只运用于新闻业。可视化作为一门涉及计算机图形、图像处理、计算机视觉、人机交互等多个领域的综合学科,不但广泛应用于如医学、生物、地理等领域的科学计算,而且在如金融、通信、网络等行业中信息处理方面的应用更是广泛。例如,医学领域可以用可视化技术呈现不同类型疾病在不同地域、不同年龄阶段的数据,从而得到某一地区对于哪种多发疾病针对哪些人群进行重点防治。

其次,数据可视化虽然被认为是数据新闻呈现数据、叙事的重要方式,但是并不是所有的数据新闻都使用可视化的形式呈现。西蒙·罗杰斯认为"数据新闻不是图形或可视化效果,而是用最好的方式去讲述故事,只是有时故事是用可视化效果或地图来讲述。数据也并不拘泥于可视化,它也可以以一个新闻故事的形式呈现,甚至仅仅展示数据"③。

二、数据新闻的定义

"数据新闻"(data journalism),也被称为"数据驱动新闻"(data-driven journaliism),这一概念近年来发端于新闻实践领域。西方主流大报和一些独立新闻机构设立了专门团队来设计一些新型的新闻应用,即运用各种技术软件来抓取、处理、分析和形象化呈现数据,数据呈现方式包括可视化数据图、互动图表和网络在线演示等,开启了数据新闻实践领域的第一页。如今包括中国在内的世界各国的传统媒体、新兴网站和独立新闻机构正在逐步接受数据新闻的理念,并进行相应的实践尝试。数据新闻研究的奠基之作《数据新闻手册》认为,数据新闻简单地说就是用数据做新闻,它与其他新闻的不同之处在于,将传统的新闻敏感与数据及数据技术结合后,为新闻的出现提供新的可能,这种可能可以出现在新闻生产流程的任何阶段,它可能出

---

① 方洁,颜冬.全球视野下的"数据新闻":理念与实践[J].国际新闻界,2013(06).
② 好搜百科.可视化[EB/OL].http://baike.so.com/doc/6488288.html.
③ 章戈浩.作为开放新闻的数据新闻——英文《卫报》的数据新闻实践[J].新闻记者,2013(06).

现在人们使用软件来自动搜集或汇总来自政府、公安局和其他公民机构信息资源的过程中,也可能出现在人们使用软件发现海量数据间相关关系的过程中。在数据新闻中,记者通过简单的图表就可以表达复杂的事件,记者通过数据新闻也可以让读者更懂得新闻事件与自身的相关程度。数据既是数据新闻的资源,也是数据新闻表达的工具[1]。

劳伦兹在第一届国际数据新闻圆桌会议中将数据新闻定义为一种工作流程,它主要包括以下步骤:通过反复抓取、筛选和重组来深度挖掘数据,聚焦专门信息以过滤数据,可视化地呈现数据并合成新闻故事,他认为数据新闻可被视为一个不断提炼信息的过程,在这一过程中,原始数据转换成有意义的信息,当把复杂的事实组织成条理清晰、易于理解和记忆的故事时,公众才能获取更多益处[2]。

清华大学李希光教授则将数据新闻定义为在多学科技术手段条件下,把庞大的数据集中在不同变量的复杂关系及其与整个社会发展的关系,用视觉语言向公众展示,以这种更客观更友好的报道方式激发公众对公共事务的探讨与参与[3]。

所谓数据新闻,即将数据及数据技术应用于新闻生产流程中,以可视化技术来呈现新闻,在数据新闻的世界里,记者不仅是信息的传达者,更是意义构建者。

三、数据新闻的功能

斯坦福大学杰夫·麦吉(Geoff McGhee)教授曾长期担任《纽约时报》等媒体记者,他于2009年至2010年间开始研究数据新闻。他指出,现在的新闻越来越多地和数据有关,媒体的责任是如何向公众解释复杂难懂的数据。数据的爆炸式增长使我们需用工具来进行分析,数据可视化专家正在开发工具帮助我们更好地理解和使用数据,记者的工作是运用数据使新闻报道更加有说服力[4]。

(一)讲故事的新工具和新方法

数据新闻最重要的一项功能是使用数据可视化软件,通过统计大量的数据,帮助记者使用数据图表讲述错综复杂的故事,而这种讲故事的方式必须依赖于对大数据的分析和可视化处理,由于数据量巨大,按照传统的新闻生产方式是几乎不可能实现的。数据新闻最佳的阅读载体是交互性强的电子媒介而非传统的平面媒介。

2015年上半年,叙利亚、利比亚等中东、北非地区战乱不断、持续动荡,加上"伊斯兰国"极端组织的猖獗活动,使得大批难民外涌,源源不断的难民涌入欧洲,成为了欧洲难民危机的导火索。澎湃新闻的作品《一路向北:15天4000公里,全程记录难民欧洲逃亡路》(http://image.thepaper.cn/html/zt/2015/refugee/index.html)通过使用数据、地图、文字叙述、图片描述、动画等方式综合讲述了这一过程。如图1-1所示,左侧地图以动画形式,随着右侧文字的滚动,地图也不断地向前滑动。这种讲故事的新方式将错综复杂、跨越欧亚版图、历时长久的事件描述得极为清楚。

---

[1] Lucy Chambers. The Data Journalism Handbook[M]. O'Reilly Media,2012.
[2] 方洁,颜冬. 全球视野下的"数据新闻":理念与实践[J]. 国际新闻界,2013(06).
[3] 李希光,张小娅. 大数据时代的新闻学[J]. 新闻传播,2013(01).
[4] Geoff McGhee. Journalism in the Age of Data[EB/OL]. (2012-07-18). http://datajournalism.stanford.edu/.

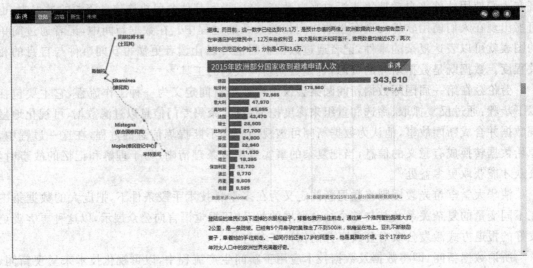

图 1-1 欧洲难民逃亡路

(二)解释宏大新闻事件与个人的关联

数据新闻可以帮助记者解释宏大背景下的新闻事件和个人之间的关联,新闻学对于报道公共事务的要求,是能够通过记者的报道来帮助读者认识到一项公共政策的实施或修订对个人造成的影响。数据新闻让读者们在阅读报道后对自己的生活提出问题,诸如,我的资金会受到什么影响等。总之,数据新闻的工作希望读者能在数据和新闻事件中找到与自身的关联,从而达到对现实政策和新闻事件的关注。

美联社的数据新闻《where do you stand》通过提出一系列问题让读者回答,根据答案判断哪个执政党适合这位读者的政治观点。

英国广播公司(BBC)和毕马威会计师事务所联合制作的《预算计算器:2012年的财政预算将如何影响你?》(Budget calculator:How will the Budget 2012 affect you?)能够帮助读者理解新的财政预算(税收计划)给个人生活带来的影响,用户只需要在界面上输入一些个人信息,它就能够自动计算出你需要为新的政府财政预算增加支付多少税,你的生活会变得更好还是更糟(见图1-2)。

(三)记者角色的转变

通过数据的使用,记者工作的重点从"第一个报道者"转化成新闻事件的影响的阐释者。数据新闻报道的议题范围十分宽广,记者更有意义的工作是为读者提供经过定量分析的洞见,使用数据能够将抽象概念转化为普通人容易理解的事物,帮助记者讲述抽象的社会问题。记者还可以分析复杂形势中各种变量的动态关系,能够为读者预见下一次事件,指出主政机构的失误,甚至还能帮助人们寻找复杂问题的解决方案。

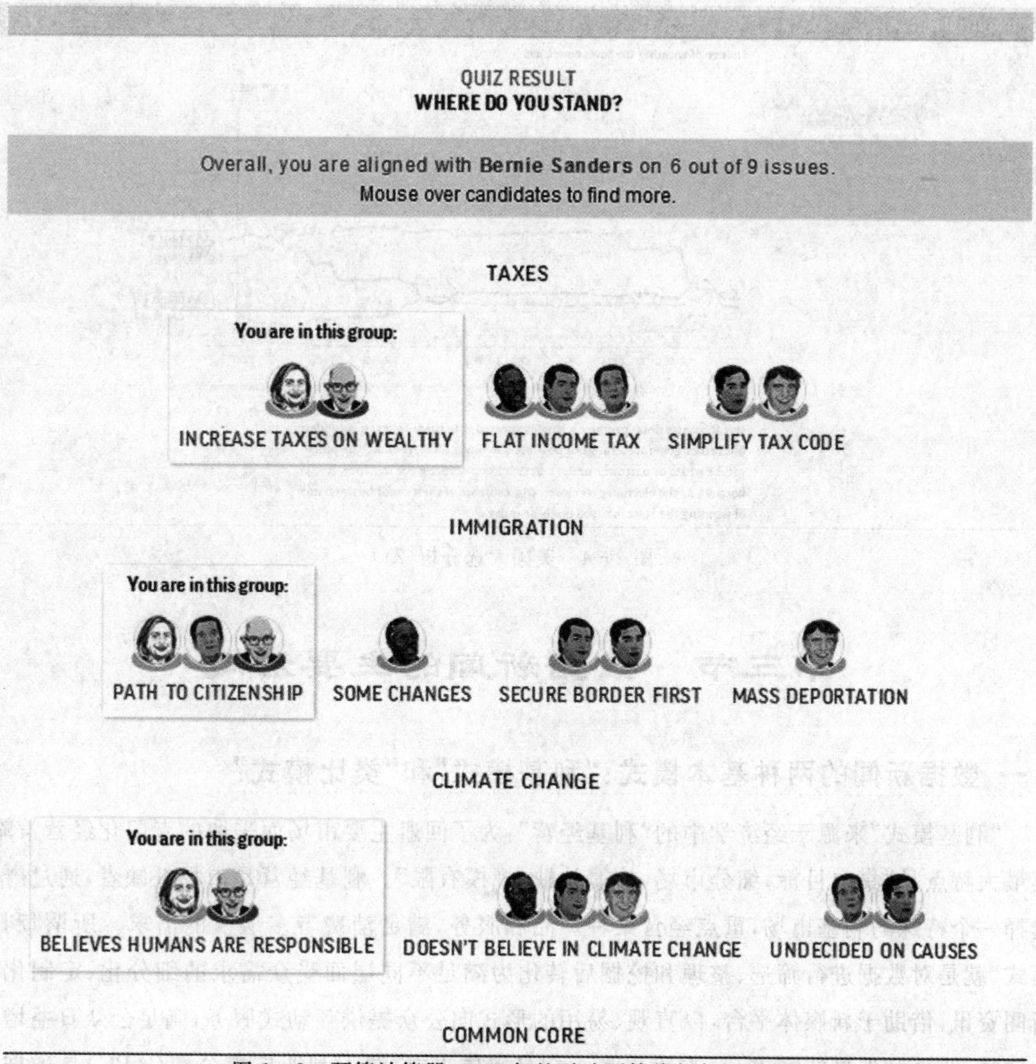

图1-2 预算计算器：2012年的财政预算将如何影响你？

Five Thirty Eight 网站的作品《2016 Primary Forecasts》运用数据新闻的方法，帮助读者更好地分析美国大选并对它作出预测（见图1-3、图1-4）。

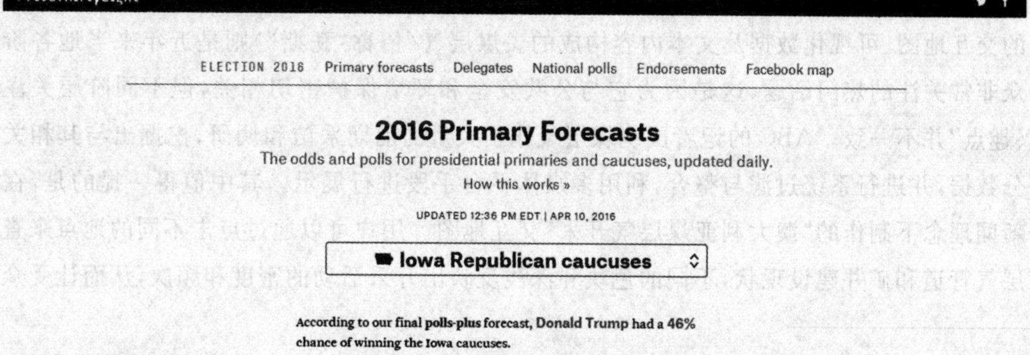

图1-3 美国大选分析（1）

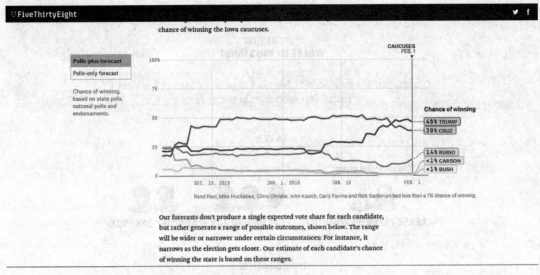

图 1-4 美国大选分析(2)

第三节 数据新闻的主要形态

一、数据新闻的两种基本模式:"利基模式"和"类比模式"

"利基模式"来源于经济学中的"利基经营":为了回避主要市场而采取的专门化经营策略,其最大特点是"集中目标,细分市场,拾遗补缺,规模有限"。利基经营是市场补缺者,通过严格选择一个特殊的利基市场,重点经营某种产品和服务,满足消费者多层次的需求。所谓"利基模式"就是对数据进行筛选、整理和挖掘后转化为满足不同层面受众需求的细分化、定制化的新闻资讯,借助于新媒体平台,以直观、易用的形式向公众提供互动式服务,满足公众日益增长的知情、监督和选择的需求[1]。在世界各大知名媒体当中,澳大利亚广播公司(ABC)是数据新闻的先行者,也是"利基模式"的创立者。2011 年 11 月 24 日,伴随着带有数据新闻"烙印"的"用数字解读煤层气"(Coal Seam Gas by the Numbers)的专题亮相,ABC 开展的"多平台报道工程"及其所开发的"ABC 在线新闻"网站正式启动并上线[2]。这个数据新闻专题是由 5 个页面的交互地图、可视化数据及文本内容构成的。煤层气(俗称"瓦斯")则是近年来当地各阶层公众非常关注的热门话题,这是因为它与公共安全和环境保护密切相关,但不同阶层关注的"兴趣点"并不一致。ABC 的记者围绕煤层气作了大量的前期采访和调研,挖掘出与其相关的细分数据,并进行系统过滤与整合,利用多媒体平台手段进行展示。其中值得一提的是,在数据新闻理念下制作的"澳大利亚煤层气开采"交互地图。用户可以通过点击不同的地点来查看煤层气管道和矿井建设现状,不同的色块和深浅反映出开采活动的密度和频次,从而让受众在

---

[1] 史安斌,廖鲽尔."数据新闻学"的发展路径与前景[J].新闻与写作,2014(02):17-20.
[2] ABC. http://www.abc.net.au/news/spe-cials/coal-seam-gas-by-the-numbers/promise/.

宏观上了解澳大利亚煤层气的资源分布和开采情况。同时,不同阶层的用户可以点击"深入"(zoom in)功能自主查看某一个具体煤层气矿藏的发现者是谁,开凿日期是哪一天,最新的开采进度如何等个性化的详细信息,确保信息的公开透明和公众的知情权、监督权和选择权。例如,环保主义者可以据此了解煤层气开采对当地环境带来的影响;中产阶级可以查阅相关信息来决定是否在当地定居或购房;选民可以找到他们所需要的信息来决定当地政府的管理部门在煤层气开采的问题上是否履行了相应的职责;等等。

所谓"类比模式"是指使用量化、质化等社会科学的研究方法,根据报道主题确定相关的"变量",针对这些"变量"挖掘不同类别和层面(例如,不同国家、社群、族群等)的相关数据,让受众通过直观化、互动化的手段进行横向和纵向的类比,促使他们在全球视野下和充分知情的基础上进行理性分析,以免作出"标签"式的臆断或产生"坐井观天"式的偏见[1]。"利基模式"实则是提供专业信息服务,而"类比模式"旨在引导受众寻找数据当中蕴藏的观点,提升受众全球意识和媒介素养。国外最典范的案例有近70年历史的德国《时代周报》(Die Zeit)在其网站"时代在线"(Zeit Online)利用数据新闻理念,制作了名为"基于PISA项目的国家财富比较"(PISA based Wealth Comparison)的报道集中体现了"类比模式"的一些特点,值得在此作出进一步的分析。PISA的全名为"国际学生评估项目",是"经济合作与发展组织"(OECD)所实施的对全球65个国家和地区的中学教育水平的总体测评[2]。近年来,代表中国内地参评的江浙沪等省市在这项评估中一直名列前茅。"时代在线"的报道超越了教育领域,通过挖掘各个不同领域的数据之间的内在联系,旨在向受众揭示各国经济社会发展水平与教育之间存在的有机联系。在具体做法上,报道团队首先确定了进行量化与质化类比的三个主要领域,即社会科学研究中所说的"变量",并对它们进行可视化的展示,其中包括:"物质财富"——通过电视机、汽车和家用浴室的拥有数量来呈现;"家庭状况"——通过与老年人一起居住的家庭数量、独生子女家庭比例及父母(特别是母亲)失业率来呈现;"知识获取"——通过互联网家庭普及率、电子邮件使用频率及个人书籍拥有量来呈现。在网络技术人员的帮助下,他们把这些数据事实通过生动形象的"自述图符"展现给受众。从传播效果来看,不同国家和地区之间的数据类比就如纸牌游戏的较量一般生动有趣。此外,这个报道项目还充分显示了传统媒体与新媒体之间的"竞合"关系。《时代周报》从"德国开放数据网络"(German Open Data Network)等互联网机构聘请了数位信息设计专家。在他们的帮助下,报纸记者在前期搜集的海量数据的基础上,制作出质量更高的"气泡式"(bubble-styled)交互化、可视化的报道。受众通过与数据的互动和不同领域数据之间的类比,全面而深入地把握了不同国家经济社会发展与教育水平之间的关系。这个数据新闻报道项目不仅大幅提高了"时代在线"的访问流量,同时也为"类比模式"的数据新闻报道提供了以资借鉴的报道范式。

---

[1] 史安斌,廖鲽尔."数据新闻学"的发展路径与前景[J].新闻与写作,2014(02):17-20.
[2] Opendata. http://opendata.zeit.de/pisa-wohl-stands-vergleich/visualisierung.php#/en/DEU-OECD.

二、数据新闻的主要形式

(一)数据地图

数据地图(见图1-5)是一种将地理信息与新闻信息、新闻数据结合表现的数据新闻形式,也是一种将新闻数据按区域分类汇总后呈现于地图上的数据新闻类型,同时这种数据新闻具有一定的交互性。数据地图目前是许多媒体都在尝试的一种数据新闻类型,它抓住了新闻5W要素中的Where因素。这种数据新闻因为生动、形象、直观且可与读者互动,成为许多读者喜欢的一种数据新闻类型。数据地图的使用主要分为两种类型:一是数据整合地图,二是数据叠加地图。

图1-5　帕特丽夏飓风风速图(Wind Speed Map of Hurricane Patricia)

1. 数据整合地图

数据整合地图是将某一维度的相关数据信息以标注或"热力图"的方式整合在地图的相应地理位置上,用户如需获得有关此方面的信息,点击相关地理位置的标注或者鼠标移动至相应色块即可。例如图1-6中,财新网数据新闻发布的一个数据地图,这是一张世界地图,读者只需将鼠标放在中国地图相应的省市区,就会有曲线方向指向的动图标示出该地区外逃官员逃亡国家并列出省份与国家的名称。

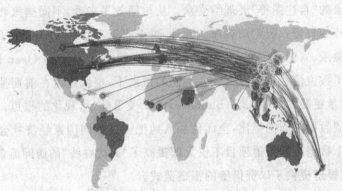

图1-6　"红色通缉令"众生相①

---

① "红色通缉令"众生相[EB/OL]. http://china.caixin.com/2015/hstjl/index.html.

2.数据叠加地图

数据叠加地图,则是将两个或多个维度的数据在地图上进行叠加,呈现不同维度数据之间的相关性。如图 1-7 中纪念柏林墙 25 周年气球活动的地图线路设计数据图。为纪念柏林墙倒塌 25 周年,8000 只发光氦气球在 2014 年 11 月 7—9 日沿着原柏林墙修筑线路摆放,总长 15 公里。图中标注了气球墙在城市中的位置、主要活动位置、德国 RBB 电视台直播地点等信息。

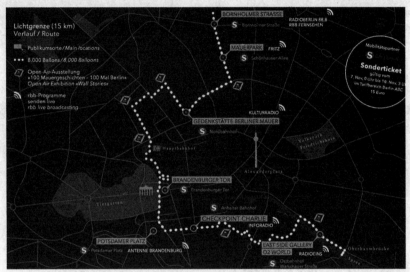

图 1-7 柏林墙 25 周年地图线路设计图

地图作为可视化形态,对于展现数据基于地理或空间的分布具有先天优势,适合单一或多维数据在广阔范围内如全国甚至全世界范围的情况报道,便于用户直观获取数据在分布上的特点,快速地找到与自己所处位置相关的信息,同时也便于地区间的比较。

(二)数据图表

数据图表是一种在数据新闻中用静态数据图表来表现数据,引出新闻的数据新闻类型。在这种数据新闻中,数据图表往往逻辑严密且不具有互动性,是数据新闻实践的常用类型。数据新闻中所使用的数据图表还分为单一型数据图表和复合型数据图表。

单一型数据图表即对同一组数据仅以一张数据图表进行呈现,这样单一性的数据图表新闻大多出现在早期(见图 1-8)。复合型数据图表即对同一组数据从不同维度制作多张数据图表进行呈现。在早期数据图表新闻中较多使用单一型数据新闻,目前各大媒体的数据新闻团队的数据新闻技术均较为成熟,在他们制作的数据新闻中已较少看到单一型数据新闻图表,在一些与政治、经济、教育等较为重要的话题中,他们更多地是使用复合型数据图表,从多个维度对数据进行分析,帮助读者更好地了解当今政治、经济、教育的真实情况。图 1-9 即是复合型数据图表。

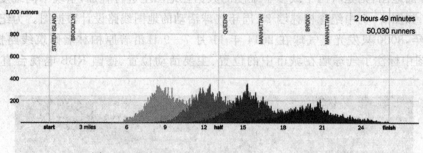

图1-8 New York City Marathon in Six Charts

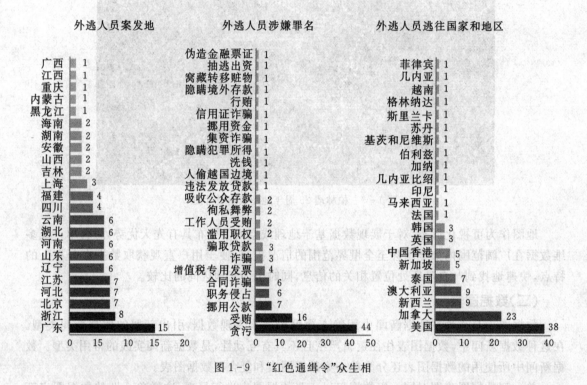

图1-9 "红色通缉令"众生相

  这种静态数据图表的制作过程较为简单,数据记者把要使用的数据输入 Excel 后可自动生成,数据记者还可以利用 Excel 对其进行美工处理。复合数据图表型数据新闻的制作比单一数据图表型数据新闻的制作更为复杂,因为复合数据图表需要开发人员编辑一个简单的程序,将多个图表进行程序打包,这样读者在网页顶部的选项框进行选择后,图表会自动更换。

  数据图表型数据新闻是数据新闻中制作技术最简单、最易实现的一种数据新闻,目前国内媒体进行的数据实践多数都是制作静态数据图表新闻。

(三)时间轴

  时间轴是数据新闻另一个最常用的可视化类型。与数据地图相似,时间轴是将新闻中要传递的其他信息数据通过 5W 要素中的 When 要素整合起来。近年来,比较典型的事件是腾讯新闻出品的《马航客机事件追踪》①，它把马航客机失踪后的每次重要发展都列在时间轴之上。通过滑动时间轴可以追踪到每个时间段的情况。

从新闻叙事的角度来说，大部分的新闻叙事是按照新闻事件产生和发展的时间顺序进行的。当所描述的事件时间跨度长，而信息又庞大繁杂时，就给新闻叙事带来了一定困难。而时间轴作为数据新闻可视化形态，一方面将数量庞大的信息数据以时间为依据进行汇编，另一方面则以时间为发展脉络揭示整个事物的发展变化过程，使叙事简单明了，也方便用户阅读。

由此，在数据新闻报道中，时间轴适合对时间跨度大、涉及信息数据类型较多的事件进行呈现。

(四)文字云

文字云又叫词频图。在信息处理技术中，数据并不仅指数值型的信息（也就是我们常说的数字），也可以指文本、图片、音视频等其他类型的信息。数据的可视化加工，目前主要指将数值型、文本型的数据及其关系用视觉化手段形象呈现出来②。数值型数据的可视化比较常见也易理解，上面提到的社会网络关系图的应用也对数据之间的关系可视化作了介绍。那么，文本数据如何可视化？目前最通用的方式就是通过分析文本中一些词组出现的频率做成文字云。

爱奇艺在宣传2015年度大戏《琅琊榜》时，使用了男主角胡歌的形象，图中出现的文字，以历史上的9月19号为主，突出表现了时间、主体等要素，简单明了，让人印象深刻（见图1-10）。

图1-10 《琅琊榜》文字榜

---

① http://news.qq.com/zt2014/MH370/index.htm.
② http://www.theguardian.com/news/datablog/2010/may/25/queens-speech-wordle-text#_.数据博客对英国女王分别在1997年和2010年公开演讲中的单词词频进行了分析。

(五)社会关系网络图

与层级鲜明、联系简单的财政各项预算相比,任意两者之间都可联系的社会网络关系则复杂得多。新闻报道要对这些复杂的关系型数据进行可视化,用上面提到的泡泡图显然是不行的。在进行复杂的的关系型数据报道时常使用社会网络关系图来呈现。

在图 1-11 中将令计划家族关系铺设得非常清晰,人物职位也简单明了。在现实生活中,人与人之间、团体与团体之间、国家和国家之间的关系都是纷繁复杂的,并不像财政预算一样有着明显的层级划分,而是像一张网一样交织在一起。社会关系网络图能够将任意两者之间的联系呈现出来。

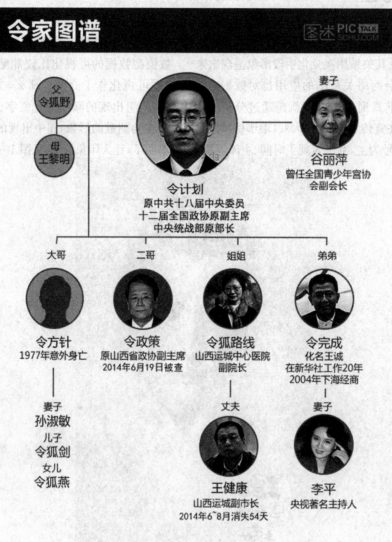

图 1-11 令计划家族关系图

(六)坐标系图

坐标系图运用于新闻报道中对数据的呈现。它在以往的报道中就有,通常以 X 轴表示时间顺序,Y 轴表示某个事物量的大小,坐标系中的折线则是这一事物某方面数值随着时间发生的变化走向。英国《卫报》数据新闻中也常常使用坐标系图,只不过图表呈现的不再只是事物数量上的大小随着时间的变化产生的变化,而是更多地用来描述两个维度的数据之间的相关关系。

《卫报》的作品《Gay rights in the US, state by state》,全景式地展示了美国各州对同性恋问题的法律规定,将传统意义上的坐标系图以饼状图的形式展现出来;具体展现了从婚姻到领养,从就业到住房,还有医院探视与学校霸凌等问题(见图1-12)。"Feilding Cage 谈到这个作品的创作时说,他首先想要寻找地图之外的方式来展示各州的区别,另外他不想局限于同性恋婚姻这一个维度的讨论,于是他开始使用 processing 来测试这个类似车轮形的模型。这样的模型确定以后,他又添加了一种根据人口来调节各州所占面积的选项,以帮助用户更直观地了解这不同的政策分别影响多少人。"①这个作品与 Facebook 连接让用户看到自己和好友所在的州的政策,不但成为作品推广的一种手段,更提升了用于与新闻的交互程度。

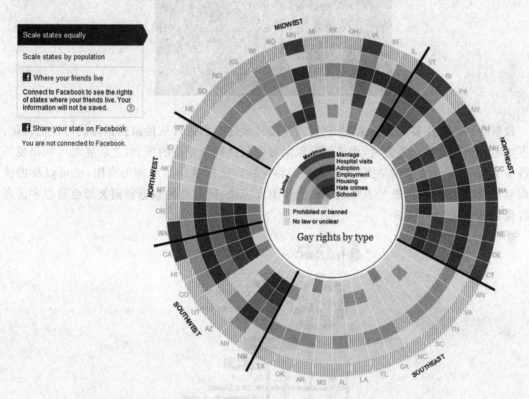

图1-12　Gay rights in the US, state by state

(七)数据漫画

数据漫画是一种用诙谐的漫画来表现数据的数据新闻类型。数据漫画最开始应用于科普类新闻。科普类文章往往涉及很多数据,内容也很枯燥,而数据漫画可以将枯燥的内容、数据形象化,转化成有趣的漫画,让读者在娱乐中获取有用的信息。因为数据漫画可以将复杂的内容转化成有趣的图画,各大媒体逐渐在政治、经济等新闻中开始使用数据漫画这种数据新闻类型。

---

① 吕妍.数据新闻网:值得记住的九大可视化新闻作品[EB/OL]. http://djchina.org/2013/08/25/resource-cases.

数据漫画目前在数据新闻中已不再作为数据的主要呈现方式,因为它更多的是涉及信息可视化技术,对数据的呈现力度有限,但因为数据漫画可以将抽象难懂的概念简单化,也是数据新闻呈现的一个主要辅助方式,这种数据新闻类型常与其他类型共同使用,达到对数据新闻的有效传播。图1-13即是数据漫画。

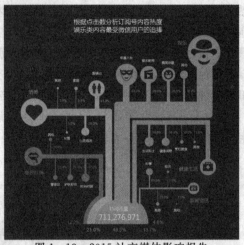

图1-13 2015社交媒体影响报告

数据漫画的制作要更为复杂,首先要对新闻涉及的事物进行从抽象到具体的可视化转化,将事物间的相互关系化繁为简,用简单形象的视图替换抽象复杂的概念,之后要对可视化视图进行美工处理,结合漫画的主要特点,表现出趣味性。虽然数据呈现能力有限,但可以帮助读者理解复杂的问题,它依然是表现数据的一个重要方法,同时这种数据新闻类型也被很多读者所喜爱,示例见图1-14。

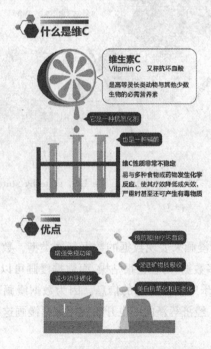

图1-14 维C你吃对了吗?

(八)专属新闻

专属新闻也称为"个性化新闻",这种数据新闻是一个新闻应用,读者通过使用该应用就可以得到与自己相关的数据信息。BBC 最擅长制作专属新闻,在每年数据新闻奖评选都是 BBC 入围作品最多。例如,BBC 曾制作的专属新闻"The world at 7 billion:what's your number",读者在使用时输入自己的出生日期就可以知道自己在世界上的出生排序。

专属新闻在许多读者看来更像是一种娱乐,但是将专属新闻应用于经济、政治领域,使得将宏观抽象的政治、经济问题转换成与读者日常生活息息相关的信息,让读者了解经济、政策等方面的改变与自身的关联程度。

图 1-15 是 2015 在兰州举办的首届数据新闻大赛的作品《如果这都不算爱 央妈心里好悲哀》,其中加入了存款计算器,更加形象生动地说明央行降息对百姓日常生活的影响,加强用户的参与感,其中房屋商业贷款少还多少钱?钱存在银行要损失多少钱?轻轻一拉,新闻帮您计算!在数据新闻中,除了资讯,我们也提供对用户真正有价值的附加服务。

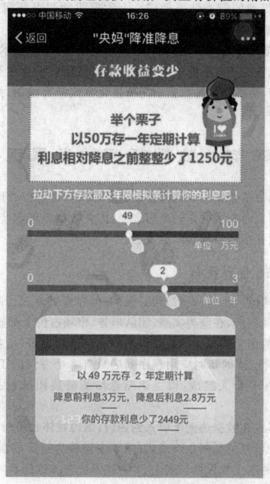

图 1-15 首届数据新闻大赛作品

(九)数据驱动调查

数据驱动调查是数据驱动的调查型新闻的简称,这是一种"大数据"时代下的深度调查型新闻。"大数据"及大数据技术可以帮助人们发现海量数据中隐藏的价值及数据相关关系,但大数据技术只能说明"是什么"而无法解释"为什么",大数据技术根据沃尔玛的销售数据可以发现飓风来临时蛋挞的销售会增加,但无法回答为什么人们在飓风天气喜欢买蛋挞。同样,通过使用大数据技术对数据进行处理可以帮助记者发现很多社会中的问题,但是"大数据"不能帮助记者解释这种问题形成的根本原因。作为直指社会现象和问题的新闻只知道结果是不够的,还要清楚原因才能促进社会进步,这就要求记者需要到现实生活中调查"为什么"。因为记者通过数据分析后已经知道了结果,在结果的驱动下进行深度调查,这种数据新闻就被新闻学者称为数据驱动型调查。

BBC 数据团队曾利用政府公开数据,发现英格兰和威尔士年轻警察的数量正在急速下滑,一些地区甚至下降了 70%。年轻警察的数量减少将会影响公民日常生活中的安全系数,这一现象在英国是非常严重的问题,但数据无法说明年轻警察的数量为什么会下滑,为了得知造成这一现象的原因,BBC 数据团队深入警局进行调查。完成调查后,BBC 数据团队将之前作出的数据分析与后来得到的调查结果做成一个数据驱动调查新闻发布在了网站上,同时BBC 电台针对这一现象邀请警局高层做了一个电视专访。

以上就是数据新闻常使用的可视化类型,但绝不是全部,随着技术手段的不断提升,理念的不断革新,新的可视化方式还在不断加入数据新闻的队伍。可视化类型之间也并没有明显的分区,现今的数据新闻,更多是多种数据新闻可视化方式结合使用,给用户更加直观的解读新闻。

第四节 数据新闻的发展现状

大数据时代背景下,海量数据使人们阅读信息更加困难,致使人们对数据产品的关切度日益倍增。当前,数据新闻成为新闻制作的热门选择,国外数据新闻起步较早,其发展也已日趋完善,国内仍在积极探索并推动数据新闻的发展。

一、数据新闻发展的业界实践

从 2009 年开始,英国《卫报》、美国《纽约时报》等世界级媒体在国际新闻业掀起了数据新闻浪潮。国外的数据新闻生产,在业界实践、团队形势、市场占位上都显示出成熟的生产模式。小型化团队是当前国外数据新闻运作的主要组织形式,英国《卫报》的数据新闻团队由 5 人组成,《洛杉矶时报》在中国运营的新闻应用程序商店只有 2 个专门的工作人员,新崛起的 The Quartz Things 团队仅由 4 个人组成,得克萨斯论坛的科技团队包括 1 个行政人员,总共 5 人[①]。

小团队、大制作的形式在数据热潮下引入到国内,国内媒体也纷纷开始了数据新闻领域的探索,数据新闻作为一种新兴的新闻生产形式,基于中国较为特殊的新闻体制,我国的数据新闻发展日渐形成了自己的本土化风格。表 1-1 为我国优秀的数据新闻团队概况。

---

① 钟瑛,李苏.数据新闻的发展现状、问题及对策[J].新闻与写作,2015(08).

表1-1 国内数据新闻团队

数据新闻团队	人民网 要闻可视化组	新华网 数据新闻部	财新数据可 视化实验室	澎湃 数据新闻部	图政 数据工作室
成立时间	2013年	2013年	2013年	2014年	2014年
主要成员规模	主编1人,编辑2~3人,设计师2~3人,技术2~3人	策划编辑,数据分析师,设计师,前端工程师,共约20人	数据分析师,记者编辑,美术设计师,程序员,共10余人	数据新闻编辑3人,设计师6人,动画制作4人,插画师3人	新闻组3~4人,研究组3~4人,公关组6人,人事专员1人
生产线主要工作	编辑:负责选题、内容脚本制作、数据提炼及清洗、对外宣传推广;设计师:负责页面设计;技术:负责页面制作	策划编辑:项目策划,稿件撰写;数据分析师:数据挖掘与整理;设计师:可视化、平面设计;前端工程师:交互功能实现	数据分析师:数据处理;记者编辑:文案;美术设计师:设计;程序员:制作程序及数据可视化作品	数据新闻编辑:选题的策划与数据的挖掘和分析;设计师:将数据以可视化的形式呈现出来;动画制作:一定的动画产品;插画师:时事评论漫画;前端工程师:H5专题产品	新闻组:数据新闻文案;研究组:数据新闻作品的研究设计,建设数据库;公关组:可视化、包装推广和品牌活动;人事专员:建设团队文化
不足	人手不足	优质数据源的收集	设计水平、数据挖掘能力、选题意识都有提升的空间	前端工程师的不足制约产品构想;难以处理大规模数据的分析	缺乏技术人员;需要大量资金投入和全职人员
优点	创意多、干劲足、爱学习,与多家媒体进行合作	成员具备丰富的采编、统计、设计、编程等方面的经验,思维敏锐且勇于创新	在技术、设计、内容各方面都表现较高水平,成员综合能力强	每个岗位都有着自身的特点与职能,将各个岗位充分发挥其作用	年轻化;线上工作模式;针对数据新闻的特点设计和运行了一整套运转制度

依据国内五家优秀的数据新闻团队概况,不难发现,国内数据新闻团队规模大多是以10~20人为主,并且都涵盖了新闻、数据分析师、设计师、程序员四种类型的人才配备。生产线流程工作也趋于相同,都有一整条选题、数据分析处理、设计、程序页面制作的生产链条,但分工存在着一定差异。例如,新华网数据新闻部以及财新数据可视化团队分工较为细致,澎湃数据新闻部融入动画制作、插画师等新元素,图政则将可视化与宣传推广合并,形成新的机制。人民网要

闻可视化团队将选题与数据分析、推广交由编辑全权负责,具有一人多才特点。当前,国内各大数据新闻团队大多具有创意、热情,并已拥有数据新闻制作流程体系,可以制作优秀的数据新闻作品。但也存在不足,各大团队都面临一个问题——技术人员的缺失,数据新闻需要多专业融合,但目前国内各学科联系匮乏,前端设计和数据挖掘分析能力的薄弱制约了数据新闻发展。

二、数据新闻发展的学界探索

国外数据新闻教学起步较早,根据全美新闻院校调研报告《数据和计算新闻学的教学》(Teaching Data and Computational Journalism)可以充分了解美国数据新闻教育领域现状,其也可代表国外数据新闻教学领域的发展。其一,有约一半院校开设专门的数据新闻课程;其二,数据基础教学主要围绕表格展开;其三,高阶数据技能教学主要以可视化与编程为主;其四,网络课程丰富的现状可替代的数据新闻教学;其五,教科书尚缺共识[1]。总体而言,国外学者们的研究从数据新闻的基本概念、工作流程、功能意义、运作模式、发展前景逐步推展到理论体系建设和现实诉求[2]。2010年10月,哥伦比亚大学新闻学院TOW数据新闻中心成立,学界与业界联合,推动数据新闻的教学发展。2014年年初,"欧洲新闻学研究中心"推出一门题为"数据新闻学:关键步骤、技能、工具"的网络公开课,由来自高校的新闻学教授和来自推特等社交媒体的业内专家共同执教[3]。

在国内,"数据新闻"在学界也正蓄势待发。中国传媒大学新闻学院王锡苓基于对中国知网的相关研究(2012—2015)[4]发现,数据新闻国内实践研究占35.2%,数据新闻理论研究占26.7%,数据新闻的宏观发展研究占18.8%,数据新闻的国外实践研究占15.8%,学科领域与专业人才培养研究占3.6%。所占比重显示,国内研究更偏向于初步的实践研究。虽然在研究领域中对于人才培养较为忽视,但实际中,香港大学、复旦大学、中国传媒大学、上海大学、南京大学、上海交通大学、西北师范大学等高校都已开始逐步进行数据新闻教学的实践。2012年,香港大学以讲座课程的形式教授可视化技术、自然语言处理、社会网络分析、统计等内容。2014年,中国传媒大学开办数据新闻报道实验班并随后增加数据新闻方向;南京大学开设计算传播学课程,建立计算传播实验中心,涵盖文本挖掘、数据科学、编程工具可视化等课程[5];复旦大学单独开设计算新闻传播学及数据新闻两门课程,同时MOOCs平台的首门课程"大数据与信息传播"在Coursera平台上线[6];中山大学创办传播大数据实验室,以研究数据新闻发展与技术为主;上海交通大学创办大数据与传播创新实验室(T-Lab)[7];2015年,上海大学开

---

[1] 全美新闻院校调研报告告诉你数据新闻教育的现状与挑战[EB/OL]. http://mp.weixin.qq.com/s?__biz=MzIwM-DM5NzYyMQ==&mid=404944680&idx=1&sn=a99c65a1a2f44bc7fb02762165d560cb&scene=23&srcid=0413nZY9hLgfy7WtyrsOcotZ#rd.
[2] 钟瑛,李苏. 数据新闻的发展现状、问题及对策[J]. 新闻与写作,2015(08).
[3] 史安斌,廖鲽尔. "数据新闻学"的发展路径与前景[J]. 新闻与写作,2014(02).
[4] 2015年10月,王锡苓在上海大学世界传播论坛·全球比较视野下的媒体融合会议上的发言。
[5] 计算传播学导论课程大纲[EB/OL]. http://computational-communication.com/post/ji-suan-chuan-bo-xue-jiang-yi/2015-04-09-syllabus.
[6] 大数据与信息传播[EB/OL]. (2015-04-28). https://www.coursera.org/course/fdubigdata. 复旦大学"大数据与信息传播"课程在Coursera平台上线后目前无后续班次,只有课程视频简介和课程概述。
[7] 刘春娟,思源. 沪上高校新闻传播学科首个大数据实验室在上海交大揭牌[EB/OL]. (2014-06-20). http://news.sjtu.edu.cn/info/1002/260008.htm.

设数据新闻理论与应用、网络数据挖掘与分析、数据新闻可视化等专业课程,与密苏里新闻学院联合开设数据新闻暑期小学期课程等;甘肃省委宣传部依托西北师范大学成立甘肃省融合媒体研训基地,该基地开设新媒体研究课程,开展数据新闻教学,并举办数据新闻工作坊、中国首届数据新闻大赛暨高峰论坛研讨会,引起了国内外学业界广泛的关注。部分高校新闻院系与国际一流媒体强强联手,清华大学全球财经新闻硕士项目与彭博新闻社合作开设"财经新闻数据挖掘与分析"课程,香港大学新闻及传媒研究中心与路透社合作开设"数据新闻学"等相关课程,都致力于培养适应数据新闻生产需要的精英人才。

三、数据新闻发展面临的困境

国外数据新闻发展至今,其重视新闻的本质,较好地平衡了文字与图表叙述新闻的方式,在国内,数据新闻作为"新型产物",无论是国内学界的尝试探索,还是新闻业界的实践操作,都处于起步阶段,专业人才和师资配备跟不上发展,数据新闻学业界存在一定差异。以中国首届数据新闻大赛的作品结合当今数据新闻发展为例进行分析,国内数据新闻的发展现状依旧存在着一定困境。

(一)选题的局限性,缺乏国际视野

我国学界和业界的数据新闻作品主要选题集中于国内时事政治和社会生活。其中业界主要关注时事类政治新闻,学界则主要较多关注社会生活新闻。虽然是由其新闻价值和数据易获取程度取决定的,但选题局限性较大,缺乏国际视野,使得数据新闻成为小众化的报道模式。

(二)数据开放程度低,难以收集数据

海量数据的获取是数据新闻制作的重要部分,数据新闻的数据信息来源是多样性的,其中学界主要以自我收集政府官网数据为主,业界则主要援引政府组织以及媒体内部相关数据,在数据的分析和表现上比学界成熟,但目前国内数据开放程度低,同时鉴于数据质量的保证,导致政府机构或第三方机构成主要数据来源,但其公开的数据信息往往会出现数据很旧的情况,从而使新闻失去了时效性,不能及时或甚至无法收集数据成为数据新闻发展的绊脚石。

(三)形式重于内容,新闻价值难以体现

数据可视化是数据新闻的一大特点,生产数据新闻作品是将枯燥内容生动化、将抽象概念具体化、将新闻信息知识化[1]为主要目标。虽然国内学界和业界均能使用各种可视化工具并具备网页制作能力,其中学界多为设计静态图,在色彩和形象上视觉效果给人视觉冲击虽简洁易懂却缺乏创意和变化,而业界能自如地运用交互性工具进行设计,但学界、业界大多以"信息图表+少量文字"为数据新闻的主要呈现方式。甚至有些作品存在形式重于内容的现象,太过着重追求可视化的设计,虽然受众可以看到各有千秋、丰富多彩的数据新闻作品,但喧宾夺主,忽视了数据新闻的目的是更好地讲述新闻,同时缺乏对故事的引申追求和揭示数据背后的理念,新闻价值难以体现,反而使受众无法理解新闻。

(四)学科分散,缺乏技术性系统人才

数据新闻作为新闻传媒业新型兴起的产物,其属于文理科融合,尤其引入了统计学、计算

---

[1] 罗宇凡.五大体系探索"数据可视化"新闻[EB/OL].http://www.cq.xinhuanet.com/2014-12/16/c_1113657167_5.htm.

机学科等所运用到的专业知识,使以文科为主的新闻业在制作数据新闻中困难重重。在学界,数据新闻主要引起各高校新闻学院师生的关注,但由于新闻学院其学科基本同质化,缺少计算机等学科,学科分散导致团队存在技术人才的缺失。在业界,数据新闻生产中,也存在数据挖掘分析、前端工程设计等技术人才的缺失。同时,学界与业界存在脱轨现象,导致数据新闻的人才培养也无法对接。技术人才的缺失导致一定程度上制作周期长,无法及时跟踪报道,从而使数据新闻存在"过时新闻"现象,并导致其发展陷入瓶颈。

四、数据新闻发展应对策略

国内数据新闻的发展将是一个漫长而又艰苦的道路,业界应在数据新闻的实践中进行思考,给出系统的数据新闻的实践、操作模式,学界除了引入、介绍数据新闻的概念,还有责任和义务完成数据新闻①的人才培养。在找出其发展所面临的困境时,结合当下数据新闻发展趋势,提出以下七点应对策略,以期为其发展带来帮助。

(一)迎合多样受众,开拓国际视野

数据新闻的制作需要挑选适时的选题,在受众多样化的驱动下,不应只局限于国内的时政社会新闻选题,而应渗入各行各业的新闻话题,如财经、体育、娱乐等选题,将数据新闻的优势最大化运用,迎合受众,使数据新闻逐渐成为大众化报道模式;同时数据新闻的选题还应放眼于国际,积极运用数据新闻报道国际新闻事件,或联合国际新闻媒体共同制作数据新闻。

(二)与多方紧密合作,共享数据库资源

数据的难以收集是数据新闻制作的一大难题,国内媒体应当重视数据的收集和整理,除了及时关注政府官方数据以外,还应积极建立属于自己媒体平台的数据库。同时可以和百度、新浪、腾讯、阿里巴巴等互联网公司、舆情分析公司合作共享用户数据库资源。这些数据来源于真正的大众,可以真实反映大众的偏好与习惯,自我调查收集数据和网络用户数据目前虽然不是数据新闻的主要来源,但也将成为国内数据新闻未来发展的重要手段。

(三)勿忘新闻本质,探索数据价值

数据新闻归根结底是具有新闻本质,而目前的数据新闻作品中存在着鱼龙混杂的现象。因此学界和业界都应担负起一定的责任。其中,学界应当强化提升新闻学专业素养,提升学生数据新闻的实践能力,在获得海量数据时,不应只是全部呈现,而应当主要集中于探索数据、分析数据背后的故事,最终运用数据阐释新闻故事;业界在数据新闻领域实践操作中,更应当充分发挥电子媒介的功能特点和优势,坚持"好的选题要符合新闻价值的评判标准"这一理念,运用数据作为辅助方式更好地讲述新闻。

(四)加强学业界融合,培养精英人才

目前,业界数据新闻发展领先于学界数据新闻教学,但国内学界、业界都存在匮乏数据新闻人才的现象。因此加强学界、业界融合时不可待,学界、业界双方应当及时提供与时代发展接轨的优质资源。其中,业界在实践过程中,加强团队协作能力,主动与学界紧密联系,向学界提供数据新闻发展趋势信息以及其制作中的困难、适时需求,并可适当选择学界学生创作的优

---

① 苏宏元,陈娟. 从计算到数据新闻:计算机辅助报道的起源、发展、现状[J]. 新闻与传播研究,2014(10):78.

秀数据新闻作品予以发表;学界则应变革传统教学理念,将"产学研"纳入教学体系,聘请业界数据新闻专家开展专业培训工作坊,教学重点应聚焦数据挖掘、数据分析处理、数据可视化等数据新闻技术的培养方面,培养学生自如地使用数据挖掘分析工具、大数据可视化工具,为业界输送数据挖掘分析师、前端设计工程师、程序员等匮乏的精英数据新闻人才,最终形成学界、业界互惠互利的合作交流模式。

(五)鼓励跨学科合作,打破学科界限

数据新闻属于文理融合学科的新型产物,需要涉及多种学科领域。但当前的形势是学科分散,数据新闻的学习主要集中于新闻传媒类学科,计算机、统计学科鲜少涉入。对于新闻传媒高校而言,应摒弃固有学科观念,打破学科界限,利用业界资源,培训院校其他专业教师成为数据新闻方向专业的师资精英,并积极鼓励跨学科合作交流,与其他专业如计算机、艺术设计、数学统计等学科进行团队合作,迸发创意、贡献其学科优势、提升生产速度,为制作出优秀数据新闻作品提供保障。

(六)革新课程模式,实现教学改变

国内在实施数据新闻教学可以借鉴全美数据新闻教学改革模式[①]进行革新。模式一,开设数据新闻入门基础课程,将数据作为核心课程进行整合,初步培养学生数据新闻兴趣;模式二,将数据和计算融入现有课程和社会关注点,例如,在社交媒体技巧方面要教授学生运营社交媒体,就需要教授他们理解社交媒体平台的用户分析,将数据新闻涉入多学科多领域;模式三,开设专修数据新闻课程,为专修数据驱动报道和计算新闻学的学生提供专业课程;模式四,开设面向重返学习数据新闻的在职记者基于数据和计算的专业报道课程;模式五,创立新闻新型技巧实验室,创新新闻技巧与技术,推动新闻业发展。

(七)利用大赛机制,鼓舞创作杰出作品

2012年开始由全球编辑网络(Global Editor Network)颁发的数据新闻奖(Data Journalism Awards)在全球范围内评选以数据为中心的杰出新闻作品一直是学业界学习制作数据新闻的模范。2014年,USCET和中国传媒大学举办了第一届高校数据新闻大赛,面向全国大学生,引起了学生制作数据新闻的兴趣。2015年,甘肃省融合媒体研训基地联合中国传媒经济与管理学会承办的首届中国数据新闻大赛暨数据新闻教育发展高峰研讨会引起了国内外学业界的广泛参与,学业界精英积极探讨数据新闻的发展。2016年,甘肃省融合媒体研训基地联合北京师范大学新闻学院和光明日报社共同组推动第二届中国数据新闻大赛。大赛组委会最终收到全国108件参赛作品,清华大学、复旦大学、新华网、今日头条等70多家机构300余人直接参与。大赛投票期间,官网(甘肃省融合媒体研训基地)每天的点击量都达到近5万次。据统计显示,此届大赛共计点击量32万次。投票总数达到5.5万人。投票人员所属地区包括中国大陆和港澳台地区,以及美国、英国、德国、澳大利亚、日本、韩国、新加坡,共计40个国家和地区。另外,2016年,USCET和复旦大学新闻学院也联合举办了第二届高校数据新闻大赛。很明显,这些赛事提供的竞争平台营造了良好的学习氛围,激发了数据新闻学界和业界的作品创作意识。大赛通过学界与业界的创作实践,分享交流经验,为将来数据新闻人才的培养起到了巨大的推动作用。

---

① 全美新闻院校调研报告告诉你数据新闻教育的五种模式[EB/OL]. http://mp.weixin.qq.com/s?__biz=MzIwM-DM5NzYyMQ==&mid=2652450383&idx=1&sn=170463f15da75fbdd71b596e9163ab55&scene=23&srcid=0415xerkmmmfrd7fiA00mM4X#rd.

第二章 数据新闻的选题

广义上讲,只要有数据,且数据有新闻价值,就能制作数据新闻,因此数据新闻的类型繁多、选题范围较大。本章将主要介绍数据新闻的选题类型、选题范围、发展现状及趋势。从数据分析程度、选题的时效性两个维度来看,数据新闻可分为四类:展示型、分析型、周期型和突发型。

因为数据新闻的优势是高效处理、展示大量数据,一些领域的选题,如互联网、经济、政治、体育等,通常会涉及大量的数据,因此有条件、有需求成为数据新闻的热门选题。

随着互联网技术的发展、读者阅读兴趣和习惯的改变,要想继续留住读者,新闻的关注点、呈现形式、渠道都应积极地进行革新,数据新闻便是这一背景的产物。在未来,数据新闻还将在娱乐化、产品化、个性化的方向上继续改进。

16世纪末,苏格兰数学家约翰·奈皮尔发明对数,这被认为是数学史上里程碑的事件。200年后,法国著名数学家、天文学家拉普拉斯感慨:对数能极大地缩短计算时间,"实际上等于把天文学家的寿命延长了许多倍"。

按这个思路,数据新闻可谓是新闻界的"对数":因为数据新闻的主要特征便是对大量数据进行处理,并用可视化方式呈现。"一图胜千言",这使得同样的信息量,阅读时间却能极大地缩短,"实际上等于把读者的寿命延长了许多倍"。

第一节 选题类型

数据新闻的常见分类包括根据数据性质分类、根据数据来源分类、根据选题性质分类等。本节在此基础上,尝试从数据分析程度和选题的时效性两个维度对数据新闻进行分类。

一、根据数据分析程度分类

同样的数据,不同程度的数据分析,得出的结论、传递给读者的信息可能各不相同:深度的数据挖掘,能发现隐藏在数据中的信息,能揭示鲜为人知的因果链,相比于仅罗列数据或单纯的信息可视化,能传递更多的信息。

针对某一具体的选题,通常情况下,与之相关的"资料"(data)纷繁复杂;根据一定的规则,从资料中可以筛选出有价值的"信息"(information);经过对信息进行分析、处理,能够得到"见解"(insight)。从"资料"到"信息"再到"见解",是对这一选题的认识不断深入的过程。

根据对数据进行分析的程度,可将数据新闻分为展示型(观赏型、描述型)数据新闻与分析型数据新闻。其中展示型数据新闻呈现的是"信息",而分析型数据新闻呈现的是"见解"。

(一)展示型数据新闻

展示型数据新闻是基础版的数据新闻:只需对数据进行可视化,呈现其全貌或部分即可,不需进行进一步分析和处理。因为操作思路简单,在早期,数据新闻大体都是这一类型,呈现形式通常是在新闻报道中使用表格、图片、地图,或者根据表格绘制配图等。

展示型数据新闻最经典的示例之一是艺术家肯·墨菲创作的《天空的历史》(a history of the sky for one year)①,如图2-1所示。他的创作思路很简单:在屋顶安装一部相机,每隔10秒拍张照片,将一年的照片进行整理,然后以天为单位进行展示。

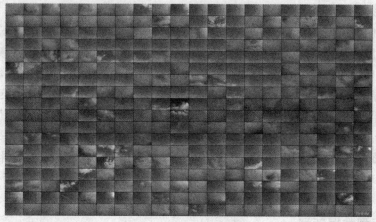

图2-1 天空的历史

观看这一视频作品,读者可以很快了解到一年中不同时期的日长、天气的变化,而通过将每天同一时刻的照片作对比,读者也可以很方便地比较空气质量的不同。相比于冷冰冰的统计数值,这样的直观展示,趣味性、信息量和阅读量会大得多。

2015年初,随着纪录片《穹顶之下》在网络上热播,雾霾成为全国热议的话题。影片中展示的一款能实时显示企业排污信息的手机应用"污染地图"(后升级更名为"蔚蓝地图"),短短数天里吸引了百万级的下载量。该应用最核心的一个功能便是能让用户及时地了解到其所在地区的空气、水的质量数据。可谓继承和发扬了《天空的历史》的设计理念。

"蔚蓝地图"的出品方公众环境研究中心(IPE)很早就开始关注环境问题。与最初的PC端版本相比,新版本App的特点在于数据展示的形式更为人性化:一方面,App展示的数据与用户位置相结合,能提供个性化的信息;另一方面,用色块加数值的方式,让违规企业的分布一目了然,一眼就能看到触目惊心的现实。

从媒体操作的角度,"蔚蓝地图"几乎每一张截图都能做出一篇新闻来:为何这家企业会违规?为何违规的企业这么多?违规排放对周围的环境影响如何?……这也正是展示型数据新闻的优势:同样的信息,不同的展示方式,能吸引不同的读者,也能解读出不同的意义。类似的展示型数据新闻还有犯罪地图、交通事故地图等。

展示型数据新闻的另一常见适用领域是作对比:当试图向读者解释一个其不太了解背景信息的话题时,可以尝试用其熟悉的内容作对比进行说明。

2014年3月,马来西亚航空公司的MH370离奇失联,成为当时最为轰动的国际新闻之一。多个国家参与了搜救工作,澳大利亚海军一度声称截取到了来自黑匣子的信号,引发了高

---

① Murphy. A History of the Sky for One Year[EB/OL]. (2011-11-15). http://www.murphlab.com/2011/11/15/a-history-of-the-sky-for-one-year.

度关注。但多数民众对深海搜救并不熟悉,茫茫大海中打捞沉在海底的物件有多复杂,人们很难有直观的感受。《华盛顿邮报》制作的数据新闻《深度的难度》①(the depth of the problem)则很好地展示了这一挑战。

设计者用一幅长长的图呈现了海底15000英尺(4572米)的世界,这幅长图选用了相应的比例尺,每1000英尺有一道白线做分隔,并标注数据。因为这一数据新闻主要针对手机端的读者,长图的形式正好可以让用户通过手指的不断向上滑动感受海底之深。

为帮助说明,设计者还将世界知名建筑物以倒影的形式呈现在海平面以下。这些建筑为读者熟知,通过这样的反衬,读者更容易理解海底深度的意义。比如美国华盛顿哥伦比亚特区的最高建筑华盛顿纪念碑,如果倒立,仅有555英尺深;纽约的帝国大厦倒立,也只有1250英尺深;目前世界最高的建筑——位于迪拜的哈利法塔,倒立过来也不过2717英尺。而澳大利亚海军发现信号的海域深度为15000英尺,相当于30个华盛顿纪念碑那般"深",核实、打捞的难度可见一斑。

《深度的难度》的做法在很多展示型数据新闻中都会用到,其关键点就是"相当于":把一个读者难以直观理解的知识点用其常见的信息来"相当"一下。比如降雨量"相当于"3个西湖的水;比如造价"相当于"8个鸟巢体育馆;比如破坏力"相当于"1024吨TNT等。

(二)分析型数据新闻

如果说展示型数据新闻呈现的是数据的表象,提供的多是"有趣"的信息,那么分析型数据新闻呈现的则是数据背后的故事,提供的是"有用"的结论。展示型数据新闻能唤起读者的阅读兴趣,引发其关注和思考,而分析型数据则是通过挖掘、分析、解读数据,让读者能透过表象看到本质。

分析型数据新闻可以细分为探索型和验证型。探索型选题是指分析已有的数据,探索其内在结构、规律或进行原因推测及趋势预测;验证型选题是指对于已有的结论,利用数据进行证实或证伪。

虽然数据新闻方兴未艾,但运用可视化进行数据分析的历史却很悠久。早期的经典案例包括约翰·斯诺的"伦敦霍乱地图"②(见图2-2)与弗洛伦斯·南丁格尔的"东征军士兵死亡原因图"③(Diagram of the causes of mortality in the army in the East)(见图2-3),他们两人可谓数据新闻记者的先驱,这两幅图也堪称分析型数据新闻的滥觞。

19世纪中叶,伦敦接连遭遇霍乱,死亡的多是穷人,但没有人能确定疫情的源头。当时伦敦的下

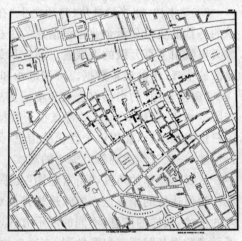

图2-2 伦敦霍乱地图

---

① 华盛顿邮报. 数据新闻作品《深度的难度》[EB/OL]. https://www.washingtonpost.com/apps/g/page/world/the-depth-of-the-problem/931/The depth of the problem.
② 约翰·斯诺. 伦敦霍乱地图[EB/OL]. http://johnsnow.matrix.msu.edu/images/online_companion/chapter_images/fig12-5.jpg.
③ 弗洛伦斯·南丁格尔. Diagram of the causes of mortality in the army in the East[EB/OL]. https://commons.wikimedia.org/wiki/File:Nightingale-mortality.jpg.

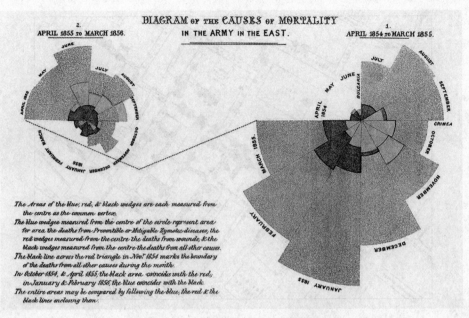

图 2-3 东征军士兵死亡原因图

水道系统非常简陋,厕所的污秽被直接排入污水池。一些人认为是污水池的污秽物产生瘴气,瘴气导致人患病;有人则认为是穷人生活习惯不卫生,因此更易染病。

1854年,伦敦再次爆发霍乱,这次集中在苏活区,正好靠近约翰·斯诺医生的住宅,他便开始搜集数据进行分析。约翰·斯诺在地图上标注出死于霍乱的患者其住址对应的街区,一个死亡案例用一个黑色矩形代表。同时,他也标注出公共水井的位置:当时伦敦的供水系统由浅水井和供水线路组成,其中供水线路是为高档住宅提供,而浅水井则供穷人使用。

通过这幅霍乱地图,约翰·斯诺注意到,患者死亡数量较高的地方,使用的是同一个浅水井。他再从不同的水井处抽取水样,在显微镜下进行观察,发现该区域的水井水样中确实含有一种未知的细菌。最后的研究显示,苏活区的霍乱正是由该区的这处水源被污染所致,而该处水源是受到附近污水池里霍乱细菌的污染。伦敦政府随后及时关闭了不洁水源,有效遏制了霍乱的流行。

"伦敦霍乱地图"不仅挽救了伦敦,也让医学界对微生物有了新的认识,更更新了人们对空间统计学、数据可视化的理解。约翰·斯诺也因此成为现代流行病学的奠基人之一、公共卫生医学的开拓者之一。直到今天,这幅地图还是传染病学和地理信息科学(Geography Information Science)的经典样本。2013年,南安普顿大学的罗宾·威尔逊(Robin Wilson)利用现代可视化技术重绘[1]了这张地图,致敬约翰·斯诺,如图2-4所示。

同样值得我们致敬的是弗洛伦斯·南丁格尔,被誉为"提灯女神"的南丁格尔是现代护理事业的创始人、现代护理教育的奠基人。在19世纪50年代爆发的克里米亚战争中,她担任英国的战地护士,此后将一生奉献给了护理事业。在当时,护理行业并不为世人所重视,即便是在军队中。从战场归来后,南丁格尔成为了社会活动家,希望改变人们对护理的偏见。

---

[1] Robin. John Snow's Cholera data in more formats[EB/OL]. (2013-03-13). http://blog.rtwilson.com/john-snows-cholera-data-in-more-formats/.

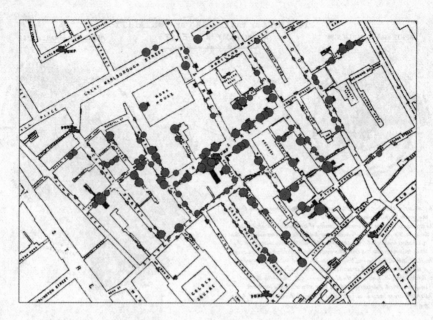

图 2-4 伦敦霍乱地图致敬版

在给国会的报告中,南丁格尔大量使用统计图表作为佐证。被认为起到了关键作用的是她发表于 1858 年的《英军的死亡率》中的"东征军士兵死亡原因图"(又被称为鸡冠图、玫瑰图、极区图)。图形呈螺旋状,分为 12 份,分别代表单月的死亡率。从图中可以清晰地看出,绝大部分的死亡并非因为中弹或被炮击,而是因为本可治愈的疾病。图表还显示,在卫生委员会派驻后,死亡率出现大幅下降。通过这张图,护理业的重要性不言而喻。

与展示型数据新闻相比,分析型数据通常并不是将所获取的全部数据进行展示,而是根据研究目的,对数据进行整理、筛选、处理,之后再展示。从纷繁复杂的海量数据中抽取出最核心的信息,直击靶心。

互联网是散布谣言的温床,还是终结谣言的工具?这不是一个容易回答的问题,英国《卫报》的数据新闻记者们用大量的数据及深入的分析,给出了令人信服的回答。

2011 年 8 月,伦敦发生骚乱。骚乱的导火索是托特纳姆区的一位黑人年轻人因非法持有枪械被警方击毙,随后 5 天里,骚乱从该区蔓延至全伦敦乃至周边城市如曼彻斯特、利物浦等。骚乱期间,多辆警车被焚毁,多家店铺被哄抢。骚乱过后,英国舆论和政府进行反思,骚乱的原因和推手一度被归罪于社交网络如 Twitter、Facebook 等,伦敦警察厅甚至认为骚乱最严重时应关停社交网络,亦有政客呼吁对社交网络和黑莓的短信服务进行内容审查。

在科研机构的帮助下,《卫报》数据新闻团队整理、分析了 260 万条与骚乱相关的 Twitter 信息,制作了《骚乱谣言是如何在 Twitter 上传播的》①(见图 2-5)等数据新闻。他们筛选出七大谣言,观察其在 Twitter 上的传播路径,统计用户对其态度,并将其可视化:绿色圆圈代表转发谣言的推文,红色圆圈代表反驳谣言的推文,灰色圆圈代表评论的推文,黄色圆圈代表质疑的推文,圆圈的大小代表推文的影响程度。

---

① http://www.guardian.co.uk/uk/interactive/2011/dec/07/london-riots-twittere.

图 2-5 骚乱谣言是如何在 Twitter 上传播的

通过时间轴的设计,用户可以直观地看到每则谣言的生命周期,即其生成、扩散、消停的全过程。看完全程后,会发现社交网络虽然在前期可能会被作为谣言传播、扩散的平台,但这样的平台同时具有谣言自我澄清机制,谣言出现不久后,辟谣信息就已出现,并同样能进行传播,并最终遏制谣言。

《卫报》的数据新闻还显示,在骚乱尾声,善良的市民正是通过 Twitter 组织起了清扫街道的行动,这一系列报道很大程度上影响、改变了公众和英国政府对社交网络的看法,对于其他国家和地区也具有借鉴意义,并使得新闻报道也具有了社会科学研究的属性。

在该系列的报道中,《卫报》对 6 个城市的 270 位骚乱参与者进行了采访,统计并用信息图的方式展示了其年龄、性别、肤色、住址、家境、学历、刑期等,甚至根据采访内容复原了骚乱份子从家走到骚乱发生地的路线和距离,让公众对这场骚乱及骚乱份子有了更全面的了解。

比如不少人想当然地认为,参与骚乱的主要是黑人。而事实上,根据司法部的数据,因骚乱事件出庭的被告中,黑人占 43%,白人为 33%,还有 7% 的亚裔,以及其他族裔。在部分地区,参与骚乱的白人甚至远超过黑人。《卫报》认为与肤色相比,贫穷是个更重要的因素。

二、根据选题的时效性分类

(一)周期型数据新闻

周期型选题是指周期性出现的选题。这类选题是可预见的,因此媒体有足够的时间搜集相关的数据进行处理和呈现。根据周期的长短,周期型选题可分为:年度、半年度、季度、月度、每周、每日等。

年度选题可分为多年度或每年度:多年度的如人口普查(每10年)、中国共产党全国代表大会(每5年)、美国总统大选(每4年)、双年展(每2年)等;每年度的如各类年度论坛、年度奖项、年终盘点、历史事件周年纪念以及节日等。季度、月度选题同理可知,而数据更新较快的领域,比如天气、温度等可以做到每日、每时等,更新更快的如股价,则能做到以秒计。

周期型选题数据新闻常见的呈现方式是进行环比或同比,或者是突出不同周期里数据的共性或特性,以揭露鲜为人知的规律。如 *Slow Journalism* 杂志的作品《如何赢得奥斯卡奖》(见图2-6)[①]。

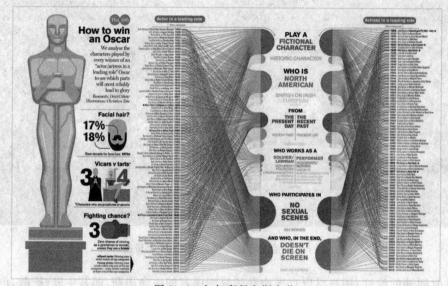

图2-6 如何赢得奥斯卡奖

奥斯卡奖一年一次,是世界最有影响力的电影奖项之一。每到颁奖季,它就成为全球媒体关注的焦点。奥斯卡奖第一次颁奖是在1929年,尔来已有近90届。每年奥斯卡奖均会选出最佳影片,最佳男、女主角等。如何能快速让读者直观地感受到这90年来奥斯卡奖得主的一些特性?如果是用文字新闻,哪怕连篇累牍,恐怕也难以阐述清楚,而用数据新闻则一目了然。

《如何赢得奥斯卡奖》搜集了近90届奥斯卡奖男、女主角的信息,对其扮演的人物角色进行分析,试图归纳出获奖的规律。通过信息图,读者可以非常清晰地看到每一届的获奖详情以及全貌。比如饰演虚构人物远比历史人物容易获奖;最佳男主角的热门角色是士兵、律师、君主等;一旦出现了情色场景,则基本上与最佳主角无缘了,尤其是男演员;此外,一定要活到影片结束,否则基本没戏,尤其是女演员。

周期型选题的特点之一是上一个周期使用的数据在新的周期仍有使用价值,比如新一年的奥斯卡奖、诺贝尔奖等的获奖信息,可以直接添加在前一年的数据库里。从信息获取上而言是更容易了,但也对呈现方式提出了更高的要求,如果照搬上一个周期时作品的思路,会让读者产生审美疲劳。

---

① OSCARS INFOGRAPHIC. http://www.slow-journalism.com/oscars-infographic.

(二)突发型数据新闻

与周期型选题相比,更考验从业者新闻素养和应变能力的是突发型新闻。突发型新闻很难预测,也很难提前准备,但一旦发生,公众的关注度会瞬间飙升,读者会迫切地希望知道发生了什么?情况有多糟?为什么会发生?而留给媒体人作答的时间并不多。这种情况下,数据新闻是一种不错的选择,能让读者在短时间里获取大量有条理的信息。

突发的新闻通常不是好消息,从原因来讲,大致可以分成天灾和人祸两类。天灾包括台风、冰雹、地震、海啸、洪水、火山爆发等;人祸包括战争、骚乱、刺杀、恐怖袭击、工厂事故等。此外,还有一部分突发原因比较复杂,比如雾霾、泥石流、传染病扩散、飞机失事等,很难将其单纯地归类为天灾或人祸。

美国经受的各类天灾中,数量最多、破坏性最大的当属风暴类灾害,近年来比较著名的有2005年的飓风"卡特里娜"和2012年的飓风"桑迪"。飓风会严重影响居民生活,媒体的报道如何能有效地进行预警、播报和提供救助信息?《纽约时报》制作的系列数据新闻堪称教科书级。这些报道起到的效果证明,数据新闻不仅能够报道事实,而且能真真切切地帮助到民众,也进一步证明,信息的自由、高效传播本身就是救灾工具。

在"桑迪"登陆纽约前,《纽约时报》已根据国家气象服务中心的数据制作了"飓风路径预测图""疏散区地图"(见图2-7)等在线互动地图。读者可根据邮编确认所在地的受灾风险、受灾强度以及附近的救助点,提前做好防备。飓风期间,《纽约时报》又推出"飓风损失报道""市政服务变更通知"等。这些信息均是实时更新,并能进行个性化的选择,使得读者能够在最短的时间了解到最全面、最新的、且与自己息息相关的信息。

此外,《纽约时报》还呼吁市民在社交网络上发布关于"桑迪"的照片,经过分类后形成了一幅互动地图①。普通网友的参与,能提供更多地域、更多角度、更多一手的信息,也让新闻的现场性、即时性、贴近性更强。

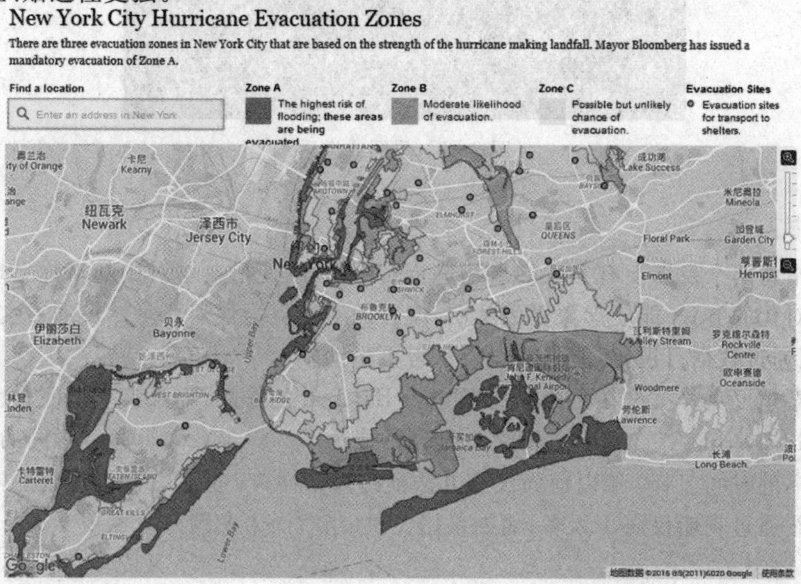

图2-7 疏散区地图

---

① http://www.nytimes.com/interactive/2012/10/28/us/hurricane-sandy-photos.html?_r=0.

较之文字报道,或者电视报道,数据新闻的核心优势包括:能让读者进行个性化阅读,读者可以阅读只与自己相关的新闻;能及时甚至实时地更新数据,读者只需记住一个固定的超链接入口,便能持续不断地获取最新的信息;能与读者互动,读者提供的信息能让更多读者受益。

三、呈现形式

有些选题领域因为含有丰富的数据或复杂的关系,天然地适合制作数据新闻,而有些选题角度因为其特有的呈现方式,也天然地与数据新闻相契合。比如当涉及分布、对比、盘点、关系、轨迹、流程等时,用数据新闻的形式进行报道往往可以起到事半功倍的效果。

(一)分布

分布包括空间分布、比例分布等。当选题涉及分布时,如果仅用文字描述,既需要较长的篇幅,也不容易表达清楚,还会降低可读性,而如果用数据可视化的方式来呈现,则能高效、精确、直观地传递信息。

比如埃里克·费舍尔的作品《看图或说话》[①](See something or say something)(见图2-8),便是通过技术手段搜集了人们在用Twitter发消息或用Flickr拍照时的位置信息,并展示在地图上。从中可以看到人们经常发Twitter或照片的地方,这是文字难以描述的。

图2-8 看图或说话

(二)对比

对比是指将两个及以上有关联的事物进行对照比较,使得参与对比的事物呈现出区别、反差等。通过对比的方式,能使形象更为鲜明,读者的感受更为强烈。虽然仅通过文字描述也能进行对比,但通过数据可视化,能将对比展示得更生动。

比如在泰坦尼克号沉没在大西洋后Chiqui Esteban的作品《如果我们能飞过大西洋》[②](If only we could fly the Atlantic),如图2-9所示,展示了500年来人类通过不同的交通工具横跨大西洋所需的时间:1450年以前尚没有办法横跨大西洋;17世纪之后通过帆船需要用40余天;到20世纪通过轮船仅需4天多;而如果用飞机(当时尚未实现),只需要1天。

---

① https://www.flickr.com/photos/walkingsf/sets/72157627140310742.
② http://flowingdata.com/2012/05/04/titanic-infographics-from-1912-2/.

图 2-9 如果我们能飞过大西洋

(三) 变迁

同一主体同一属性通常会在不同时间有不同的值,典型的例子是股价。要体现变化过程、预测变化趋势,需要较多的数据。如果仅用文字描述,既会影响阅读体验,也难以观察出规律。而数据可视化能够有效地传递关于数值随时间变化的信息,也更容易进行规律总结、趋势预测。

比如《纽约时报》的《美国国债利率与经济形式的关系图》[①](见图2-10),创造性地引入3个变量,使用3D图来展示国债收益率随着年份、国债期限变迁的过程,令人耳目一新。

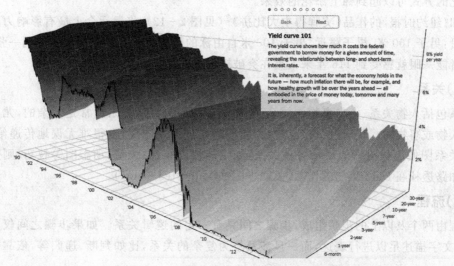

图 2-10 美国国债利率与经济形式的关系图

---

① 纽约时报. 美国国债利率与经济形式的关系图[EB/OL]. http://www.nytimes.com/interactive/2015/03/19/upshot/3d-yield-curve-economic-growth.html? abt=0002&abg=0&_r=0.

(四)轨迹

轨迹包括人或物的移动轨迹等。文字也能对轨迹进行描述,但会省略大量的细节,仅能展示大体轮廓,而数据可视化能真实地体现出轨迹的全貌。

比如亚伦·科布林的作品《飞行航迹》①(Flight Patterns)(见图2-11),便是将美国联邦航空局在2008年8月12日当天监测到在美国的飞机的航迹数据进行了可视化,涉及超过2万架飞机,为读者提供了一个全新的观察视角。

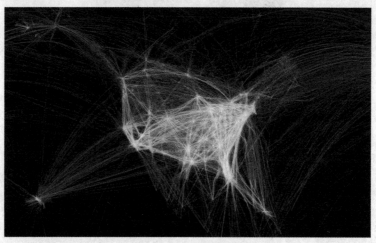

图2-11 飞行航迹

(五)盘点

盘点是常见的新闻选题切入角度,尤其是重大新闻事件突发时或到了周期性的时间节点。盘点是罗列此前发生过的类似事件,并展示频率或规律。常见的呈现形式是文字或表格,用数据可视化的方式可以起到锦上添花的效果。

比如《纽约时报》的作品《奖牌得主大比拼》②(见图2-12),将奥运会上最有影响力的3个竞技项目:男子100米、男子跳远、男子100米自由泳的历届获奖者的成绩展示在同一张图上,使得读者能一眼就感受到116年来人类在突破极限上的努力。

(六)关系

关系包括人物关系、人与事物的关系、事物与事物的关系。关系通常是复杂的,尤其是涉及多个人物或事物时。仅通过文字描述,即使能将各种关系厘清,也很难无误地传递给读者。而一张关系图便能很清晰地展示各种关系,如果能辅以颜色、线型、动态图等技巧,则效果更佳。比如路透社在2013年初的作品《关联中国》(Connected China)。

(七)流程

流程由两个及以上的步骤组成,步骤之间具有一定的逻辑关系。如果步骤之间仅是顺序关系,则文字描述足以进行表达,而一旦涉及较为复杂的关系,比如判断、递归等,依靠数据可

---

① 亚伦·科布林. Flight Patterns[EB/OL]. http://www.aaronkoblin.com/work/flightpatterns/.
② 纽约时报. 奖牌得主大比拼[EB/OL]. http://www.nytimes.com/interactive/2012/08/05/sports/olympics/the-100-meter-dash-one-race-every-medalist-ever.html.

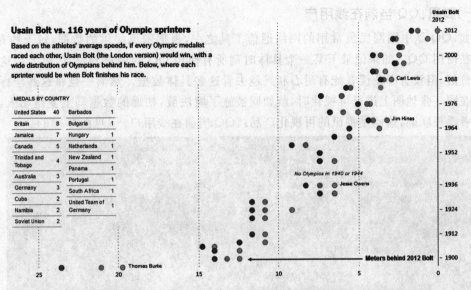

图 2-12 奖牌得主大比拼

视化方能准确、快速地展示流程设计的思路。

(八)摘要

浅阅读时代,不少读者越来越没有耐心读完长篇大论,但有一些重要资讯,尤其是政策类文件,或因为其固有的体例不得不八股化,或因为发布者刻意将核心信息隐藏在繁琐的内容中,让读者望而却步。如何在这类资讯中提取关键信息,用更短时间、更友好的方式传递给读者?这正是数据新闻大显身手的领域,常见的呈现形式"一张图看懂……"等。

在 Google 中搜索"一张图看懂……",能找到约 221 万条结果,其普及性可见一斑。比如《一张图看懂天津港爆炸:谁被追责?》《一张图看懂上海住房公积金新政》《一张图看懂食品安全法》《一图看懂小锤子千元情怀机坚果 U1》,等等。

第二节 选题范围

较之传统新闻,数据新闻最显著的特点是能高效处理、展示大量数据。反过来讲,如果一个选题涉及大量的数据或文字难以描述的复杂关系,则尤其适合制作数据新闻。纵观媒体热衷报道的诸多热点,一些领域的选题天然地涉及大量数据,因此也成为数据新闻的常客,比如互联网、经济、政治、体育等领域。

一、互联网议题

虽然在信息时代之前,大数据技术已或多或少得到运用,但毫无疑问,正是信息时代的到来,尤其是互联网技术的普及,使得大数据技术有条件、有动力应用在生活的方方面面,并能更深远地影响人们对世界的认知。

(一)腾讯:QQ当前在线用户

比如,QQ是中国网民最常用的网络通信工具之一,根据腾讯提供的数据,每天约有近2亿网民在使用QQ。如果记录下某一个具体时刻所有使用QQ的用户的位置,听上去这些数据有些价值,但没有哪位读者能有耐心和兴趣去看这些具体数据。然而一旦将这些坐标数据都标注在同一张地图上进行可视化时,就如同被施了魔法般,枯燥的数据马上变得动人,并能引发读者浮想联翩,这便是腾讯的可视化产品:《QQ当前在线用户》[①](见图2-13)。

图2-13 QQ当前在线用户

根据这幅图,可以做出诸如"中国QQ用户的地域分布特点"等新闻报道。如果数据更细化,能具体到一座城市的用户分布,而如果能比较不同时段的数据,当会发现聚集位置的转移,如CBD、住宅区、休闲场所等。这些信息对于商场选址、发展程度评估都具有重大意义,这些可谓展示型数据新闻的特效。

而如果有更多的数据或想法,展示型数据新闻也能做成挖掘型数据新闻。比如可以根据这幅图提出一系列假设:是否可以用QQ用户的数据模拟人口数据或经济发展程度,将此图近似为中国人口分布示意图或各地经济发展程度示意图;是否可以每个小时进行一次QQ用户人数和位置的统计,通过比对统计出中国各地网民一天的上网规律;等等。这些都是极有趣的新闻选题。

值得一提的是,早在1935年,地理学家胡焕庸根据1933年中国人口分布图与人口密度图,提出过"瑷珲(后并入黑河)—腾冲线"的概念。"黑河—腾冲线"(又称胡焕庸线)是一条假想直线段,斜跨中国版图,大致划分出中国人口在区域上的分布,体现出中国人口在东南与西

---

① http://im.qq.com/online/.

北的悬殊差异。1987年,胡焕庸根据1982年的人口普查数据再次审查这条线,发现线以东的面积占中国的42.9%,以西占57.1%,而以东的人口占中国的94.4%,以西的仅为5.6%。这一差异一直延续到了今天,在QQ在线地图上也能清晰地感受到。

(二)百度:百度迁徙

随着新媒体技术和互联网技术的发展,除了能实时显示数据,数据新闻的呈现形式也有了动态图、音效图等新的突破。这些新的形式,使得数据新闻传递的信息量更大、更吸引眼球,也更有趣,并能让读者获取到更多的信息——这些信息仅凭文字描述、静态图或实时显示是难以感受到的。

百度迁徙①便是典型的例子。中国的春运可谓世界上最大规模的周期性人口迁徙:近年来,每年春运的人口迁徙近30亿人次,这是人类历史上罕见的,也是中国乃至全球媒体关注的热点话题。春运每年一次,如何在这种老生常谈的选题中报道出新意?百度的大数据及呈现形式给新闻界不少启发。

春运期间人们通常会从工作地往返家乡,其中相当一部分是从北京、上海、广州等主要城市出发,这点众所周知,也常见于历年的新闻报道。但很少有人知道更宏观或更细节的情况,比如全国范围内整体的人口迁徙趋势是怎样的?比如哪条线路是最热门的返乡之路?哪个旅游城市的受欢迎程度最高?等等。而这一系列问题均能在百度迁徙中"看"到答案。

百度通过"基于位置的服务(location based services,LBS)开放平台"对手机用户的定位信息进行收集和分析,映射出手机用户的移动轨迹,并将其实时展示在地图上。2014年年初,这个名为"百度地图春节人口迁徙大数据"甫一上线,便因其能即时、动态地展示春运的迁徙轨迹和华丽、炫酷的效果而好评如潮,从中亦可直观地看到春运迁徙轨迹的特征,如图2-14所示。

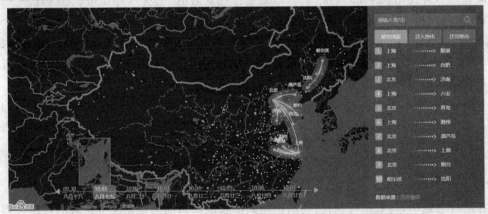

图2-14 百度迁徙

(三)阿里巴巴:搜索、成交数据

电子商务是互联网的重要议题。网上购物可谓互联网时代才有的产物,除了方便快捷,也使得对消费行为进行大数据分析成为可能。分析消费者的购物习惯、购买趋势,并结合当时的具体场景,这是数据新闻常见的题材。

---

① http://qianxi.baidu.com/.

2015年8月12日，天津滨海新区的危险品仓库发生爆炸事故，给天津人民造成了极大的影响。影响到底有多大？第一财经旗下的微信公众号"DT财经"通过对淘宝等网络平台数据的搜集，制作出数据新闻《大数据告诉你，爆炸后天津人咋过的？》①（见图2-15），令人印象深刻。

外卖网站的数据显示，爆炸事故之后，天津市的外卖交易量明显上升，而同一时段，其他地方的交易量是下降的，说明这段时间人们变"宅"了。淘宝的数据则显示，天津网民搜索"矿泉水"的量在爆炸之后直线上升，成交量亦暴涨，这一反应与坊间传闻爆炸可能污染了水源相呼应。同时，8月14—16日，天津网友在淘宝的搜索排名中，排名第一和第三的分别是"家用空气净化器"和"空气净化器"，充分反映了当时天津人的担忧。

图2-15　大数据告诉你，爆炸后天津人咋过的？

在8月11—13日，天津地区的家居用品类搜索排行中，搜索次数增幅最高的则是"防毒口罩"和"口罩"（环比增长4333%和543%），远超排在其后的"七夕"（环比增长124%）——生死存亡前，浪漫得排在第二位。

互联网搜索记录的分析不仅能用于突发事件的新闻中，也能用于调查类报道。《大象公会》曾刊发过一篇名为《为什么中国人最爱壮阳》的文章，文章试图回答："今天，什么地方的中国人最喜欢壮阳，壮阳的消费主力是什么年龄段，他们的职业身份有何特征？"

作者搜集、展示了淘宝、天猫、百度提供的数据，结果显示：购买"壮阳""补肾"产品的用户人群占比中，排名前四的是广东、江苏、浙江、山东四个东部省份；50—59岁年龄段的男人是购买主力；"爱搜'壮阳'的人，也爱搜'彩票''美国移民''夏威夷旅游''三访三评'"。

二、经济议题

在所有选题中，与数据可视化、数据新闻亲密程度最高的应该是经济领域的议题。因为经济天然的和数据密不可分，而且通常会涉及大量的数据。如何整理、分析、呈现这些数据，是经济领域很早就开始面对的问题。

历史上最早的条形图被认为出自威廉·普莱菲于1786年出版的《商业与政治图解》一书，其中最著名的一幅便是显示1780—1781年间苏格兰进出口贸易变化的图（见图2-16）。从中可以看出，200多年过去了，其设计思路和风格仍没有过时。

---

① DT财经.大数据告诉你，爆炸后天津人咋过的？[EB/OL]. http://www.yicai.com/news/2015/08/4672919.html.

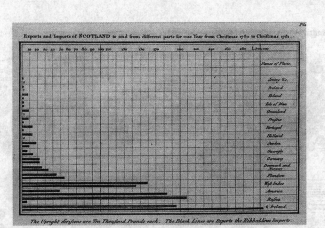
图 2-16 1780—1781 年间苏格兰进出口贸易变化

直到今天,在数据可视化领域,商务图表也仍是领风气之先者。知名商业报纸杂志如《经济学人》《商业周刊》《华尔街日报》等的插图,因其简洁、生动、美观、专业,为各界所效仿。

(一)财政开支

财政开支是一个国家最重要的经济议题之一,在不少国家,这都是执政党与在野党争论的焦点:往往在野党会认为执政党没能做到削减开支、紧缩财政,并总会向公众许诺,自己执政后会在这方面做得更好。财政开支是一个容易引起争论的话题,一方面,因为涉及各个领域,每个人都能说上两句;另一方面,因为数据繁杂,很少有人能了解全貌,讨论时难以说服对方。

近年来,《卫报》每年都会做一篇关于财政开支的数据新闻,用一张图讲清楚英国各政府部门公共支出的明细。以 2011—2012 年度的《一张图看懂财政开支》①(见图 2-17)为例,《卫报》用一个灰色的大圆块代表开支总额,并将其分成色彩不同、大小各异的小圆块,代表中央各部门的具体开支情况,再将其中每一个项目的子项目继续细分。借助圆圈的大小和结构,可以很容易地看到财政开支的组成和消减程度。

通过这则数据新闻,能让读者从盲人摸象的困境中解脱出来,看到全貌,也能方便公众对比政客们的言论,比如他们通常会声称会减少开支,但却很少谈及具体的项目。有时候政客们会呼吁削减一些具体的政治机构的开支,比如邮政服务委员会、选举委员会等,但这些机构的开支本身就不大,在图中难以识别。

如果不是通过数据新闻的方式,像财政支出这类选题的报道不少读者往往是看看标题,扫两眼内容就略过了。从停留时间来讲,远比不上进行可视化处理后。此外,这样的呈现方式允许在线互动,每位读者可以自行选择感兴趣的内容,进一步查阅更详细的信息,属于开放式报道结构,让读者能进行个性化阅读,用户体验更好。

(二)税制改革

2014 年年底,媒体透露称政府相关部门"正在加紧研究制定盐业体制改革方案,总方向是取消食盐专营"。当日,网易"数读"栏目推出数据新闻《盐税已无利可图,食盐专营早无必

---

① http://www.theguardian.com/news/datablog/2012/dec/04/government-spending-department-2011-12.

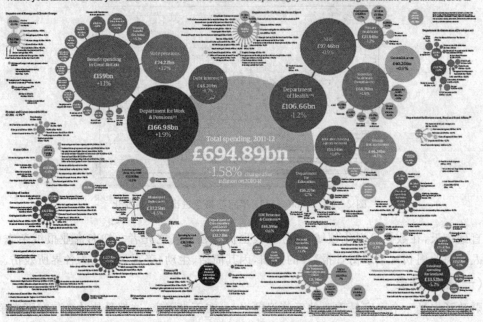

图 2-17 一张图看懂财政开支

要》①（见图 2-18）。该报道梳理了 1937—2013 年盐税在中国国家税收中所占的比例，通过图表的形式，直观地呈现出在当下这个时代，"从国家层面看，盐税地位之低早已到了可有可无的地步，食盐专营的根基已不存在"。

在历史时期，因为没有完整的征税体制，政府通过盐业专营，征收盐税，间接向国民征税，盐税一度是国家税收的主要来源之一。而在现代，税收体制发达，盐税早已不是国家税收的主要来源。盐税占整体税收的比例在逐年下降，现在已降至整体税收的万分之一，可谓"无利可图"，所以即使取消了也对整体影响不大，这些背景信息，设计者通过信息图的方式，能够很有说服力地传递给读者。

（三）财富排行

在经济领域，形势瞬息万变，如果信息更新不及时，就可能得出错误的结论，而数据新闻允许在后台进行数据更新，使得读者第一时间得到新的资讯成为可能。以备受关注的全球富豪排行为例，很早之前有一个段子："每天早上起床都要看一遍《福布斯》富豪榜，如果上面没有我的名字，我就去上班。"技术上讲，这种说法不太严谨，因为《福布斯》富豪榜一年发布一次，如果该年度没有被评上，则每天看到的信息不会有不同。然而如果换成彭博全球富豪实时排行榜，那么段子的真实性就高多了。

---

① 网易"数读". 盐税已无利可图，食盐专营早无必要 [EB/OL]. http://data.163.com/14/1121/08/ABIFVLMM00014MTN.html.

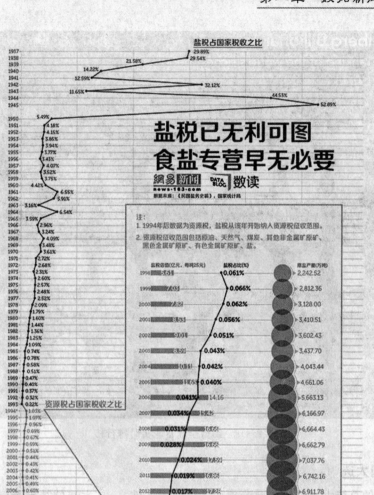

图2-18 盐税已无利可图,食盐专营早无必要

《彭博全球富豪实时排行榜》①(见图2-19)是彭博社的一款作品,该作品与传统的富豪排行榜不同,通过技术处理,能够实现富豪资产状况的每日排行。资产估算依据包括全球股市、证券市场、商品交易所的价格变化等信息,加上宏观经济状况和国家政策,以及彭博的原创新闻报道等。排行可以通过头像、地图、图表等方式可视化呈现,并提供多种筛选方式,如性别、国籍、产业类别等。不管是将更新频率提高到了天,还是资产估值的算法,抑或数据的呈现方式,彭博的排行榜都堪称业界翘楚。

三、政治议题

政治议题的复杂性、隐蔽性使其适合用数据新闻的形式进行展示。

---

① http://www.bloomberg.com/billionaires/latest.

图 2-19　彭博全球富豪实时排行榜

(一)美国大选

四年一次的总统大选是美国政治领域最重要的事件之一,大选的结果不仅关系到美国民众未来四年的生活,也会对国际政治产生影响。虽然投票日只有一天(当年 11 月第一个星期一之后的星期二,部分州允许提前投票),但党内预选从年初就开始了,候选人造势则在更早之前,因此通常整个年度都会被称为大选年。

大选年中会出现大量的数据信息,比如前期预测(prediction)、民调、出口民调(exit polls)、选举结果等,如何将这些信息准确、直观地展示给读者,是媒体面对的"同题作文",尤其是最受关注的计票信息。一般而言,计票工作在投票结束 15 分钟后开始,1 小时后发布。在传统媒体时代,只有电视、广播能实时地进行结果播报,报纸、杂志只能刊发最终结果,但这一门槛在新媒体时代因互联网技术而被突破。

根据美国的选举制度,选民投票不仅要选择总统候选人,还要选择其所在州的选举人代表,以组成选举人团。绝大多数州实行"赢者通吃"制度:该州获得选民票数多者能获得该州所有的选举人票。因为不同的州选举人票不同,因此赢得选举人票更多的州显得格外重要。

如何将民调结果、选举结果快速、直观地告知读者? 最常见方法是使用地图进行色彩划分,一般用红色代表共和党,蓝色代表民主党,谁赢得了一个州,就把该州标成该党派的颜色(见图 2-20)①。

---

① http://focus.10jqka.com.cn/special/zt20121102b.shtml. 具体颜色参见原图。

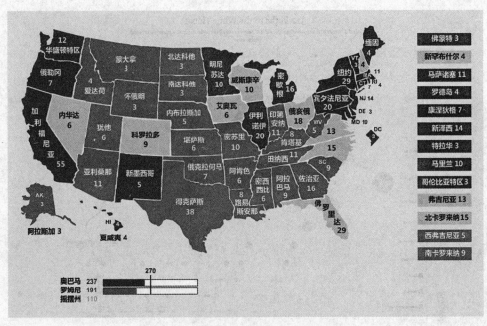

图 2-20　美国 2012 大选地图

这种给地图标注颜色来呈现民调或选举结果的方式历史悠久，最早可追溯到 1896 年美国大选。当时选举结果出炉后，《纽约时报》便发布了一张进行过色彩划分的选举地图：胜出者威廉·麦金莱赢得的州标注为白色；落选的威廉·詹宁斯·布莱恩赢得的州标注为黑色。此后 100 多年来，虽然标注的颜色转为红蓝色，但制作思路一直没有大变化。

用地图标注的优势是结果一目了然，但也有很明显的劣势：每个州的选举人票数与该州的人口数有关，但一个州的人口数却与其面积没有直接关系。比如蒙大拿州面积为 38 万平方公里，是纽约州（面积 14 万平方公里）的近 3 倍，如果赢得了蒙大拿州，从地图上看会远比纽约州有气势。但蒙大拿州的选举人票数仅有 3 张，而纽约州却有 29 张，在实际效果上，仅有后者的十分之一。这也是为什么虽然在《经济学人》制作的地图上，罗姆尼在面积上占优势，但实际上赢得选举的却是奥巴马。

2012 年，《纽约时报》的数据新闻团队作出了大胆尝试，他们用树状网络图①代替地图来预测选举结果，除了呈现形式更新颖，还在产品中加入了与读者交互的功能。在作品的最上方，列了 9 个"摇摆州"，如图 2-21 所示。读者可以任选一个州，查看民主党或共和党赢得或失去该州后所有可能的选举结果。

以佛罗里达州为例，如果读者查看奥巴马赢得该州的情况，系统会用二叉树的形式显示，在此之后，只要奥巴马再赢得任一"摇摆州"即可获胜。而对于罗姆尼而言，除非他能一举赢下剩下的所有 8 个"摇摆州"，才能当选。因此该情况的小标题便是"奥巴马有 255 种可能当选 vs 罗姆尼有 1 种可能当选"，罗姆尼面临的挑战可见一斑，而这样的信息如果仅是通过传统的地图颜色标注，或是通过文字，是很难准确传递到读者的。

---

① 纽约时报. paths to the White House[EB/OL]. http://www.nytimes.com/interactive/2012/11/02/us/politics/paths-to-the-white-house.html.

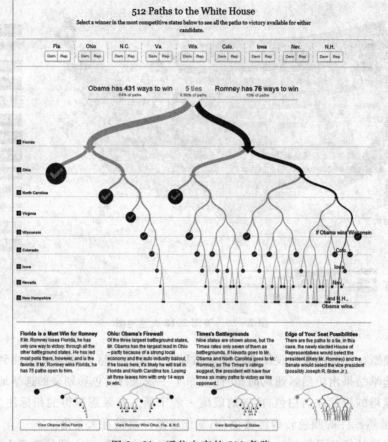

图 2-21 通往白宫的 512 条路

对于《纽约时报》这篇作品的读者而言,当其获知奥巴马赢得佛罗里达州时,即便最后的计票结果还未全部公布,他们也能确认奥巴马极有可能当选,这就是数据新闻的威力和魅力。

(二)同性权利

近年来,同性恋权利的争取逐渐成为公众关注的议题,每年一次的"同志骄傲大游行"已成为全球性的盛事。但因为历史和文化原因,不同国家对同性恋的态度各异,即便是在同一国家,不同地区的差异也很大,尤其是在美国。因为特有的法律体系,美国各州均拥有立法权,不同州的美国人享受到的同性恋权利各不相同。

如何能让读者在最短的时间了解到美国各州的情况?《卫报》的数据新闻团队创造性地想出用车轮图(见图 2-22)①的形式来呈现。车轮图分为 51 个辐条,代表全美 50 个州和 1 个直辖区,并按地理位置分为东北、东南、西南、西北、中西部 5 个部分。每根辐条由 7 部分组成,分别代表同性恋权利中最重要的几点,如婚姻、领养、求学、医院探视等。记者们随后查阅各州法律,将相关的规定分类为允许、禁止、未规定等,并用不同的颜色表示。

---

① 卫报,Gay right sunited states[EB/OL]. http://www.theguardian.com/world/interactive/2012/may/08/gay-rights-united-states.

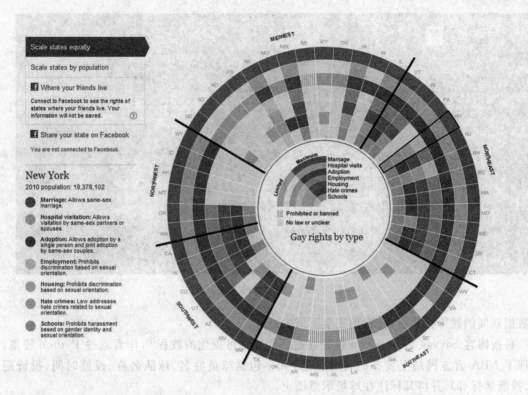

图 2-22 美国各州同性恋权利

(三)政治

政治是复杂的,大到国际政治,国与国之间的关系,纷繁复杂;小到政治团体,人与人之间的关系,千丝万缕。如何体现这种复杂性?数据新闻做出了许多尝试,常见的有网状图和人物关系图。

财新网的《周永康的人与财》(见图 2-23)[①]这篇数据新闻通过连接线的颜色、线型呈现了人与人的关系、人与公司的关系,在媒体通报周永康被中纪委立案审查的当晚推出,惊艳四方,可谓数据新闻在中文媒体界里程碑式的事件。虽然作品只有三行结构,但要全部看懂并不容易,因为关系太复杂了。而这或许正是创作者想传递的核心信息之一:其人其事,关系复杂。

四、体育议题

体育界很早就开始数据化统计和管理。在美国,篮球、橄榄球、网球等职业联赛中,球员的得分记录、球队的胜负记录都得到较好保存并方便调用,这使得无论是作数据展示还是数据分析,都有着良好的数据基础。

(一)投篮得分

以美国职业篮球联赛(NBA)为例,某一时刻,某位球员在球场的某个位置投篮、得分,相关信息会被统计。投篮得分,看起来这是赛场上再寻常不过的一件事,但如果整理成大数据,

---

① 周永康的人与财[EB/OL]. http://datanews.caixin.com/2014/zhoushicailu/.

图 2-23 周永康的人与财

从数据新闻的视野再来看,会看到完全不同的一幕。

科技博客 Savvas Tjortjoglou 曾刊登过一篇数据可视化的教程①,作者通过 Python 搜集、整理了 NBA 官方网站上发布的得分信息(其中包括球员姓名、球队名称、投篮时间、投篮距离、投篮坐标等),并将其标注在球场示意图上。

图 2-24 中展示的是球员詹姆斯·哈登(James Harden)在 2014—2015 常规赛期间的得分点分布,从中可以看出,篮筐下的区域与 3 分线正中位置附近是他的得分"热点区域"。这样将数据进行可视化展示,不仅读者看起来更直接,对于教练而言也是有意义的。比如如果要重点防守这位球员,这块区域就应该安排防守队员重点盯防。

(二)球迷分布

数据新闻不仅可以关注球员,还能关注球迷。一支球队的球迷地理分布是怎样的?听上去不容易调查和呈现,但《纽约时报》数据新闻团队 The Upshot 却通过 Facebook 提供的数据制作了"全美棒球球迷分布图"②。

创作思路是这样的:美国的棒球队会在 Facebook 上开设公共主页,方便粉丝关注,而用户在注册 Facebook 时通常会输入其所在地的邮政编码。这样便能统计出某一地区 Facebook 用户支持的球队有哪些,占比如何。用不同的颜色以及颜色的深浅来代表不同的球队和支持率,便可以推算出球迷的地理分布。

从图 2-25 中可以看出,棒球队的球迷分布有着极强的地域属性,通常球队所在地是球迷集中的核心区,地理距离越远,球迷的数量越少。此外,地理位置相邻的球队,比如纽约洋基队和波士顿红袜队,其球迷的分布有条明显的界限。哈特福特位于两队球迷的交界线处,一般认为这座城市是支持红袜队的,但 The Upshot 展示的数据却显示,洋基队的支持者更多。数据新闻能根据数据对传统观念进行修正。

---

① http://savvastjortjoglou.com/nba-shot-sharts.html.
② http://www.nytimes.com/interactive/2014/04/23/upshot/24-upshot-baseball.html.

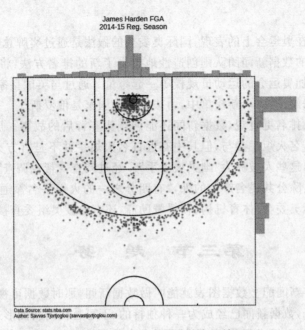

图 2-24　球员得分热点区域

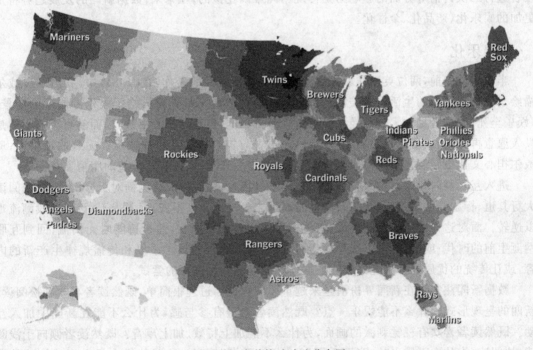

图 2-25　全美棒球球迷分布图

(三)奥运会

奥运会是体育界四年一度的盛事,能吸引全球的目光,是新闻界关注的焦点,也是数据新闻大显身手的舞台。参与奥运会的国家和运动员数量众多,所竞技的体育项目也不少,比赛结果、排名、奖牌归属等,均会涉及大量的数据。在 2012 年伦敦奥运会中,有不少新颖的数据新

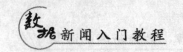

闻作品。

衡量一个参赛国在奥运会上的表现，国际奥委会的做法是通过奖牌总数，伦敦奥运会的冠军是美国。而《卫报》的数据新闻团队则创造性地想出了新的排名方法：将奖牌数与国家的人口规模、经济实力、参加奥运会的运动员规模等一起考量。通过与英国皇家统计协会合作，《卫报》从这一新的角度来解读榜单，新榜单中，力拔头筹的国家是俄罗斯。

除了让比赛成绩、排名更直观，数据新闻还能调查比赛背后的故事。历时70天的伦敦奥运火炬传递共有8000名火炬手参与，但其中有近百名火炬手并不是官方火炬名单上的人，而是被替换上的赞助商，这些人被称为"幽灵火炬手"。经过调查，"帮我调查"网站统计出伦敦奥运火炬手的组成成分：除公共提名产生的外，"有四分之一的火炬手名额通过内部渠道分配给了商业合作伙伴、国际奥委会、体育机构、转播赞助商，还有伦敦奥组委直接邀请"。

第三节 趋 势

起初，传统的文字新闻配上数据图表就能叫做数据新闻，那时数据可视化只是读者理解文章的辅助手段；而如今，数据新闻已经成为一种独特的、不可替代的新闻形式，数据可视化本身已经成为数据新闻的核心组成部分，并且在吸引读者的阅读兴趣、增加读者的阅读时间、促进读者进行二次传播等方面的影响力是传统新闻难以比拟的；在未来，数据新闻的发展趋势将是更加的娱乐化、产品化、个性化。

一、娱乐化

半个多世纪前，两位英国作家先后各写过一本预言性的著作：在《1984》中，乔治·奥威尔描绘了极权统治下的生活；在《美丽新世界》中，奥尔德斯·赫胥黎描绘了娱乐专制下的场景。《娱乐至死》的作者尼尔·波兹曼认为后者预测得更准：奥威尔担心书被禁，而赫胥黎担心的是没人愿意再读书；奥威尔担心真相被隐瞒，而赫胥黎担心的是真相被淹没在无聊的琐事中；奥威尔担心文化被管制，而赫胥黎担心的是文化沦丧为充满感官刺激、欲望的庸俗文化。

进入互联网时代后，世界越来越像《美丽新世界》：信息爆炸、读者面对太多的诱惑、浅阅读大行其道、标题党层出不穷、严肃新闻被避而远之……这让人不安，但不得不承认，这股潮流难以逆转。面对这样前所未有的挑战，媒体人可以选择维持原状，并祈祷能时光倒流，回到互联网诞生前的时代；或者，也可以选择顺势而为，利用互联网的技术手段和传播规律生产新的内容，或让传统的优质内容如虎添翼。数据新闻便是后一种选择的尝试。

数据新闻注定将在新闻界扮演越来越重要的角色。道理很简单，既然读者喜欢轻松阅读，新闻的呈现形式为什么不能娱乐一点？既然读者希望有参与感，为什么不能在新闻中加入互动？既然读者喜欢有视觉刺激的画面，为什么不能加上特效、加上声音？既然读者倾向于浅阅读、快阅读，为什么不推出"一张图看懂""一分钟看懂"系列？这些能极大提升阅读体验的改进，正是数据新闻的特质。

如果读者喜欢看什么媒体就提供什么，那不是媚俗吗？媒体的教化、监督职责怎么体现？这样的担忧并非杞人忧天，的确，在通往"娱乐至死"的道路上，媒体应该是敲警钟者而非推手。但这些担忧不应成为排斥数据新闻娱乐化的理由，因为数据可视化只是载体，核心是其传递的信息：只要保持选题是严肃的、内容是严谨的，呈现方式花哨一些、娱乐一些，未尝不可。

而且恰恰相反，严肃新闻要想争取回读者的关注，数据新闻会是其麾下的得力干将之一。有一种现象越来越明显：媒体的敌人，也许并不是其他媒体。比如，有一段时间，针对出租车司机的一些广播节目收听率下降很快，后来发现，并不是因为有更好的节目出现，而是司机都在用打车软件接单而不再听电台了。类似的，当读者不再频繁地阅读某家报纸时，很可能并不是因为有了更优质的报纸，而是微博、朋友圈、网游、电视剧。

如何将离开的读者再争取回来？专注于创作出更优质的报道固然是一种选择，但很可能事倍功半：毕竟不少读者离开的原因并非是新闻写得不够好，而是他们太忙了，不管是碎片时间还是整段时间，都被各种屏幕、各种内容挤满，有耐心看完长篇大论新闻的读者越来越少。而数据新闻或许是另一种选择：把新闻用读者喜闻乐见的形式来呈现，将严肃的内容包在数据可视化的糖衣中，让更多的读者有兴趣开始阅读、开始思考，岂不妙哉。信息的呈现方式与信息本身同样重要，如果不是更重要的话。

二、产品化

新闻自诞生以来，其职责便是传递事实与观点。读者通过阅读新闻来获取资讯，但因为资讯是日新月异的，一则新闻的生命力通常很有限。以前还能按天计算，现在可能只能按分按秒计算了，一过时效，便鲜被问津。

然而数据新闻的出现，使得这一现状被改变成为可能。与传统的新闻不同，数据新闻是基于数据库的，而数据库可以包含大量数据，并可以持续更新。这意味着即便是同一选题，读者在不同时间看到的也是不同的内容，能常看常新。另一方面，这类数据新闻能提供更具体、更有针对性的资讯，如同一款互联网产品一般，给读者的决策提供帮助。

举一个例子：在美国，根据法律规定，制药公司支付给医生的费用，如果超过一定数额需要公开，当制药公司涉及一些案件时，也需要进行公开。美国非营利组织 ProPublica 收录了多家医药公司披露的信息，发布了一个名为 Dollars for Docs 的作品。在这个数据库中，读者只需输入医生的姓名，便可查询到其与制药公司的金钱往来。

如果不是在互联网时代，即使媒体或公益组织获取了这些数据，一方面很难传递给读者，另一方面读者也很难感兴趣。毕竟，数据里记录了成千上万个医生的信息，如果是通过纸介质传播，可能需要印刷成电话黄页一般。但对普通读者而言，其平时接触到的医生通常有限，其余的信息都是多余的。而通过互联网技术，数据新闻能像称手的工具一样为读者服务，提供给其最需要的信息，帮助其了解这起新闻与自己的联系。

又比如犯罪地图。《洛杉矶时报》的数据新闻产品 LA Mapping[1]（见图 2-26）能以地图的形式追踪洛杉矶各社区的教育、犯罪等情况。通过这个作品，研究者可以来分析犯罪率区域差异的原因，而作为读者，尤其是洛杉矶居民，则能快速将整个洛杉矶的犯罪状况一览无余。这对他们选择在哪租房、在哪工作、在哪买房有着很重要的参考意义。类似的还有污染地图、化工厂分布地图等。

更直接的是《纽约时报》The Upshot 推出的关于应该租房还是买房的数据新闻[2]，该作品

---

[1] http://maps.latimes.com/neighborhoods/.
[2] 纽约时报. rent or buy the math is changing[EB/OL]. http://www.nytimes.com/2014/05/22/upshot/rent-or-buy-the-math-is-changing.html.

可以根据读者输入的消费水平、财务状况，为其提供相应的建议。可以看出，优秀的数据新闻不再只是一个新闻作品，而更像是一个互联网产品，作品和产品的界限开始变得模糊。新闻不再只是一次性的，其生命周期被极大地延长了。

三、个性化

"一千个读者眼中有一千个哈姆雷特"，但他们读的是同一本《哈姆雷特》。而借助互联网的技术，个性化阅读时代来临，一千个读者能读到一千个版本的《哈姆雷特》。同样的新闻，不同的读者能根据自己的需求、兴趣进行交互，进而读到不同的版本、不同的部分，这样的技术在数据新闻领域也将会越来越常见。

以财新网的数据新闻《三公消费龙虎榜》为例，新闻提供了全部的数据，但读者可以选择自己感兴趣的部分进行阅读和研究。每位读者的关注点都可能不同，但都能通过这个作品找到自己想要的信息。再比如 2012 年《纽约时报》制作的关于美国总统大选的树状网络图，读者可以与作品进行交互：选择某一"摇摆州"并设定候选人赢得或失去该州，然后看之后赢得选举的可能性，不同读者的不同选择可以看到不同的版本，这便是个性化阅读的魅力所在。

读者进行选择，新闻给出反馈还有更直接的形式：2014 年 6 月，河北省交通运输厅透露称北京"七环路"将于 2015 年通车。"七环路"最远处距北京市中心足有 175 公里，一时成为网友调侃的热点。顺着这个思路，腾讯新闻数据控发布了一则数据新闻《你是北京几环人？》，因为七环距离六环约 145 公里，以此为单位，只要读者在"我的位置距离北京__公里"中填入距离值，系统就能自动给出读者"住在北京__环"的回复。比如距离北京 1670 公里的钓鱼岛，算是"北京 17 环"。

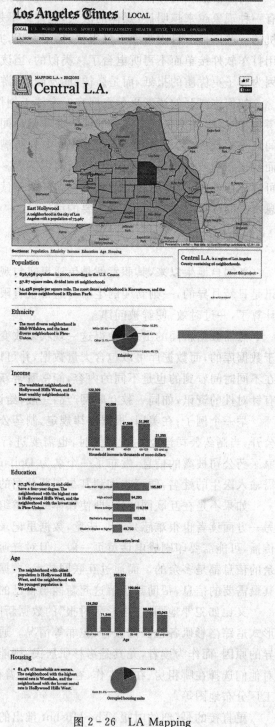

图 2-26　LA Mapping

这便是结合了娱乐化和个性化的数据新闻。在传统媒体时代，要想这样做，可能需要把全国大小城市都计算出来,然后读者按图索骥找到自己所在的城市,这样既费时又费事,版面也很难看。然而通过数据新闻,能够做到呈现的页面简洁美观,而传递的信息丝毫不少,每位读者都能各取所需。

除了与读者进行交互,数据新闻个性化还有另一种方式:众包(crowd sourcing)。如果说交互是读者从媒体索取其所需的信息,那么众包则是读者提供给媒体其掌握的信息,媒体再经过整合,呈现出接近全貌的真相。常规新闻也可以进行众包,但数据新闻天然地适合众包。公众提供的数据,能成为数据新闻的重要来源,亦是新闻二次传播的重要推手。

英国《卫报》"数据博客"里不少调查性报道便是采用众包的形式完成的,比如英国政府财政支出情况、伦敦骚乱调查、奥运会的开支等。为了解英国议员的花费情况,《卫报》设计了"我的钱都去哪儿了"[①](见图2-27),将政府公布的一百多万份议员花费单据用游戏的方式呈现,两万余名读者参与,很快将数据整理完毕。在此基础上,《卫报》再将其数据可视化,把调查结果公之于众,读者能够清晰地看到其所缴纳的税款被政府花在了哪些地方。

图2-27 我的钱都去哪儿了?

如果靠传统的方式,仅依靠媒体本身,整理这些数据便会花费极大的时间,使得完成这一选题的成本高昂。而对于参与的读者而言,他们会感受到选题的完成离不开自己的参与、贡献,如果缺少了自己的一块,可能最后的呈现内容就不是一样的了,这会使得参与者对这则新闻充满了归属感,也能体现出数据新闻的贴近性。

---

① http://wheredoesmymoneygo.org/.

第三章 大数据语境下的信息提取:获取数据

大数据时代,我们的生活处于数据的海洋中,同时我们的生活也成为海量数据的一部分。可以说在这个时代,数据成为核心的竞争力,并以数据为核心产生了这个时代的新型产物——数据新闻。数据新闻也可以说是数据驱动型新闻,就是将数据作为重要组成部分进行新闻生产。可见在确定数据新闻选题之后,数据的获取与挖掘是至关重要的一步,它意味着数据新闻能否进行下去以及是否具有实用价值。基于大数据语境下的信息提取,所需要了解的是如何获取数据,虽然数据信息的获取存在着多方面的困难,本章将介绍数据搜索方法,数据来源渠道(包括国际官方机构、国内官方机构、自建数据库等),数据挖掘或转换数据用到的工具(包括火狐浏览器、八爪鱼、DocumentCloud、Python、CiteSpace、ABBYY FineReader等)。这些数据信息的提取方法可以帮助人们更好地完成数据新闻的制作。

第一节 获取数据总论

在《数据新闻大趋势》一书中提到过:"数据新闻=80%的汗水+10%的灵感+10%的呈现。"[①]其中80%的汗水,指的是在数据新闻过程中占很大比重的数据的获取、挖掘与分析。如何获取新闻所需的数据信息与数据公开度和透明度有极大的关系。另外,数据搜索及采集数据与转换的工具也是数据获取的好帮手。如何在有限的资源下尽可能收集到所需要并可操作的数据信息,这是数据新闻制作的必备前期工作,也是本章关注的焦点。

一、获取数据与挖掘数据

大数据时代,人们的社会生活都由数据记录。数据即核心,首先需要了解数据挖掘的概念及应用。那么什么是数据挖掘?"步入互联网时代,人们更加急切需要将存在于数据库和其他信息库中的数据转化为有用的信息,因而数据挖掘被认为是一门非常重要的、具有广阔应用前景和富有挑战性的研究领域。"[②]在计算机科学领域方面,"数据挖掘一般是指从数据库的大量数据中,自动搜索隐藏于其中有价值的规律信息"[③],而数据新闻中的数据挖掘可以说是计算机学科数据挖掘领域的延伸。具体而言,数据挖掘是从社会生活、新闻事件等通过各种渠道获取有价值有规律的数据信息。数据新闻讲究用事实说话,用数据说话,所以这些信息需保证是真实可靠的。总之,数据的获取是数据新闻生产过程至关重要的一步,它需在数据的获取和挖掘过程中找到新闻事件隐藏的价值,并揭示社会生活规律。

---

① 西蒙·罗杰斯.数据新闻大趋势:释放可视化报道的力量[M].岳跃,译.北京:中国人民大学出版社,2015.
② 界面.7种常用的互联网数据挖掘技术[EB/OL].(2015-04-17).http://www.jiemian.com/article/257817.html#pll.
③ 朱林.基于特征加权与特征选择的数据挖掘算法研究[D].上海:上海交通大学,2014.

二、如何进行数据的获取与挖掘

如何进行数据挖掘,是许多数据新闻从业者在制作数据新闻过程中都遇到过的难题。首先是无法找到数据挖掘的切入点,这就需要数据新闻工作者具备敏锐的数据洞察力[1],去了解新闻事件的来龙去脉,主动寻找发现数据来源的渠道及方法;其中数据来源渠道也需要工作者在平时掌握积累,在需要运用到数据时,尽可能以最快速度找到数据来源;再者数据来源渠道无法找到的时候,就需要依靠数据挖掘工具及算法,在海量数据中提取数据信息。互联网时代兴起的数据挖掘技术包括统计技术、关联规则、连接分析、决策树、神经网络、差别分析、概念描述[2]。这些互联网中所应用到的技术有很多是现阶段一些新闻工作者无法理解与应用的。而数据新闻中数据挖掘技术有些许不同,对于数据新闻制作的入门者,掌握较为简单的数据来源渠道以及数据获取的工具是必要的。"大数据的采集,为新闻报道开辟了一个全新的领域。从新闻报道的内容来说,传统的新闻报道是需要有记者去实地采访,形成文字稿,或者视频片,然后再经过编辑后期的加工才能出来。但是数据新闻基本不需要用传统的采访方式,它通过跟拥有大数据源或者大数据挖掘技术的互联网公司合作,就能从中挖掘出新闻。"[3]虽然在数据新闻中,数据新闻工作者并不一定要成为程序员,但必须要懂得通过计算机语言运行一些简单的数据挖掘工具程序,最好能够亲手编写简单算法帮助更好地梳理数据背后的价值与规律、趋势。

三、数据新闻中挖掘数据的重要性

大数据时代,人们开始关注数据新闻。在数据新闻的制作过程中,数据挖掘之所以重要有以下四点:首先新闻数据具有吸引性。现如今部分文字新闻枯燥乏味,大多使读者厌倦,报业也在走向滑坡,它们正在找寻自己的突围之路。在数据时代,以文字报道形式的新闻已经渐渐丧失了话语权。相比较文字新闻人们更关注数据,相信数据带给人们的真实感与震撼感。其次,新闻数据更具客观性,传统的采访报道形式往往是集各家之言,呈现于受众面前,供受众自行判断,主观性较强。如今在数据时代,以大量客观真实的数据方式呈现,新闻会更具有客观性。再次,数据挖掘可具备精准性,例如采用数据挖掘工具或技术,以用户浏览过的内容对浏览者进行标签分类,我们几乎可以很准确地获取用户的特征、兴趣与偏好。"相比于传统新闻报道,大数据新闻更加善于抓住每个个体,比如今日头条,它能更多地为每个个体进行新闻的'私人定制',实现点对点的传播,而不再是传统的点对面的新闻传播。"[4]最后,数据挖掘的信息具有新颖性。简单的文字呈现已不能满足广大受众的好奇心。通过数据挖掘可以看到深层次不同以往的故事信息。"比如从用户的社交网络发言内容,发现用户内心深处的价值观,某家全球 Top3 的手机厂商利用大数据挖掘分析用户的短信,从而可以发现其潜在的衣食住行需求。"[5]在信息海量的时代,互联网上数据库中的数据信息量大幅度增加,数据多到让人们目不暇接。现如今数据新闻在国内媒体蒸蒸日上,但大部分数据新闻作品只是将杂乱无章的数

---

[1] 沈浩,谈和.数据新闻时代新闻报道的流程与技能[J].新闻与写作,2015(2):35-40.
[2] 界面.7种常用的互联网数据挖掘技术[EB/OL].(2015-04-17). http://www.jiemian.com/article/257817.html#pll.
[3] 大数据时代,新闻业创新求变[N].光明日报,2015-09-19(06).
[4] 大数据时代,新闻业创新求变[N].光明日报,2015-09-19(06).
[5] 张华平.大数据搜索与挖掘:知著—见微—晓意[EB/OL].(2014-05-16). http://www.haokoo.com/internet/511010.html.

据呈现,并未对数据进行深层次的挖掘如关系推理,找出规律及价值,甚至有些数据来源未标明,使受众对数据产生怀疑。如果继而走之,数据新闻在数据热的时代将会冷却,因此数据新闻工作者需重视数据获取的过程。

第二节 数据信息搜索

在初步学习数据新闻制作时,需要掌握系统的信息搜索方式与渠道,以此保证数据新闻全面、客观、真实。如何进行数据搜索,找出数据信息。本节梳理了数据新闻工作者需具备的基本搜索技巧、方式与来源渠道。

一、搜索引擎

在数据获取及数据挖掘中,搜索引擎是必不可少的工具。现如今,人人都在用搜索引擎。百度与谷歌目前为人们最常运用到的搜索引擎。百度基本搜索技巧简单方便,仅需输入查询内容关键词,按回车键(Enter),即可得到相关数据信息。在输入多个词语时需注意不同字词之间用空格(space)隔开,将获得更精确的搜索结果。

对于数据新闻工作者所需要了解的不仅仅是搜索基本技巧,也需要掌握搜索引擎中额外的一些便于搜索的特殊指令,称为"搜索引擎高级搜索指令"。这些指令可以帮助快速找出所需要的数据信息。下面以大众常用的百度搜索引擎命令为例进行说明。

(1)双引号""。将搜索词放在双引号中,该指令将完全匹配双引号中关键词搜索,也就是说搜索结果包含双引号中出现的所有的词,顺序也是完全匹配的。

例如:搜索"上海 GDP",所得结果,包含上海以及 GDP 两个关键词的所有信息,如图 3-1 所示。

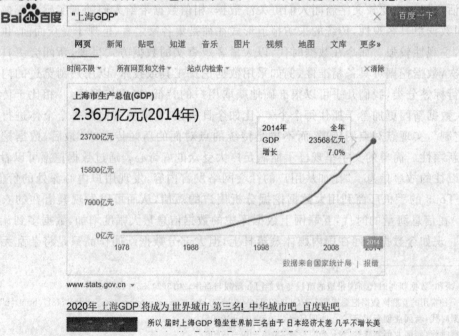

图 3-1 搜索"上海 GDP"

(2)减号－。说明搜索结果页面不包含减号后面的词。使用这个指令时需要注意的是减号前面必须加空格,减号后面一定没有空格,紧跟着需要排除的词。

例如:搜索 GDP－上海,搜索结果为包含"GDP"这个词,却不包含"上海"这个词的页面。如图 3-2 所示。

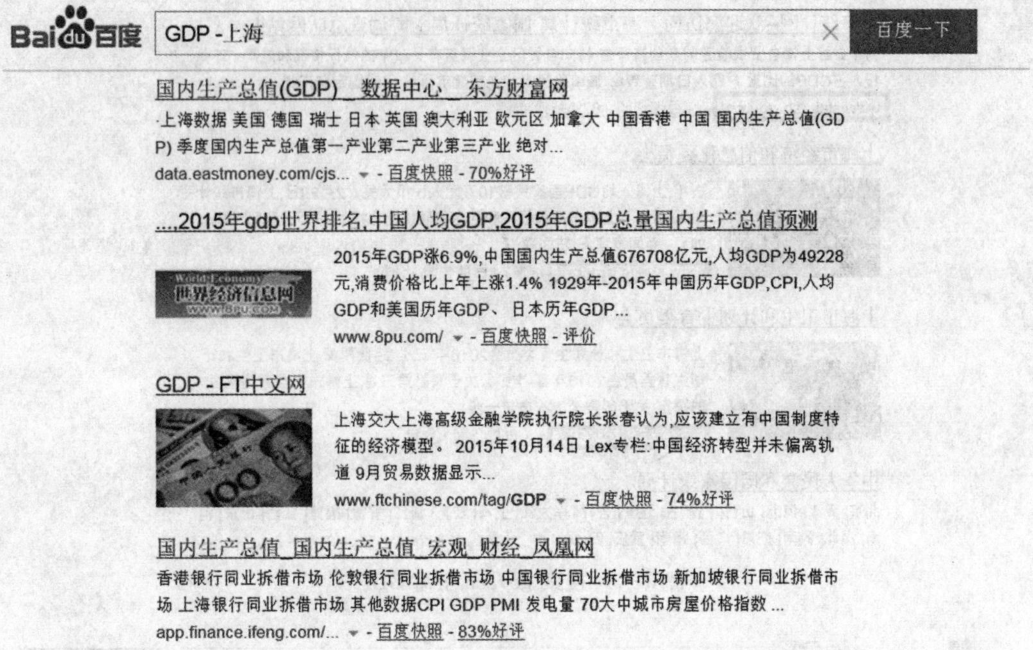

图 3-2　搜索 GDP－上海

(3)inurl。该命令可以看成是"in"和"url"(统一资源定位符,是互联网标准资源的地址)的合成词,它的作用就是限定在 url 中进行搜索用于搜索查询词出现在域名(url)中的页面。其命令支持中文和英文。

例如:搜索 inurl:gov.cn 上海 GDP,搜索结果是在 gov.cn(url)下所有的上海 GDP 的数据信息,如图 3-3 所示。此命令可以帮助新闻工作者便捷地搜寻到官方网站中的资源。

(4)intitle。该指令使用方法为 intitle:关键词。需要注意的是 intitle 后的冒号须是英文半角状态下输入的。它的作用是在页面标题中包含有指定关键词的页面。

例如,搜索标题中含有"上海 GDP"的内容 intitle:上海 GDP,搜索结果是标题或概要包含上海 GDP 关键词的页面,如图 3-4 所示。

(5)filetype:该命令是限制查找文件的格式类型,用于搜索特定文件格式。目前可以查找的文件类型有 pdf、doc、xls、ppt、rtf,具体操作方法为:关键字 filetype:ppt。

例如:搜索 上海 GDP filetype:xls,搜索结果是包含上海 GDP 的所有的 xls 文件,如图 3-5 所示。此方法可以帮助工作者找出所需要的数据信息文件。

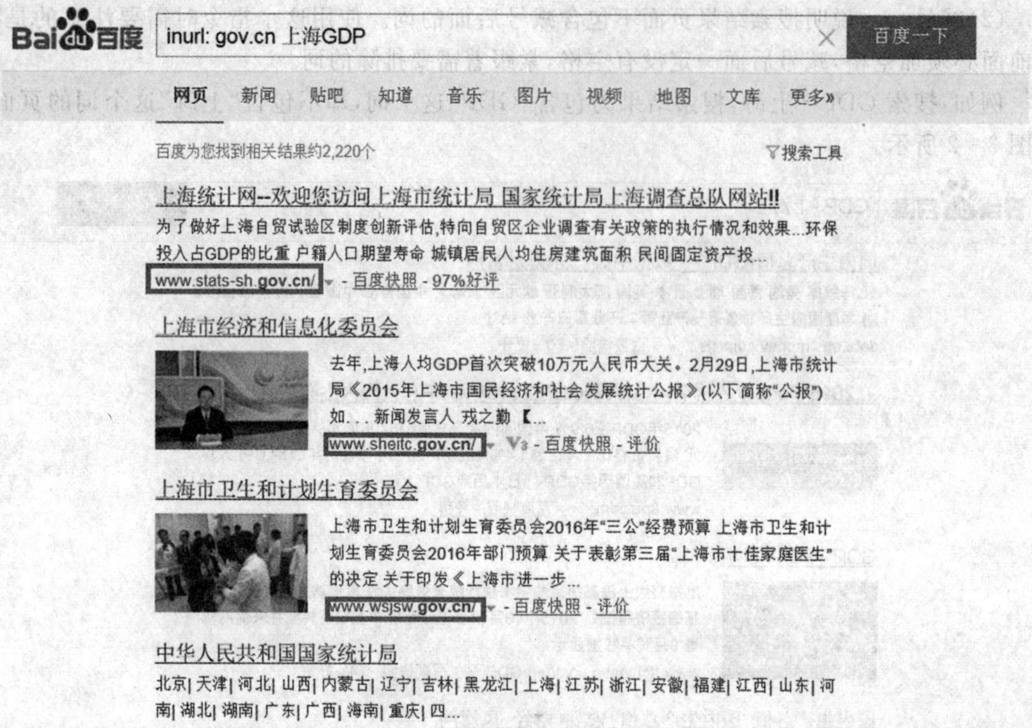

图 3-3 搜索 gov.cn 上海 GDP

图 3-4 搜索标题中含有"上海 GDP"

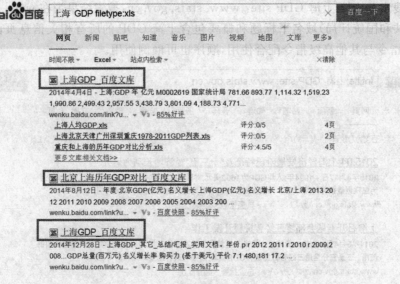

图3-5 搜索特定文件格式

(6)site。作用是搜索指定的域名之下的所有文件。需要注意的是域名需保持完整。具体操作方法为 site:域名。

例如:搜索 site:www.stats.gov.cn(中华人民共和国统计局),搜索结果是域名为 www.stats.gov.cn(中华人民共和国统计局)的页面,如图3-6所示。site命令不能加关键词使用,但可以与其他高级搜索指令合并使用。

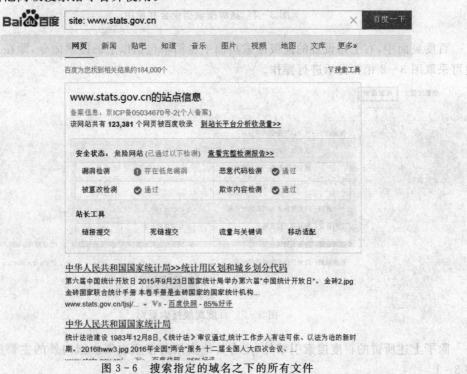

图3-6 搜索指定的域名之下的所有文件

例如：搜索 intitle：上海 GDP site：www.stats.gov.cn，搜索结果为在 www.stats.gov.cn（中华人民共和国统计局）域名下标题和概要包含上海 GDP 的所有相关信息页面，如图 3-7 所示。site 指令与其他高级指令配合使用，顺序也可颠倒使用。

图 3-7　高级搜索指令合并使用

百度页面中，右上角设置的高级搜索页面中也简单包括以上的搜索命令，即在搜索过程中也可采取图 3-8 相关提示进行操作。

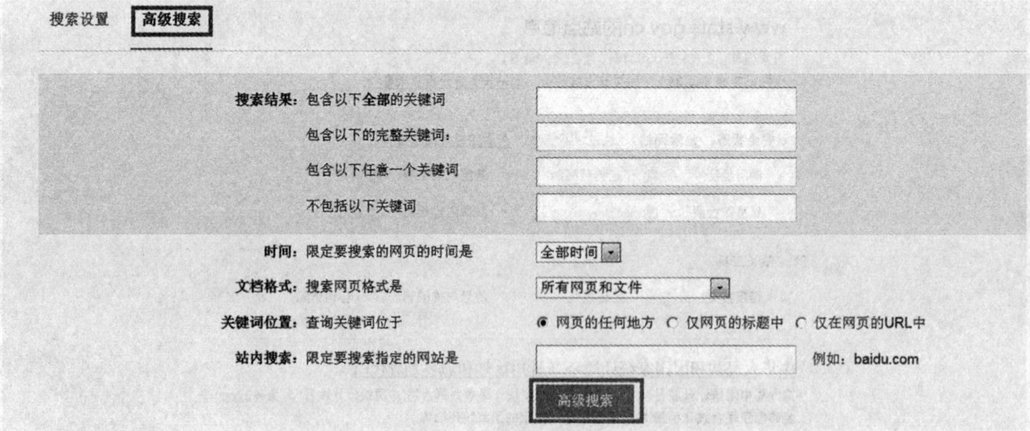

图 3-8　百度高级搜索页面

除了上述所讲的百度搜索引擎外，还有其他实用的搜索引擎。国内外的主要搜索引擎见表 3-1。

第三章 大数据语境下的信息提取：获取数据

表 3-1 国内外主要搜索引擎

国家	搜索引擎	链接
中国	百度搜索	https://www.baidu.com/
	搜狗搜索	https://www.sogou.com/
	中国搜索	http://www.chinaso.com/
	360搜索	http://www.sou360.com/
美国	必应	http://cn.bing.com/
	雅虎	https://www.yahoo.com/
	Google	https://www.google.com
	GOTO	http://www.goto.com/
	Excite	http://www.excite.com/
	Webcrawler	http://www.webcrawler.com/
	CNet Search	http://www.search.com/
	LookSmart	http://www.looksmart.com/
	Glgoo 学术	http://scholar.glgoo.com/
俄罗斯	Yandex	https://www.yandex.ru/
英国	SearchEngine	http://www.searchengine.com/
德国	Yabba!	http://www.yabba.com/
	BASE	http://www.base-search.net/
意大利	Godado	http://www.godado.it/
西班牙	Apali	http://www.apali.com/
澳大利亚	Answers	http://www.anzwers.com.au/
韩国	Naver	http://www.naver.com/
	Daum	http://www.daum.net/
日本	Goo	http://www.goo.ne.jp/
	Ceek	http://www.ceek.jp/
马来西亚	Cari!	http://www.cari.com.my/

二、社交媒体

社交媒体网络一直是人们关注的焦点，中国的新浪微博、微信等，国外的 Facebook、Twitter、INS 等每天都会产生大量的用户数据，这些数据对数据新闻的制作而言，提供了大量有价值的信息。

(一)新浪微博

新浪微博是当下中国主流的社交媒体,从中可以获取最新的资讯。在微博搜索中,可以直观获取查看某用户的关注、转发、评论、点赞等数据信息,以及某一新闻事件的影响力和影响范围,其中也可查看每日微博热门话题榜以及微博热搜词榜。

微博数据中心(http://data.weibo.com/report/index),其中有微指数可以得知微博新闻事件的趋势,微报告可以围绕某一新闻事件进行各项数据的呈现。

知微传播分析(http://www.weiboreach.com/)是收集并呈现微博数据的平台。

(二)微信

微信(WeChat)是腾讯公司于2011年1月21日推出的一个为智能终端提供即时通信服务的免费应用程序,截止到2015年第一季度,微信已经覆盖中国90%以上的智能手机,月活跃用户达到5.49亿,用户覆盖200多个国家、超过20种语言[①]。获取微信数据可通过腾讯大数据平台。

腾讯大数据(http://data.qq.com/reports),其中数据报告可以获取微信用户情况及微信公众平台情况。

(三)Twitter

Twitter不是一个普适的社交网络,但不要低估它。它是提升品牌知名度的利器。最新统计显示Twitter拥有2.84亿活跃用户,88%的用户以移动方式使用,每天用户在Twitter上发推文5亿条。

(四)Facebook

目前Facebook的用户数量接近14亿,全部互联网用户的47%使用Facebook,Facebook上每天产生的"赞"为45亿个,Facebook接近75%的营收来自移动广告,用户直接上传到Facebook的视频数量现在已超过YouTube。

(五)Instagram

Instagram拥有3亿用户,每天用户发出的照片和视频超过7000万。53%的18~29岁之间互联网用户使用Instagram[②]。

国内外社交媒体主要数据收集网站见表3-2。

表3-2 国内外社交媒体主要数据收集网站

中文互联网数据咨询中心	http://www.199it.com/	网站时有更新包括国内社交媒体的数据以及国外社交媒体Twitter、Facebook、Instagram的社交媒体的数据
Facebook insights	https://www.facebook.com/insights/	可以监控Facebook的数据,国内目前无法打开链接
Twitter Interactive	https://interactive.twitter.com/	可以监控Twitter Interactive的数据,国内目前无法打开链接

---

① 网易科技.微信用户最新数据[EB/OL].(2015-06-01).http://tech.163.com/15/0601/13/AR1F5KE000094ODU.html.
② 2015玩转社交媒体必知的32个数据[EB/OL].(2015-04-13).http://finance.sina.com.cn/zl/management/20150413/092621940837.shtml.

续表 3-2

中文互联网数据咨询中心	http://www.199it.com/	网站时有更新包括国内社交媒体的数据以及国外社交媒体 Twitter、Facebook、Instagram 的社交媒体的数据
Social Mention 社交媒体搜索引擎	http://socialmention.com/	针对市场营销的社会化搜索引擎，主要搜索由用户创造的内容，如博客、评论、社会化书签、事件、新闻、视频，以及微博客服务等
inkybee	http://www.inkybee.com/	针对博客运行活动，跟踪活动结果
Geofeedia	https://geofeedia.com/	监控主流英文社交媒体，其中可以搜索突发事件目击者、获取丰富实时信息、分析特定地区社交媒体发布趋势等，但需收费使用
Echosec	https://echosec.net/	可追踪 Twitter 和 Flicker 等社交媒体的数据，需收费使用[1]

【案例】

找找看自己母校在海外的名气排第几号[2]

排名以 112 所"211 工程大学"作为研究样本，选取 Google 新闻搜索、维基百科英文词条、Twitter、Facebook、Instagram 五个平台作为考察维度，然后对每个维度设立具体指标，通过赋予各项指标不同的权重，计算评估出中国高校的海外传播力度，如图 3-9 和图 3-10 所示。

排名	中文名称	英文名称	总计
1	北京大学	Peking University	162533.9
2	清华大学	Tsinghua University	105077.4
3	南开大学	Nankai University	93010.91
4	复旦大学	Fudan University	71008.35
5	浙江大学	Zhejiang University	49706.52
6	厦门大学	Xiamen University	41177.44
7	南京大学	Nanjing University	38601.79
8	上海交通大学	Shanghai Jiao Tong University	37170.98
9	中山大学	Sun Yat-sen University	37161.21
10	上海大学	Shanghai University	36778.41
11	山东大学	Shandong University	31374.4
12	北京师范大学	Beijing Normal University	30778.59
13	同济大学	Tongji University	27459.24
14	武汉大学	Wuhan University	25735.72
15	华东师范大学	East China Normal University	25347.95
16	郑州大学	Zhengzhou University	25132.2
17	中国科学技术大学	University of Science and Technology of China	22692.55
18	中国人民大学	Renmin University of China	21518.13
19	西南财经大学	South western University of Finance and Economics	20623.71
20	新疆大学	Xinjiang University	19556.58
21	重庆大学	Chongqing University	18991.62
22	暨南大学	Jinan University	18579.65
23	中央财经大学	Central University of Finance and Economics	18201.5
24	苏州大学	Soochow University (Suzhou)	17823.25
25	吉林大学	Jilin University	17816.43
26	对外经济贸易大学	University of International Business and Economics	17710.08
27	东南大学	Southeast University	17426.48
28	大连海事大学	Dalian Maritime University	16756.58
29	华中师范大学	Central China Normal University	16484.3

图 3-9 找找看自己母校在海外的名气排第几号

---

[1] 王一苇. 网络搜索专家：有了这些网站，在中国做调查报道会更容易[EB/OL].（2015-10-15）. http://cn.gijn.org/2015/10/10/. 网络搜索专家：有了这几个网站，在中国做调查报道/. 注：Geofeedi、Echosec、Yomapic.com、Banjo 等资料来源于以上链接。

[2] 张洪忠. 找找看自己母校在海外的名气排第几号[N]. 光明日报，2015-10-22(15).

指标和权重

维度	指标	权重	
Google	新闻数量	35%	40%
	Google Trends	5%	
Wikipedia	是否有维基百科词条	4%	15%
	词条完整性	3%	
	词条被编辑的次数	3%	
	参与词条编辑的用户数量	3%	
	链接情况（链入与链出）	2%	
Twitter	是否有官方账户	4%	15%
	粉丝数量	3%	
	发布的内容数量	3%	
	回复数量（最多的一条）	3%	
	最近一年内主题数量	2%	
Facebook	是否有官方账户	4%	15%
	主页得到赞的数量	2%	
	发布的内容数量	2%	
	以学校内容得到的赞	7%	
Instagram	被圈出的数量	3%	15%
	发布内容的数量	3%	
	粉丝数量	3%	
	被点赞的数量	3%	
	回复的数量	3%	

图 3-10 《找找看自己母校在海外的名气排第几号》指标权重

【案例】

新浪微博信息的收集

2012年，新浪微博在新媒体界掀起热潮，该案例是由程序员沙漠之鹰进行的微博数据挖掘（见图3-11）。当时，各大互联网公司都在发展开放数据平台，新浪微博可以通过高级账号接口，几乎可以访问微博上所有的数据，具有非常开放的微博接口。而目前微博接口几乎已经关闭①。在当前的大数据时代，数据开放平台将是趋势，数据新闻工作者可以通过三种方式进行微博数据的收集：一是通过微博开放平台的网站接入应用——微连接（Weibo Connect），它是微博针

图 3-11 自行开发的数据挖掘系统微博信息采集器

对第三方网站提供的社会化网络接入方案。微连接基于微博亿级用户基数和社交网络传播特性，为第三方网站提供用户身份系统及社交关系导入。二是可以通过付费向专业的微博挖掘网站进行数据的收集，例如知微传播分析（见图3-12）。三是通过数据挖掘的工具，如八爪鱼，在后面会提到。

---

① 沙漠之鹰.太阳底下无隐私：那些年我们做的微博数据挖掘［EB/OL］. http://mp.weixin.qq.com/s?__biz=MzA5NDExMTAzNA==&mid=400985849&idx=1&sn=ef007d085f863b75316d3ddbe1f2535f&scene=1&srcid=1215KZ5Q8IuV6qpVPxXS0Oo5&from=groupmessage&isappinstalled=0#wechat_redirect.

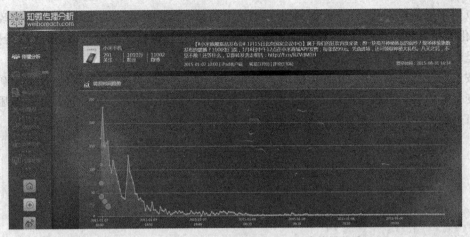

图 3-12 知微传播分析小米手机的微博传播状况

三、数据来源渠道

有好的选题却找不到合适的数据库对于数据新闻的制作极为不利。数据新闻以数据为基础,获取数据是首要步骤,可以通过数据搜索得来,它的渠道多种多样,现如今,无论国内还是国外都有许多数据的公开平台,为数据新闻的制作提供了便利。

(一)国外数据获取渠道

1. 国际官方机构平台

制作数据新闻时,常会涉及国外相关数据,如何获取国外数据,有以下较为常用的免费数据库。

(1)世界银行数据(http://data.worldbank.org.cn/)。

在世界银行的公开数据库中公众可以免费并公开地获取世界各国的发展数据,涉及世界各国政治、教育等各方面发展指标,且数据来源于各国官方统计局以及各国组织,具有较高的权威性。进入世界银行数据网站(见图3-13)可以按照国家、指标、专题和数据目录获取数据。

图 3-13 世界银行数据网站首页

以国家层面检索数据，该页面列出了 214 个国家与经济体。可以检索该国家的政治、经济、文化等相关数据，并可以将数据以 Excel、XML、CSV 三种格式进行下载，由此进行数据分析和呈现等工作。

按专题层面检索数据，页面共有 20 个专题，其中包括科学技术、基础设施、能源与矿产、气候与变化等内容。可根据所需专题选择，进行浏览并下载相关信息。例如选择各国贫困专题，数据可追溯到 1980 年，相关数据显示如图 3－14 所示。

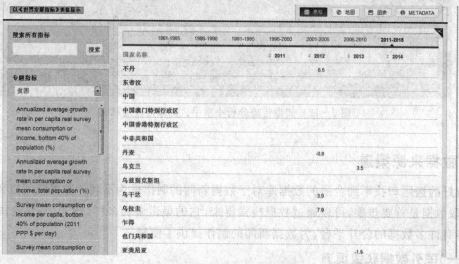

图 3－14　选择各国贫困专题数据

按指标层面检索数据，进入页面，可以根据指标专题分类，包括健康、公共部门、农业与农村发展、城市发展、基础设施、外债等找寻相应指标，每个专题对应的指标内容十分详尽(见图 3－15)。

城市发展

人口超过100万的城市群中的人口（占总人口的百分比）	柴油的市场价格（美元/每升）
城市改善的卫生设施（获得经改善卫生设施的城市人口所占百分比）	汽油的市场价格（美元/每升）
城市改善的水源（获得改善水源的城市人口所占百分比）	贫困人口比例，按城市贫困线衡量的（占人口的百分比）
城镇人口	贫困差距，按城市贫困线衡量的（百分比）
城镇人口（占总人口比例）	车辆数量（每千米道路）
客车（每千人）	道路部门人均汽油消耗量（千吨石油当量）
最大城市中的人口（占城市人口的百分比）	道路部门人均燃料消耗量（千吨石油当量）
机动车（每千人）	道路部门能源消耗量（占总能源消耗量的百分比）

基础设施

互联网用户（每 100 人）	年度淡水抽取量，总量（10亿立方米）
人均可再生内陆淡水资源（立方米）	年度淡水抽取量，生活用水（占淡水总抽取量的百分比）
信息和通信技术 (ICT) 产品出口（占产品出口总量的百分比）	机动车（每千人）
信息和通信技术 (ICT) 产品进口（占产品进口总量的百分比）	移动蜂窝式无线通讯系统的电话租用（每百人）
信息和通信技术 (ICT) 服务出口（占服务出口的百分比，BoP）	耗电量（人均千瓦时）
农村改善的水源（获得改善水源的农村人口所占百分比）	航空运输量，注册承运人全球出港量
可再生内陆淡水资源总量（十亿立方米）	货柜码头吞吐量（TEU：20 英尺当量单位）
固定宽带互联网用户（每 百人）	车辆数量（每千米道路）
城市改善的水源（获得改善水源的城市人口所占百分比）	道路部门人均汽油消耗量（千吨石油当量）

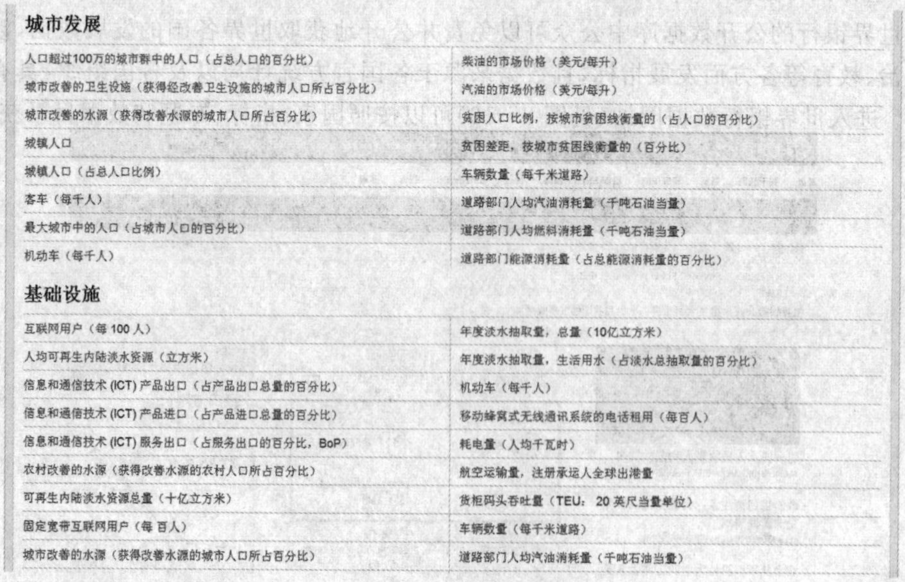

图 3－15　世界银行数据指标

(2)世界卫生组织(http://www.who.int/zh/)。

世界卫生组织统计数据来自多种渠道，涉及多种收集数据方法，包括住户调查、卫生服务部门定期报告、民事登记和普查以及疾病监测系统等。该组织在估算国家数据时采用的分析方法提高了数据质量，并确保以透明方式进行必要调整以增强不同国家和不同时期数据的可比性(在采用同样和类似方法并使用标准定义的情况下针对类似人口和时段获得的数据具有可比性)。目前，世卫组织收到100个会员国的死因统计数据。全球每年死亡总数为5600万人，其中三分之二(即3800万)的死亡病例未登记。世卫组织通过全球卫生观察站网络门户以及负责提供大量疾病和卫生指标的统计数据库，公布其数据和分析结果。

全球卫生观察站的数据储存库包含范围广泛的指标清单，可按主题或通过多方查询功能进行选择。该储存库是世界卫生组织的主要卫生统计数据储存库。在网站中，浏览或下载数据库目前为英文版本。例如在国家层面检索加拿大数据总览，可浏览2002年至今的加拿大的各项卫生医学方面指标。数据浏览见图3-16。

Data　Downloads

filter table | reset table | Mobile view　　Download table data as: CSV table | XML (simple) | JSON (simple)

	Canada							
Indicator	2013	2012	2011	2010	2009	2008	2007	2006
therapy coverage among people with HIV infection eligible for ART according to 2010 guidelines (%)		No data						
Cellular subscribers (per 100 population)		80	80	71				
Civil registration coverage of births (%)		100			>90			
Deaths due to HIV/AIDS (per 100 000 population)		1.1						
Density of environment								

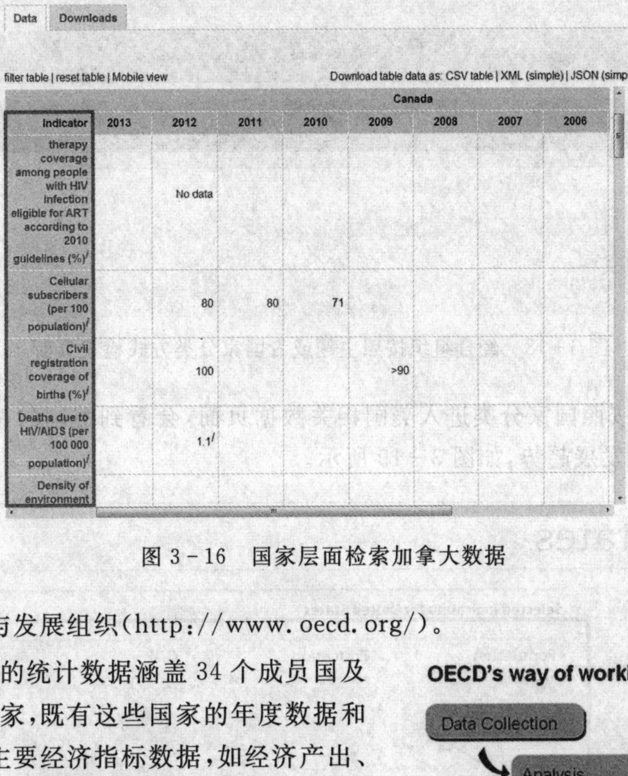

图3-16　国家层面检索加拿大数据

(3)经济合作与发展组织(http://www.oecd.org/)。

经合组织汇编的统计数据涵盖34个成员国及选择的其他一些国家，既有这些国家的年度数据和历史数据，也包括主要经济指标数据，如经济产出、就业和通货膨胀等。这些信息可以从一系列统计数据出版物和相关数据库中得到。

统计工作是经合组织整个分析工作的基础，其准确性和时效性对经合组织的声誉至关重要。经合组织不仅收集和发布统计数据，而且还与其成员国和其他国际组织合作开发国际性的标准，以改进统计工作的质量和统计数据的可比性。图3-17为经合组织的工作流程。

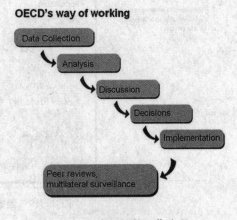

图3-17　经合组织的工作流程

经合组织的工作主要经过数据收集、数据分析、讨论、决议、实施建议、多国监督六个步骤,它所公布的数据有很高的准确性,可以预测各成员国经济发展趋势。数据新闻工作者可通过其所公布的数据及预测趋势找寻所需要的数据信息。经合组织有相关出版物发布宏观发展前景、年度概述和统计数据。

在经合组织的官网中检索数据,首先需进入经合组织官网数据专栏页面。在数据页面中可以按照主题或者国家分类方式检索,如图 3-18 所示。

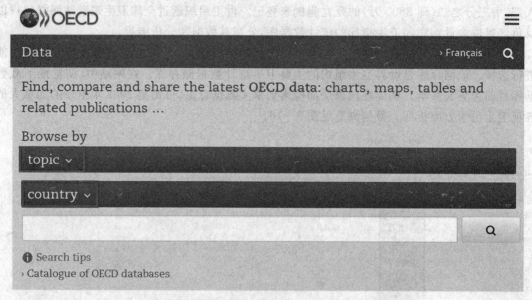

图 3-18　经合组织按照主题或者国家分类方式检索页面

例如检索美国,按照国家分类进入美国相关数据页面,会看到美国的相关指标包括人口、教育、GDP 等的宏观发展趋势,如图 3-19 所示。

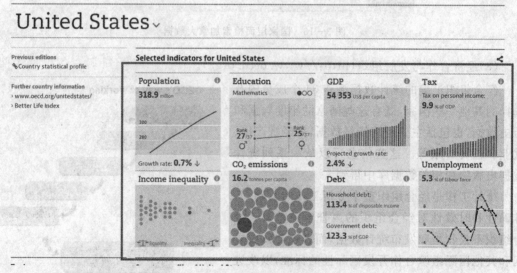

图 3-19　国家分类进入美国相关数据页面

若需详细检索美国经济、农业、科技等具体数据指标,可在该页面左侧栏(topics)检索相对应指标。例如找寻美国平均工资水平,可由 jobs(工作与就业)进入,并选择平均工资。页面将由直方图、地图分布图、原始数据表格三种形式呈现,如图 3-20 至图 3-23 所示。其中不仅包括美国平均工资数据,并且提供了往年数据对比和其他国家的数据对比情况。同时可以对浏览的数据进行下载。

图 3-20　美国平均工资水平数据

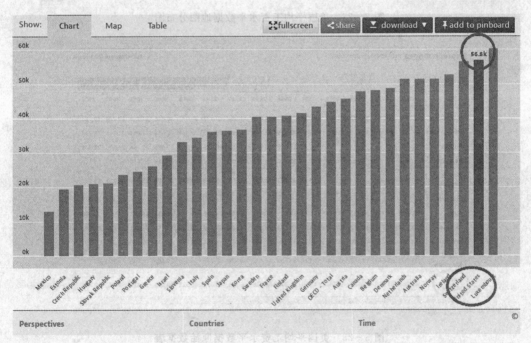

图 3-21　美国平均工资水平数据直方图

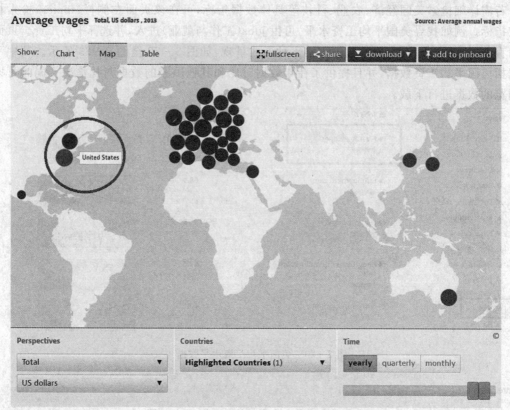

图 3-22 美国平均工资水平数据地图分布图

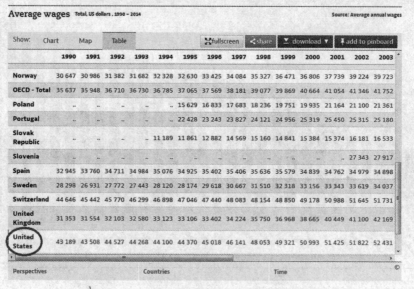

图 3-23 美国平均工资水平数据原始数据表

2. 常用国外免费数据源平台

(1)国际货币基金组织(http://www.imf.org)。

国际货币基金组织(The International Monetary Fund),以促进国际货币合作,确保金融稳定,促进国际贸易,促进高就业和可持续的经济增长,减少贫困为宗旨,提供了近200个国家的世界经济展望数据库、全球主要指标、国际金融统计数据等数据信息。

(2)皮尤研究中心(http://www.pewresearch.org/)。

皮尤研究中心(Pew Research Center),是美国一家无政策立场的独立性民调机构,主要从事民意调查、人口研究、内容分析等社会科学研究,对那些影响美国乃至世界的问题、态度与潮流提供信息资料。

(3)联合国数据库(http://data.un.org/)。

联合国数据库(UN data),是世界上最重要的数据库之一,分为基本数据和国家概况,资料丰富。从该网站可检索到涵盖政治、经济、人口、交通、能源等方面的数据信息。其中的MBS(http://unstats.un.org/unsd/mbs/app/DataSearchTable.aspx)是一个月报数据库,可以按照国家、专题等进行相应检索。

(4)欧盟统计局(http://ec.europa.eu/eurostat/data/database)。

欧盟统计局(Eurostat),主要公布欧洲各国与地区高质量的统计数据,其统计数据可以回答很多问题。例如"失业率上升或下降?""与十年前相比是否有更多的二氧化碳排放量?""有多少女人去工作?""国家的经济表现"等问题,贴近民意,并且数据需提供给欧洲各国高层进行决议,数据具有一定的权威性。

(二)国内数据获取渠道

国内数据获取渠道主要有官方政府平台、第三方平台以及自建数据库的形式,前两者是国内媒体较为常用的获取渠道。当前,由万维网基金会所组织开展的"开放数据晴雨表"(Open Data Barometer)和英国开放知识基金会(Open Knowledge)组织开展的"开放数据指数"(Open Data Index)是得到各国政府、国际组织及国际开放数据社群广泛认可的两项开放政府数据评估项目。在开放数据晴雨表(2014)中,中国位于第46位(共86),而在开放数据指数(2014)中,中国位于第57位(共97)[1]。评估表主要聚焦在官方政府,从中也可以了解到目前中国的开放政府数据主要在地方政府层面展开。

国内数据的获取是较为困难的,这部分将罗列现在流行的一些国内的开源免费数据库的入口。

1. 官方数据平台

(1)中华人民共和国国家统计局(http://data.stats.gov.cn/)。

国家统计数据库,是国内数据库较为全面的资源,其中包括翔实的月度、季度、年度数据以及普查、地区、部门、国际数据,数据内容涉及经济、社会、民生等方方面面,提供多种文件输出、制表、绘图、指标解释、表格转置、可视化图表、数据地理信息系统等多种功能。

数据新闻工作者在国家统计数据库中找寻是否有需要与价值的数据信息往往会一头雾水,在这里将针对国家统计数据库的主要功能进行介绍[2]望能提供帮助,统计库中主要有简单

---

[1] 郑磊,高丰.中国开放政府数据平台研究:框架、现状与建议[J].电子政务,2015(07).
[2] 介绍主要常用的功能,说明图片来自 http://data.stats.gov.cn/ifnormal.htm?m=help&u=/files/html/help/help.html&h=690.

查询、高级查询最常用的两大功能。

①简单查询。

A. 完整输入指标、地区、时间检索词,如 GDP 北京 2014。

B. 数据查询。在"指标栏"中选择想要查询的指标分类,在右侧"结果栏"中显示出分类下所有指标的数据,如图 3-24 所示。用户可以按时间进行筛选。

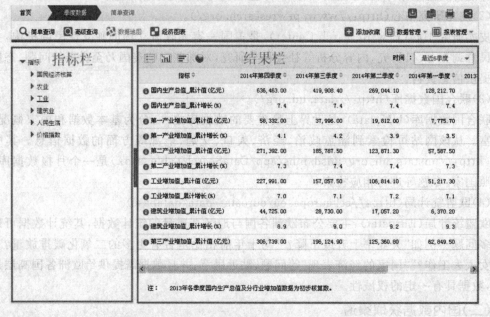

图 3-24　中国国家统计局指标栏与结果栏页面

常用的快捷按钮位于导航栏的右侧,如图 3-25 所示。

按钮	基本功能
↓	支持 Excel / CSV / XML / PDF 等格式下载
▭	复制后可以将图表粘贴到 EXCEL 中
⎙	点击链接打印机
⋖	支持与 SNS 社交网站的交互,提供微博网站登录、微博发布

图 3-25　数据统计快捷功能介绍

②高级查询。

首先要选择指标,分为简单查询和模糊查找。简单查询在"指标"中选择想要查询的指标分类,该分类下的指标将显示在"指标列表"中。选择"指标列表"中的指标项,选中的指标显示在右侧的"已选择的指标"中。模糊查找在"指标列表"的搜索框中输入要查找的指标名称,点击"查询"按钮,在所有的指标范围内查找符合条件的指标名称,显示在"指标列表"中。如果想在当前查找结果中进行二次查找,勾选"结果中筛选"前的复选框。选好指标后,点击"查询数据"按钮,查看已选指标结果页面。

【案例】

搜索全国各省份工资水平的状况

步骤

(1)进入网站链接,在页面右上角注册用户(注册用户有权限下载数据)。

(2)点击导航地区数据(我们所需要的是各省份工资水平状况,因此地区数据是最好的选择),再选择分省年度数据,如图3-26所示。

图3-26 选择"分省年度数据"

(3)在左边侧栏中选择"地区"为全部地区,"指标"为就业人员和工资(城镇单位就业人员平均工资),如图3-27和图3-28所示。

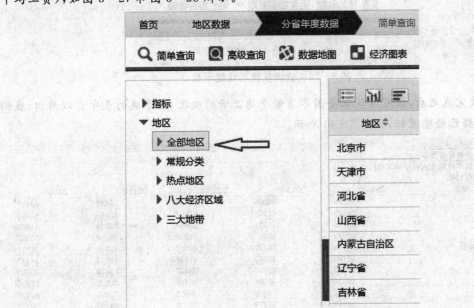

图3-27 选择"全部地区"

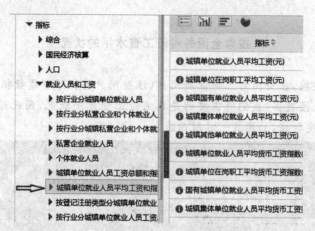

图3-28 选择"城镇单位就业人员平均工资和指数"

(4)在右上选择快捷功能键下载,如图3-29所示。一般情况,选择Excel格式。

图3-29 选择快捷功能键下载

(5)下载完成之后,便可以获取全国各省份平均工资的概况,从下载的表中可以看出,我们所需要的数据已经整理好,如图3-30所示。

	A	B	C	D	E	F
1	数据库:分省年度数据					
2	指标:城镇单位就业人员平均工资(元)					
3	时间:最近10年					
4	地区	2014年	2013年	2012年	2011年	2010年
5	北京市	102268	93006	84742	75482	65158
6	天津市	72773	67773	61514	55658	51489
7	河北省	45114	41501	38658	35309	31451
8	山西省	48969	46407	44236	39230	33057
9	内蒙古自治区	53748	50723	46557	41118	35211
10	辽宁省	48190	45505	41858	38154	34437
11	吉林省	46516	42846	38407	33610	29003
12	黑龙江省	44036	40794	36406	31302	27735
13	上海市	100251	90908	78673	75591	66115
14	江苏省	60867	57177	50639	45487	39772
15	浙江省	61572	56571	50197	45162	40640
16	安徽省	50894	47806	44601	39352	33341
17	福建省	53426	48538	44525	38588	32340
18	江西省	46218	42473	38512	33239	28363
19	山东省	51825	46998	41904	37618	33321
20	河南省	42179	38301	37338	33634	29819
21	湖北省	49838	43899	39846	36128	31811

图3-30 下载的表格

从数据当中我们可以了解到各个省份的工资水平,可以看出各省份之间的差距。对于数据新闻工作者而言,国家统计局数据库是很好的免费开放平台。

(2)中央纪委监察部网站(http://www.ccdi.gov.cn/)。

数据新闻兴起,从现如今的数据新闻作品当中,有大部分作品有这样一个流行趋势,即关于政治的选题,如三公消费榜、中央纪委巡视风暴等。

【案例】

新华网数据新闻作品《红色通缉令》

这个数据新闻作品(见图3-31)包括的信息有年代、性别、外逃时间、单位、省份介绍等,引起了广大群众的兴趣。而这个数据的获取则是从中央纪委监察部信息公开目录以及公安部国际合作局确认具体身份中获取的。

图3-31 新华网数据新闻《红色通缉令》

数据挖掘,还需了解其中的关系,需进行整理与关系分类,会有意想不到的数据故事收获。整理与关系分类是数据分析的关键步骤,具体内容见数据分析篇章。

2.第三方数据库平台

(1)凯度(http://www.cn.kantar.com/)。

近几年,人们最常用的QQ、微博都逐渐以数据引起注意,无论是人们的上网轨迹,还是朋友关系。可见,数据已成为第三方企业营销手段。先从一个案例入手来看看第三方数据库平台与数据新闻的结合,即财新网数字说频道所做的《中国社交媒体报告》[①](见图3-32)。数据将2015年的社交报告一一展现,十分翔实,配以彩色的设计图,引起人们格外兴致。其获取数据的渠道便是第三方数据库平台——凯度集团的凯度中国观察。

凯度中国观察主要包括凯度集团在中国的各项市场研究报告,包括快消品、FMCG、媒体使用习惯、文化、品牌价值、手机、社交媒体、金融、医疗等。网站上所有文章与报告均免费向公众与媒体提供。凯度与财新网的合作将数据新闻发挥到淋漓尽致。

---

① 2015中国社交媒体影响报告[EB/OL]. http://datanews.caixin.com/2015/kantar/.

图 3-32　财新网数字说频道《中国社交媒体报告》

(2) 百度数据研究中心 (http://data.baidu.com/)。

它依据每天数亿人次的搜索分析各行业数据,提供行业研究报告以及行业品牌排名。

(3) 腾讯大数据 (http://bigdata.qq.com/reports)。

它主要公布网络、移动等行业市场的报告。

(4) 东方财富网-数据中心 (http://data.eastmoney.com/center/)。

该数据中心提供了证券市场全面的数据服务,并可以将股票数据、基金数据、经济数据进行优化整合。

(5) 高校财经数据库 (http://www.bjinfobank.com/indexShow.do?method=index)。

INFOBANK 是一家专门收集、处理及传播中国商业、经济信息的香港高科技企业,拥有逾 200 亿汉字的信息储备,信息范围涵盖 19 个领域、198 个行业,向全球客户提供信息服务。数据库包括中国经济新闻库、中国商业报告库、中国法律法规库等在内的 14 个子数据库。

(6) 中国互联网络信息中心 (http://www.cnnic.net.cn/)。

该中心提供关于中国互联网络发展状况的统计报告,域名的统计资料,政策法规和相关新闻。

四、自建数据库资源

国外媒体常常采用自建数据库来实现数据挖掘,而相较于国内媒体在制作数据新闻时,最缺乏的是数据挖掘的数据渠道,大多数媒体没有自己的数据库,都以寻找网上数据为主要手段,不过国内也有小众志愿者采取自建小型数据库的形式展现民生问题引起了人们的关注。国内关于食品安全的数据新闻作品《掷出窗外》[①]就是一个很好的例子,该作品网站的创始人吴恒作为一个初学者,能够想到运用数据可视化的现象呈现中国食品安全问题形势,其中食品安全形势的数据资料都是来自志愿者自行自建的数据库。通过数据库的数据,并进行对其数据的挖掘,中国食品安全问题形势显而易见。因此,媒体应当重视自建数据库资源,通过日积

---

① http://www.zccw.info/.

月累形成的资源库,可以省去大量时间去搜集资料,也避免了资料的漏失,可谓是数据挖掘途径的好方法,同时在自建数据库中,也会产生深层次的新闻及故事。

五、国内外专题来源渠道(数据库)表

数据新闻在制作过程中,掌握数据来源是必不可少的。表3-3以综合、金融经济、政治、社会生活、教育、环境、卫生、科技、娱乐九个专题分类罗列了部分数据获取渠道。数据新闻学习者或从业者可根据需要在表3-3中查询所需要的数据,仅供参考。

表3-3 国内外主题来源渠道(数据库)表

专题	数据获取渠道(数据库)
综合	世界银行数据 http://data.worldbank.org.cn/ 联合国数据库 http://data.un.org/ 欧盟统计局 http://ec.europa.eu/eurostat/data/database 全球数据门户 http://dataportals.org/ 中华人民共和国国家统计局 http://data.stats.gov.cn/ 中国政府网 http://www.gov.cn/shuju/ 中国国家调查数据库 http://www.cnsda.org/index.php 人地系统主题数据库 http://www.data.ac.cn/index.asp 中国香港政府统计处 http://www.censtatd.gov.hk/home.html 中国澳门统计处普查局 http://www.dsec.gov.mo/default.aspx 美国普及局 http://www.census.gov/en.html 美国大使馆(北京)http://chinese.usembassy-china.org.cn/index.html 俄罗斯统计局 http://www.gks.ru/ 德国联邦统计局 https://www.destatis.de/DE/Startseite.html 新加坡统计局 http://www.singstat.gov.sg/ 澳大利亚统计局 http://www.abs.gov.au/ 法国国家统计局 http://www.insee.fr/en/ 韩国统计局 http://kostat.go.kr/portal/korea/index.action 日本总务省统计局 http://www.stat.go.jp/ 百度数据研究中心 http://data.baidu.com/ 腾讯大数据 http://bigdata.qq.com/reports 皮尤研究中心 http://www.pewresearch.org/

续表 3-3

专题	数据获取渠道(数据库)
金融经济	国际货币基金组织 http://www.imf.org 国际调查机构 http://iia-investigations.com 全球经济数据 http://www.qqjjsj.com/ 全球股市指数 http://www.stockq.cn/ 全球贸易经济 http://www.tradingeconomics.com/ FINVIZ(英) http://finviz.com/screener.ashx Investopedia(英) http://www.companyspotlight.com/ 全国企业信息查询 http://gsxt.saic.gov.cn/ 中国经济网 http://finance.ce.cn/sub/2014zt/jjsj/ 中财网数据引擎 http://data.cfi.cn/cfidata.aspx 新华社中国金融信息网 http://dc.xinhua08.com/ 东方财富网-数据中心 http://data.eastmoney.com/center/ 高校财经数据库 http://www.bjinfobank.com/indexShow.do?method=index 凤凰财经 http://finance.ifeng.com/news/special/data201412/ 北京宏观经济数据库 http://www.bjhgk.gov.cn/ww/indexcenter.jsp
政治	国际刑警组织(Interpol) http://www.interpol.int/ 普华永道 http://www.pwc.com/gx/en/economic-crime-survey/index.jhtml Zaba搜索 http://www.zabasearch.com/ 美国中央情报局 https://www.cia.gov/index.html 美国国防部 http://www.defense.gov/ 伦敦政府开放数据 http://data.london.gov.uk/ 中央纪委监察部网站 http://www.ccdi.gov.cn/ 北京市政务数据资源网 http://www.bjdata.gov.cn/ 中国领导干部资料库 http://cpc.people.com.cn/gbzl/index.html 中国地方党政领导人物库 http://district.ce.cn/zt/rwk 中国共产党思想理论资源数据库 http://read.ccpph.com.cn/ 中国共产党历次全国代表大会资料库 http://cpc.people.com.cn/GB/64162/64168/106155/index.html
社会生活	The Reporter http://reporter.org/ Search Systems http://publicrecords.searchsystems.net/ 欧洲社会调查 http://www.europeansocialsurvey.org/ 联合国开发计划署 人类发展报告 http://hdr.undp.org/en 幸福指数 http://www.happyplanetindex.org/data/ 中国国家旅游局旅游数据 http://cnta.gov.cn/zwgk/lysj/ 中国家庭追踪调查 http://www.isss.edu.cn/cfps/sj/ 中山大学 社会科学调查中心 http://css.sysu.edu.cn/Data 中国健康和养老追踪调查 http://charls.ccer.edu.cn/zh-CN/page/data/2013-charls-wave2 台湾社会变迁调查 http://www.ios.sinica.edu.tw/sc/ 北京大学社会与研究发展中心 http://www.sachina.edu.cn/Index/datacenter/index.html 中国健康和营养调查 http://www.cpc.unc.edu/projects/china/data 大阪商业大学 日本综合社会调查 http://jgss.daishodai.ac.jp/

续表3-3

专题	数据获取渠道(数据库)
教育	全球教育指数 https://en.wikipedia.org/wiki/Education_Index 联合国教育指数 http://hdr.undp.org/en/countries 中华人民共和国教育部 http://www.moe.edu.cn 中华人民共和国国家知识产权局 http://www.sipo.gov.cn 中国教育数据统计 http://nation.chinaso.com/jiaoyu/sjtj.html 中国教育科学研究院 http://www.nies.net.cn/zy/jydt/ 中国教育统计网 http://www.stats.edu.cn/tjgb.aspx 教育统计数据库 http://www.edu.cn/jiao_yu_fa_zhan_498/ QS世界大学排名 http://www.topuniversities.com/ 世界大学学术排名 http://www.shanghairanking.cn/index.html 上海教育国际交流协会 http://www.seaie.org/InformationShow.asp?id=114 香港教育局数据中心 http://www.edb.gov.hk/tc/sch-admin/sch-quality-assurance/performance-indicators/esda/whats-new.html 美国教育数据 http://chinese.usembassy-china.org.cn/statistics.html 马来西亚华校教育数据 http://www.djz.edu.my/resource/index.php?option=com_content&view=category&id=75&Itemid=76 学位与研究生教育数据中心 http://www.cdgdc.edu.cn/xwyyjsjyxx/xwsytjxx/ 人民网 教育专题 http://edu.people.cn/GB/8216/9320/index.html 百度高考预测 http://trends.baidu.com/ncee
环境	ETDE能源 http://www.etde.org/ 中国环境保护数据库 http://hbk.cei.gov.cn/aspx/default.aspx 中华人民共和国环境保护部数据中心 http://datacenter.mep.gov.cn/ 中国科学院资源环境科学数据中心 http://www.resdc.cn/ 中国环保网 http://www.chinaenvironment.com/index.aspx 中国环境监测总站 http://www.cnemc.cn/ 世界空气污染实时地图 http://aqicn.org/map/world/cn/ 资源环境遥感数据库 http://www.remotesensing.csdb.cn/ 地球科学与资源环境科学机构数据库 http://sdb.llas.ac.cn/institutedb/frameorg.htm 地球系统科学数据共享平台 http://www.geodata.cn/Portal/index.jsp 美国能源部数据 http://www.energy.gov/data/open-energy-data Cicero挪威国际气候与环境研究中心 http://www.cicero.uio.no/no 联合国气候变化会议官方网站 http://www.un.org/sustainabledevelopment/cop21/ CAIT气候数据探索器 http://cait.wri.org/ 自然资源保护委员会 http://www.nrdc.cn/ 世界气象组织 https://www.wmo.int/pages/themes/climate/index_en.php Climate Action Tracker http://www.climateactiontracker.org/countries/china.html 中华环境案件信息网 http://www.hjajk.com/

续表 3-3

专题	数据获取渠道（数据库）
卫生	世界卫生组织 http://www.who.int/zh/ 国家人口与健康科学数据共享平台 http://www.ncmi.cn/1 公共卫生科学数据中心 http://www.phsciencedata.cn/Share/index.jsp 国家卫生计生委 http://www.nhfpc.gov.cn/ 国家卫生计生委卫生和计划生育监督中心 http://www.jdzx.net.cn/index.html 国家人口与健康科学数据共享平台基础医学科学数据中心 http://www.bmicc.cn/web/share/home 卫计委卫生标准网 http://wsbzw.wsjdzx.gov.cn/wsbzw/ 中国疾病预防控制中心 http://www.chinacdc.cn/ 国家食品药品监督管理总局 http://www.sfda.gov.cn/WS01/CL0001/ 药智数据 http://db.yaozh.com/ 美国食品药品管理局 http://www.fda.gov 环球医药网 http://data.qgyyzs.net/ 中国医药网 http://www.pharmnet.com.cn/ 美国 FDA 药品数据库 http://www.drugfuture.com/fda/ DrugBank http://www.drugbank.ca/ 医学全在线 http://www.med126.com/data/ 国家药监局基础数据库 http://www.hyey.com/freedata/ CHKD 国家科技成果数据库 http://kns.chkd.cnki.net/kns55/brief/result.aspx?dbPrefix=BSAD
科技	中国互联网络信息中心 http://www.cnnic.net.cn/ 中国科学院数据云 http://www.csdb.cn/index.html 中国工业和信息化部 http://www.miit.gov.cn/ 移动大数据平台 http://www.talkingdata.com/?languagetype=zh_CN 美国航天航空局 NASA http://www.nasa.gov/ 百度统计 流量研究院 http://tongji.baidu.com/data/browser 友盟 http://www.umindex.com/
娱乐	BOM 票房统计数据 http://www.boxofficemojo.com/ CBO 中国票房榜 http://www.cboo.cn/ 数太奇 电影大数据研究中心 http://index.idatage.com/ 微指数 http://data.weibo.com/index 中国新媒体排行 http://www.newrank.cn/public/info/list.html?period=day&type=data 艾瑞 网络媒体 http://www.iwebchoice.com/ 百度指数 http://index.baidu.com/ 微博电视指数 http://tv.weibo.com/zhishu 数说故事 http://social.datastory.com.cn/ IMDB 电影资料库 http://www.imdb.com/

六、传统新闻的信息收集方法

数据新闻仍处于上升发展阶段,其诸多制作方式、运营模式等都还在探索中,以数据说话的数据新闻量化呈现方式,使得新闻清晰简洁、内容充实、说服性强,但这毕竟是一种数理化方式来对新闻内容和结果的呈现。传统新闻的精髓在于"新、深、广",除了时效性,我们还要强调一个"深"和"广",以及无法量化的情感型、思维型问题,这就离不开传统的质性分析法。数据新闻通过质性分析法力透事物本质以及其内外在相关联系,使数据新闻的数据不仅能够直观展现,还能透过数据看到深层次的内容,这样的数据新闻才能称作是有品质的适应社会发展的数据新闻。因此,尤其在数据新闻制作方面必要时还需借鉴传统新闻获取的方法。

(一)采访

新闻采访是现代新闻实务的重要组成部分,对新闻工作者来说,新闻采访更是其不能忽视的新闻实务环节。现代新闻采访的完成,不仅需要新闻工作者拥有扎实的新闻理论,还要具有丰富的新闻采访技巧。在新闻采访过程中,新闻记者只有巧妙地运用好新闻采访技巧,才能实现新闻记者与采访对象之间的对话与沟通,才能保证新闻任务高质量地完成。

然而在数据信息充斥网络的现在,几乎所有的记者编辑每天首要的任务就是浏览全国性各大门户网站、地区地域性专项网站或其他媒体的内容,甚至从中选取意向新闻线索再对其进行采访调查,难以避免地造成采访人力、物力资源的浪费,新闻信息的重复性,甚至是直接转载或抄袭,导致信息泛滥时代的原创性内容匮乏。而在传统新闻的信息线索收集方面,新闻工作者多会通过自己所负责领域内的关系网、新闻发布会、群众提供线索以及突发或具有重大意义的社会事件和社会现象来有针对性地进行采访调查,由于新闻工作者人际关系的复杂性、群众提供线索的针对性以及新闻工作者对自我联系网的保护,传统的出现场、采访方式往往使稿件具有独特性和原创性。纵然在速度优势和形式优势下,内容依然是占据核心的主要因素。

(二)调查问卷

调查问卷是一种针对群体的意见调查方法,能够收集被访问者的意见、感受、反应及对某事物的认知等。在传统新闻中,它是一种可以调查受众观点、看法,收集反馈信息等获取一手资料和信息的重要途径。对其结果的统计分析,往往能够真实有效地将新闻工作者的意图表达。因此在以数据为主打的数据新闻中,调查问卷或许会以电子文本或流量监控等技术完成,但这种收集第一手原始数据信息的方式仍需被广泛保留和应用。毕竟数据新闻以数据为其利器,数据的真实性、可靠性、全面性都需要原始数据的支撑。

第三节 数据挖掘和转换数据工具

一、数据类

(一)火狐浏览器(http://www.firefox.com.cn/)

Mozilla Firefox,中文名通常称为"火狐"或"火狐浏览器"(正式缩写为 Fx,非正式缩写为

FF),是一个开源网页浏览器,使用 Gecko 引擎,支持多种操作系统,如 Windows、Mac 和 Linux。Firefox 由 Mozilla 基金会与社区数百个志愿者以 GPL/LGPL/MPL 三种授权方式发布,2012 年 1 月 3 日起改用兼容 GPL 的 MPL2。据 2013 年 8 月浏览器统计数据,Firefox 在全球网页浏览器市场占有率为 76%～81%,用户数在各网页浏览器中排名第三,全球估计有 6450 万用户。

火狐浏览器的优势在于拓展性强。这一点源于开源,就会有很多的拓展性插件,底层代码开放,让世界上成千上万的工程师给用户开发软件,共同打造,即使有漏洞也会快速补上。以下将主要介绍 Table2clipboard 和 DownThemAll 这两个插件。

(1) 安装火狐浏览器,下载地址为 http://www.firefox.com.cn/。

(2) 安装火狐批量下载插件 DownThemAll(见图 3-33)。

方法一:在火狐社区中进行下载与安装(https://addons.mozilla.org/en-us/firefox/addon/downthemall/)。

方法二:由于火狐代理器被限制,下载链接速度打开较慢甚至无法打开。因此下面这个链接可直接下载 DownThemAll! 2.0.18 版本(http://www.onlinedown.net/softdown/78748_2.htm)。

图 3-33 安装火狐批量下载插件 DownThemAll

将下载好的压缩包双击便可自行安装。安装后需在附加插件的扩展中检查是否已安装成功,见图 3-34。

图 3-34 检查是否安装成功

(3)安装火狐扩展插件表格下载工具 Table2Clipboard(见图 3-35),下载链接为 https://addons.mozilla.org/en-US/firefox/addon/dafizilla-table2clipboard/contribute/roadblock/?src=dp-btn-primary&version=1.5.3.1.1-signed。

在如下页面中点击 add to firefox,在左上角弹出的页面中点击安装,并重启火狐浏览器。检验是否安装成功,同 DownThemAll 检验一样。

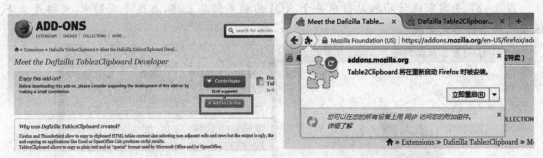

图 3-35 安装火狐扩展插件表格下载工具 Table2Clipboard

【案例】

用 DownThemAll 进行大批量下载

DownThemAll 是一款非常方便的下载工具,可以让用户轻松实现批量下载,如果想一次性下载网页上的诸多文件、图片等,一个个选中保存费时费力。只需一次点击即可下载网页中的所有链接、所有文件对象,以及所有图片和嵌入对象。

例如,国家环保局所提供的年污染工作简报,下载链接较为繁多,这时右击选择使用DownThemAll 插件,并选择所需要的链接,其中文件类型有(压缩包、PDF、doc 等),过滤器可以帮助用户选择所需要的文档,最终一键迅速下载(见图 3-36)。

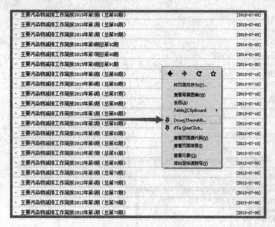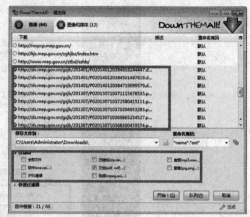

图 3-36 用 DownThemAll 进行大批量下载

【案例】

用 Table2Clipboard 抓取网页表格

当所需要的数据表格无法下载，一般选择 Ctrl 键后通过鼠标左键点选简便地选择一个表格的行和列。所选择的对象可被复制到剪贴板中，当粘贴那些文本到数据表应用程序（如Excel）时，原始的表格布局就变得凌乱，不便于统计或分析数据。为很好地将数据以正确的布局粘贴至 OpenOffice，Table2Clipboard 是十分便于使用的插件。

图 3-37 是国家统计局网站当中关于 AQI 的相关信息表格，在这个页面中，表格是上下滚动以动态的形式呈现。

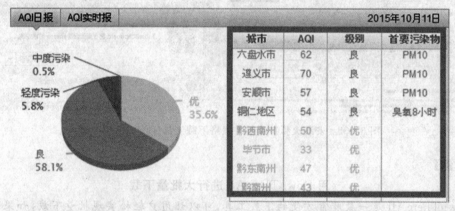

图 3-37 国家统计局网站当中关于 AQI 的相关信息

虽然可以选择复制表中的文字直接到 Excel 表格当中，但会有部分数据无法一次复制，甚至在其他情况下会布局凌乱，无法准确地获取统计数据。

对于这种情况，右击选择 Table2Clipboard，并再次选择 copy whole table，如图 3-38 所示，再将复制的数据粘贴在 Excel 表格当中，当然，网页当中整体的页面完全准确地复制到了Excel 表格中，见图 3-39。

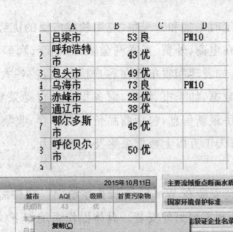
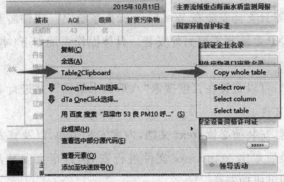

图3-38 用Table2Clipboard抓取网页表格操作步骤

图3-39 用Table2Clipboard抓取网页表格效果

(二)八爪鱼采集器(http://www.bazhuayu.com/)

八爪鱼采集器是一款能够在较短时间内,从网页或网站上采集数据的软件,并可以借助云平台实现定时、离线的大量数据的采集,同时可以以预设的格式规范化输出。其具有操作简便、图文转换、采集方式灵活、定时采集和云采集、应用领域广泛的优势。

目前,八爪鱼采集器已经在电商、外贸、互联网金融、房地产、汽车、政府电子政务、招聘、社交网络等各行各业成功应用。如发现和收集潜在客户信息;监控各大社交网站、博客,自动抓取企业产品的相关评论;金融数据,如季报、年报、财务报告的自动采集;采集行业网站的产品目录及产品信息;监控竞争对手最新信息,包括商品价格及库存;收集最新最全的职场招聘信息等。它可为单个客户提供每天千万以上数据采集及处理能力。

1. 安装步骤

目前,八爪鱼采集器只支持安装在 Windows 操作系统上。软件需要.NET3.5 SP1 支持,Windows 7 已经内置,XP 系统则需要另外安装。具体操作系统如下(本操作为 2015 年 9 月份版本):

①Windows 7 用户:可以直接在百度搜索"八爪鱼采集器",并进行下载。解压下载好的压缩文件后,会出现安装文件。

新用户请先行阅读《安装前必读》text 文档,内有安装须知,以及官方 QQ 群、教程、使用手册等在线资源链接。最后双击 setup.exe 文件进行安装,自定义安装盘后,可以选择默认设置,直接点击下一步,即可成功安装。

②Windows XP 用户:与 Windows 7 用户不同的是,在双击 setup.exe 进行安装时,Windows XP 系统会自动检测是否安装有.NET 3.5 SP1,若未安装系统会自动从微软官方在线安装。为节省时间,建议事先自行安装.NET Framework,然后再安装八爪鱼采集器。

2. 了解界面

八爪鱼采集器主界面主要分为四大部分。导航菜单区(左栏)是所有的任务区域,右栏三个区域视频教程区、客户服务区、活动区为采集工作辅助区。

(1)导航菜单区(见图 3-40)。

"快速开始",主要用于新任务的建立,以及任务的导入和导出。

"我的任务",包含已经完成的任务和正在进行的任务。

"任务状态",主要包括已存储的未完成任务,以及处在正在运行和已停止等状态的任务分列。

"采集规则",是八爪鱼采集器的核心,是整个采集工作运行的必需条件,也是用好采集器的关键所在。在这一栏中,有"规则市场",用户可以用八爪鱼积分从规则市场中换取现成的采集工作流程设置。所换得的采集规则在"我的下载"中呈现。此外,用户不仅可以换取规则;也可以在工作流程设计环节,对现成的规则根据自己所需进行更改编辑;也可以直接按需编写规则,并可以分享到规则市场中用以换取积分或供大家无偿使用。所分享的规则在"我的分享"中显示。

"数据市场",目前正与"数多多"公司合作,逐步建立规范的数据市场。

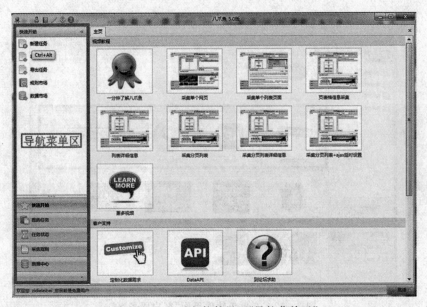

图3-40 八爪鱼软件界面"导航菜单区"

(2)视频教程区(见图3-41)。

该部分包含了对八爪鱼采集器的动画视频介绍,以及采集单个网页、采集分页列表等的视频教程,在此可以尽快了解到八爪鱼采集器的使用方法。

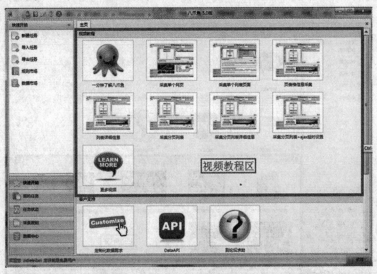

图3-41 八爪鱼软件界面"视频教程区"

(3)客户服务区(见图3-42)。

在该区域中,可以实现与八爪鱼采集器服务团队和其他用户的互动,以解决个性化采集数据需求、企业大规模数据服务、疑难问题的解答以及与其他用户的交流互动等。

图 3-42 八爪鱼软件界面"客户服务区"

(4)活动区(见图 3-43)。

在该区域中,可以参与八爪鱼团队开发的各项活动,以赚取积分,积分可以用于兑换规则。

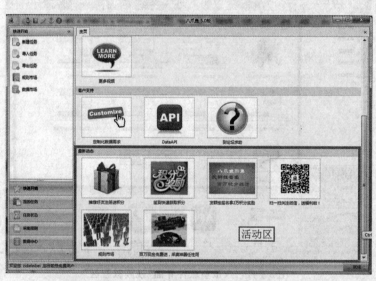

图 3-43 八爪鱼软件界面"活动区"

【案例】
利用八爪鱼采集器在58同城网站抓取招聘信息
步骤

(1)点击"快速开始"后,在上方选择"新建任务"。

(2)进入"设置基本信息",填好必填信息后,在页面右上角点击"下一步"。

(3)进入"设计工作流程",会出现流程设计器。可将左侧一栏提取数据、循环、输入、结束循环、结束流程等流程动作,拖拽到流程线上,完善采集流程,如图3-44所示。点击"打开网页",或"提取数据",或"点击翻页"等各个流程动作(见图3-45),可在其右侧"定制当前操作"一栏中,分别进行定制化操作。配置好工作流程后,即可点击"下一步"。

注:此流程也可从"规则市场"以积分兑换下载,下载后的规则亦可在此处进行编辑修改。此外,该页面下方也会出现被采集网页的相关信息。

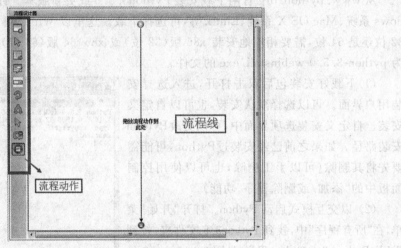

图3-44 拖拽流程动作到流程线

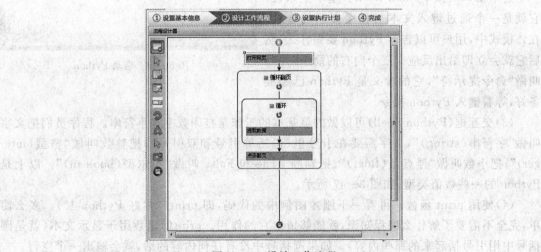

图3-45 设计工作流程

(4)进入"设置执行计划"一栏,可对启动方式、采集时间、有效期等计划进行设置。若选择定时启动,设在每周一的上午10点,软件会以云采集的方式,按时在网页提取信息。

(5)此时任务已经配置完毕,可以进行正常采集工作。若不放心采集流程,可点击"启动单机采集"等进行调试。

(6)采集到相关数据后,可在右下角进行"云备份"和"导出数据"。导出数据时,可以选择"导出到数据库""发布到网站""导出到Excel""导出到Txt""导出到Html"等。若觉得采集数据不合适,可返回"设计工作流程"环节,进行进一步调试。

(三)Python（www.python.org）

Python是一种面向对象、解释型的交互式计算机程序设计语言,由Guido Van Rossum于1989年发明,第一个公开发行版发行于1991年。它能够支持从简单的文字处理到www浏览器再到游戏等广泛的应用程序开发。

从www.python.org官网下载安装Python3.5.0或更新版本。针对不同系统,分为Windows系统、Mac OS X系统、Linux等,可选择下载。这里以Windows系统为例。根据系统是32位还是64位,需要相应地安装x86版(32位)或x86_64版(64位)。然后将会得到一个名为python-3.5.0-webinstall.exe的文件。

(1)下载好安装包后双击打开,进入选择安装用户界面。可以选择默认安装,也可以自定义安装。自定义安装选项界面中,可以更改Python安装路径。如果之前已经安装过Python,可能需要先将其删除(可以手工删除,也可以使用控制面板中的"添加/或删除程序"功能)。

(2)以交互模式启动Python。打开"开始"菜单,在"所有程序"中,找到Python3.5文件夹,找到IDLE(Python 3.5 32-bit)程序,见图3-46。

这个窗口叫做Python Shell。基本上来说,它就是一个通过键入文本与程序交互的途径。在该模式中,用户可以告诉Python要做什么,然后它就会立即给出反应。三个向右的箭头">>>"叫做"命令提示符",它的含义是Python已经准备好,等着键入Python指令。

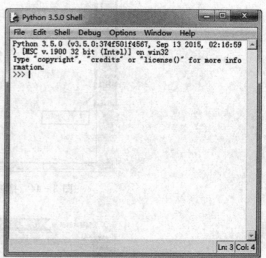

图3-46 启动Python

(3)交互框(Python Shell)可以做的最基本的工作是打印数字和字符串。程序员们把文字叫做"字符串(string)",文字需要在引号里(包括单引号和双引号);把整数叫做"整型(integer)";把小数叫做"浮点型(float)";把判断True和False叫做"布尔型(boolean)"。以上是Python的一些数值类型,如图3-47所示。

(4)使用print函数。再看一下刚才图例中的代码,即print("你好Python!")。多么简单,完全不需要了解什么编程知识,就能够猜出它的作用。print()函数用于显示文本(就是圆括号中用引号括起来的那些内容)。如果圆括号中没有任何内容的话,就会输出一个空行。

Python是大小写敏感的。一般来说,函数名是小写的。因此,print("你好Python!")是对的,而Print("你好Python!")和PRINT("你好Python!")则是不对的。

函数(function)就像是一个能够执行某种特殊任务的迷你程序。print()函数的任务就是

第三章 大数据语境下的信息提取:获取数据

图 3-47 Python 3.5.0 Shell 窗口

显示一个值(或一组值)。在这个例子中,"你好 Python!"叫做 print()函数的值,也叫做参数(argument),它们要放在圆括号里面。在这第一个程序中,向 print()函数传递了参数"你好 Python!"(这个函数就是用它来显示你好 Python!消息的)。

(5)生成错误。计算机是一个字符一个字符地获取信息的,如果拼错了函数名(哪怕只是一个字母),计算机就不会明白用户的意图。例如:在交互框中,如果输入 pirmt("你好 Python!"),解释器就会给出图 3-48 中的相应。

解释器其实是在说"你说什么?",错误消息中的关键行是 NameError: name 'pirmt' is not defined。这条消息表示的是解释器不认识 pirmt。计算机可没人类

图 3-48 生成错误

那么宽宏大量,可以忽略掉这种拼写错误并正确理解其含义。好在只需修正错误的拼写即可解决这类的编程错误。

尤其需要注意的是,Python 的代码要在英文状态下编辑,因此程序中的符号(逗号、冒号、括号、引号等)要在英文状态下输入,不然就是另一种编程错误。

(6)通过脚本模式进行编程。我们不是对每个命令逐个执行,而是把它们放在一个程序文件中一起来运行。选择 New File 来设一个新程序,如图 3-49 所示。

现在你可以试着把任何数目的命令输入此文件,比如:

print("你好,Python!")

print(123)

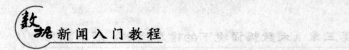

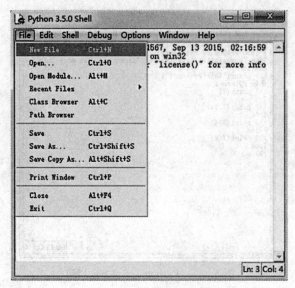

图 3-49　通过脚本模式进行编程

依次点击"Run"→"Run Module　F5"运行这个程序。

此时,会弹出一个保存对话框,这是在要求用户保存并运行程序,也可以在运行前依次点击 File、Save As,即可保存程序。为这个程序命名为"你好 Python.py"。为了以后能更方便地找到它,可以把它保存到一个文件夹里。

务必要以.py 扩展名保存写好的程序,这样才能让其他应用程序(包括 IDLE)认出这些文件是 Python 程序。

上面这个例子,就是通过脚本模式进行编程。在编程的时候,需要交互模式与脚本模式两者配合使用。因为在脚本模式中编程时,会时不时地进行到交互窗口中测试某个想法或刚刚编写的函数是否正确。即脚本窗口是生产最终产品的地方,交互窗口则相当于用来试验的草稿本。

图 3-50 是来自脚本模式的程序的执行结果。

图 3-50　程序执行结果

(7)Python的一些常用操作符。

①算术操作符(+、-、*、/、%、* *、//)。

通过使用"+",我们可以打印更复杂的东西。"+"用来把数字加起来。但如果是字符串,"+"使得一个字符串依次被打印,如图3-51所示。

print(123)

print(123 + 456)

print("123")

print("123" + "456")

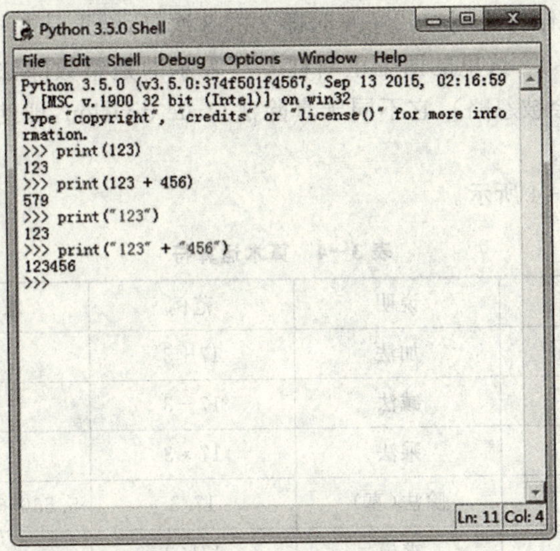

图3-51 算术操作符

Python里有的地方空格很重要,有的地方根本无所谓。在该程序里"+"左右的空格无所谓,可以被删掉。但如果把空格放在引号里(即字符串里),Python将会打印这个空格。我们随后还会看到空格很重要的另外一个地方。

a+=1,即a=a+1;b-=2,即b=b-2;同理,c*=10,即c=c*10;d/=5,即d=d/5。在交互窗口中试着编辑以下代码,查看运行结果,如图3-52所示。

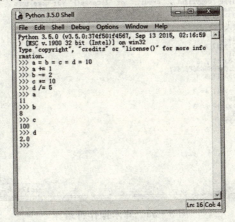

图3-52 算术操作符

```
>>> a = b = c = d = 10
>>> a + = 1
>>> b - = 2
>>> c * = 10
>>> d/ = 5
```

以上运算符应该都是很眼熟的,对于我们来说不难掌握。但请再看看下一条计算,即17%3。"%"这个数学运算符对于我们来说可能有点陌生,这里的百分号是求模运算符,它用于求取整数除法表达式的余数。因此,17%3将会得到2,即17除以3的余数。

"**"是幂运算操作符。例如,2**3,即2的3次幂,结果是8。

下一条计算是17//3。这里的两个正斜杠"//"表示的是整数除法,即除法的结果永远是整数(任何小数部分都会被忽略),它不同于真除法(true division,即使用"/"运算符的除法)。所以,17//3的结果是5。

算术运算符如表3-4所示。

表3-4 算术运算符

运算符	说明	范例	求值结果
+	加法	17+3	20
-	减法	17-3	14
*	乘法	17*3	51
/	除法(真)	17/3	5.666666666666667
%	求模	17%3	2
**	幂运算	17**3	4913
//	除法(整数)	17//3	5

在交互窗口中的运行结果如图3-53所示。

图3-53 算术操作符运算

②比较运算符(<、<=、>、>=、==、!=)。

其条件通常是通过对值进行比较的方式而构建出来的。使用比较运算符即可对值进行比较。这里需着重说明的是等于比较运算符,写作"==",即连续的两个等号。在条件表达式中只用一个等号表示的是赋值运算符。因此,a=8是一条赋值语句,它进行的是赋值操作。而a==8则是一个条件,它最终会得到True或Fales。

图3-54中,a已经被赋值为8,所以a==8的条件表达式为真,a==2的条件表达式为假。

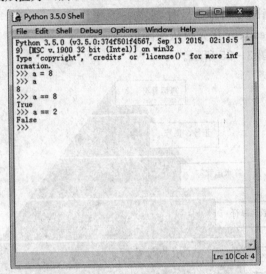

图3-54 比较运算符

利用比较运算符,可以在整数之间、浮点数之间、整数与浮点数之间进行比较。甚至还可以对字符串进行比较,而比较结果是基于字母顺序。例如,"apple"<"banana"的结果为True,因为"apple"的字母顺序比"banana"要小。

除了等于之外,还有一些其他的比较运算符,如表3-5所示。

表3-5 比较运算符

运算符	说明	范例	运算结果
<	小于	7<14	True
<=	小于等于	7<=7	True
>	大于	7>14	Fales
>=	大于等于	7>=14	Fales
==	等于	7==7	True
!=	不等于	7!=14	True

③逻辑运算符(not、and、or)。

在Python中,把not放到某个条件之前就会得到一个新的条件,其计算结果跟原条件相反。也就是说,当teacher为True时,not teacher就为False。需要知道的是,数字0在Python中解释为False,非0的整数值解释为True。

与英语一样,"and"表示"而且"。简单的例子:"7<14 and 13>5",and两边的简单条件都为 True 的时候,这个复合条件才为 True;否则就为 False。

"or"的意思是"或",所以只要有一个条件为 True,复合条件就为 True,例如"7<14 or 7<5",or 两边的简单条件一真一假,所以这个复合条件为 True。对于由 or 建构的复合条件,两假才为假。

A. 幂运算符比其左侧的一元操作符优先级高,比其右侧的一元操作符优先级低。例如">>>-3＊＊2"">>>3＊＊-2"。

B. 先乘除后加减,当减号用作负号时,它为一元操作符。

C. 逻辑运算符 not、and、or 优先级依次降低。

优先级问题具体如图 3-55 所示。

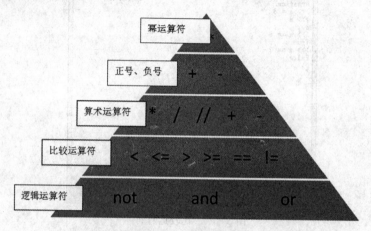

图 3-55 优先级问题

(8) 我们可以利用变量对信息进行存储和操作,把一个值赋予一个变量。一个变量名就像现实社会的名字,呼唤它的名字,它就会回应"在这里,在这里",而不是它带着什么。

>>>teacher = "书籍"
>>>print(teacher)
>>>first = 3
>>>second = 7
>>>third = first + second
>>>print(third)
>>>a = "你好"
>>>b = " Python"
>>>print(b+c)

(9) 类型转换。"+"号可加数字,也可以把字符串连接起来。但如果把一个数字和一个字符串加起来,就会出错。要解决这个问题可以使用 int() 把一个字符串改为数字,或者 str() 把数字改为字符串。int 的意思是整数(包括正数和负数)。

表 3-6 列出了这几个能将值转换成指定类型的函数。具体见图 3-56。

表 3-6 部分类型转换函数

函数	说明	范例	返回值
float(x)	返回通过 x 转换出来的浮点数	float("10.0")	10.0
int(x)	返回通过 x 转换出来的整数	int("10")	10
str(x)	返回通过 x 转换出来的字符串	str(10)	'10'

```
>>>number = 56
>>>print("中国有" + str(number) + "个民族")
>>>blueflower = "20"
>>>redflower = int(blueflower) + 1
>>>print("We have " + str(redflower) + " flowers.")
```

图 3-56 类型转换

(10)input()函数用于从用户那里获取一些文本,它会等待用户输入一些内容。当用户按下 Enter 键之后,它就会以字符串的形式返回用户输入的全部内容。

在脚本模式下,编写下面这个程序,尝试运行一下,如图 3-57 所示。

```
name = input("What is your name?")
age = input("How old are you?")
print("Hello " + name + ",you are " + age + " years old.")
nextAge = str(int(age) + 1)
print("Next year you will be " + nextAge + " years old.")
```

(11)if 语句告诉 Python 选哪件事做:当条件为真时做一件事,当条件为假时做另一件事情。if 语句条件为 True 时执行 if 条件,条件为 False 时执行 else 条件。

```
age = int(input("How old are you? "))
if age < 90:
    print("Wow, you are just a baby.")
```

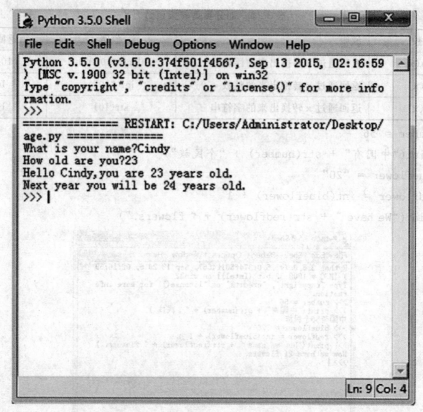

图 3-57 input()函数的运用

```
else:
    print("You are very,very old!")
print("This program is finished.")
```

(12)根据一个序列反复执行,简而言之就是重复做某事,使用 for 循环。

```
for i in range(1,10):
    print(i)
for i in range(10,20):
    print(i)
```

这个程序只输出 0~9 十个数字,不包含 10。如果要找到从 1 到 10 的数字总和,则需在 range 结尾用 11。

```
total = 0
for i in range(1,11):
    total = total + i
print(total)
```

(13)Python 可以存储列表。创设列表,使用其中单个元素,添加元素,找到列表长度,并做很多其他运算。

①创建一个普通列表,输出整个列表,找到列表长度。

member = ['星期一','星期二','星期三','星期四']

```
print(member)
print(len(member))
```
②创建一个混合列表,输出第一、二个元素,输出最后一个元素。
```
mix = [1,'星期一',3.14,[1,2,3]]
print(mix[0])
print(mix[1])
print(mix[-1])
```
③创建一个空列表。
```
empty = []
```
④向列表添加一个元素。
```
member.append('星期五')    #append()函数一次只能向列表里添加一个参数
print(member)
print(len(member))
```
⑤向列表添加多个元素。
```
member.extend(['星期六','星期日'])
#extend()函数是用一个列表扩展另一个列表,参数要是一个列表
print(member)
print(len(member))
```
注释:append()和 extend()函数向列表添加元素都是自动追加到列表的末尾。

⑥把一个参数添加到列表中第三个位置。
```
mix.insert(2,'太阳')
print(mix)
```
insert 有两个参数,第一个参数代表在列表中的位置,第二个参数表示要添加的元素。特别注意,顺序索引是从 0 开始的。

⑦从列表中删除元素。
```
member.remove('星期一')     #remove()函数必须知道参数的具体名字
print(member)
del member[1]      #del 语句不是函数不用括号,没有".",须知道参数位置
print(member)
```
⑧将整个列表中元素的顺序颠倒后再输出。
```
member.reverse()    #reverse()函数默认没有参数
print(member)
```
#的意思是"注释"。此后的所有内容都会被电脑忽略。注释告诉其他读程序的人和程序员本人程序在做什么,因为以后你不会记得自己所写程序的细节。

(14)把 for 循环与列表结合起来,对列表中的每个元素进行处理。
```
member = ['星期一','星期二','星期三','星期四','星期五']
for i in range(0,len(member)):
print('Member number' + str(i) + ' is named ' + member[i])
```
这个方法从 0 算起,一直到 member 列表的总长减去 1。0 是第一个元素的标识,总长减1

是最后一个元素的标识。i 是变量名。如果不需要有变量名,对清单中每个元素做一次处理的更简单办法如下:

member = ['星期一','星期二','星期三','星期四','星期五']
for c in cities:
print(c)

(15)到现在为止我们着重使用了整数和字符串,但 Python 也可以对小数进行计算。前面提到过,小数叫做 float(浮点数值)。下面的程序计算利率 12.5％时一年的本息和:

cash = 1000
rate = 12.5
factor = 1 + rate/100
nextYearCash = cash * factor
print(nextYearCash)

把以上所有内容综合起来,可以写出以下计算简单复利的程序:

cash = float(input('How much money do you have? '))
rate = float(input('What is the interest rate in percent? '))
years = int(input('How many years will you wait? '))
totalCash = cash
for i in range(1,years + 1):
　　totalCash = totalCash * (1 + rate/100)
print('After '+ str(years) + ' years you will have '+ str(totalCash))

【案例】

用 Python 抓取数据百度页面中关于雾霾的数据

随着网络媒体的发展,html 超文本传输已经越来越为人所知,作为数据新闻工作者具备这样的能力也是必要的。超文本标记语言(html)也就是我们常见的网页。

在浏览器窗口右键菜单选择"查看元素"或者按下"F12",网页的 html 一览无余。

作为 Python 程序员,如果要从互联网上抓取信息,就得用所谓强大的 urllib 模块了(数据抓取的方法很多种,这里以 urllib+re 这个定向的抓取方式为例)。

接下来利用 urllib 获取网页源码,再配合 re 指定提取出所需要的内容:

假设要爬百度搜索引擎搜索关键字的第一页。在输入框输入关键字按下回车键时,网页发生了跳转:

假设输入的关键字为雾霾,这时网址变成了如图 3-58 所示的内容。

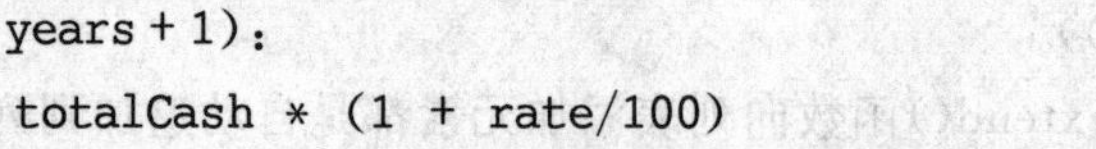

🔒 https://www.baidu.com/s?wd=雾霾&rsv_spt=1&rsv_iqid=0x97d7f4ac

图 3-58　关键字为雾霾的地址栏

可以看到我们输入的"雾霾"添加到 http://www.baidu.com/s? wd= 这一 url 后面。那么我们可以编写 url 为:

Primary_key = input("请输入您要搜索的内容:")
url = http://www.baidu.com/s? wd + primary_key

而urllib模块获取网页内容也特别简单,如图3-59所示。

```
req=urllib.request.Request(url)
req.add_header("User-Agent","Mozilla/5.0 (Windows NT 6.1; WOW64; rv:41.0) Ge
page=urllib.request.urlopen(req)
html=page.read().decode('utf-8')
```

图3-59 urllib模块获取网页内容

因为要模拟浏览器发送get请求,要用到Request对象。

add_header("x","y")

这是在对象里添加向浏览器发送的头部信息。

urlopen打开这个网页,然后利用read()函数来获取它的内容。

此时我们print(html)可以看到网站的源码,如图3-60所示。

图3-60 网站源码

然后我们查看浏览器代码,仔细对比可以看到代码是一样的。

接下来我们就用re模块来构造匹配字符:

sre = u'<a.*? href\=\"http.*?'+m+'.*? a>'

接下来利用re模块的提取功能把信息提取出来:

urllist = re.findall(sre,html)

此时注意:urllist是一个数组,打印数组元素我们用for语句来构造就行:

for i inrullist:

　　print(i)

接下来我们把上面的内容总结成一个函数,如图3-61所示。

```
def open_url(s):
    m=s
    s=urllib.parse.quote(s)
    url="http://www.baidu.com/s?wd="
    url+=s+"&tn=96844604_hao_pg"
    print(url)
    req=urllib.request.Request(url)
    req.add_header("User-Agent","Mozilla/5.0 (Windows NT 6.1; WOW64; rv:41.0) Ge
    page=urllib.request.urlopen(req)
    html=page.read().decode('utf-8')
    sre=u'<a.*?href\=\"http.*?'+m+'.*?a>'
    urllist=re.findall(sre,html)
    for i in urllist:
        print(i)
```

图 3-61 用 re 模块构造匹配字符

接下来要求用户输入如图 3-62 所示内容。

```
primary_str=input("请输入关键字:")
#用户输入关键字
open_url(primary_str)
#用open_url()函数来获取内容'''
```

图 3-62 输入关键词

如图 3-63 所示,就是我们网页爬虫抓取到的信息。这个编程的完整代码如图 3-64 所示,完成代码编写,按 F5 键运行,就可以用于对关键字的数据挖掘。

图 3-63 网页爬虫抓取信息内容

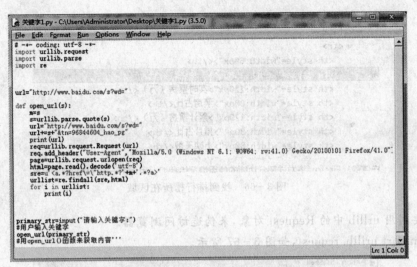

图 3-64　编程的完整代码

【案例】

用 Python 抓取数据 CBO 中国票房实时票房榜的表格内容

步骤

打开中国票房。

鼠标放在这个页面空白处,右键菜单选择"查看元素",如图 3-65 所示。

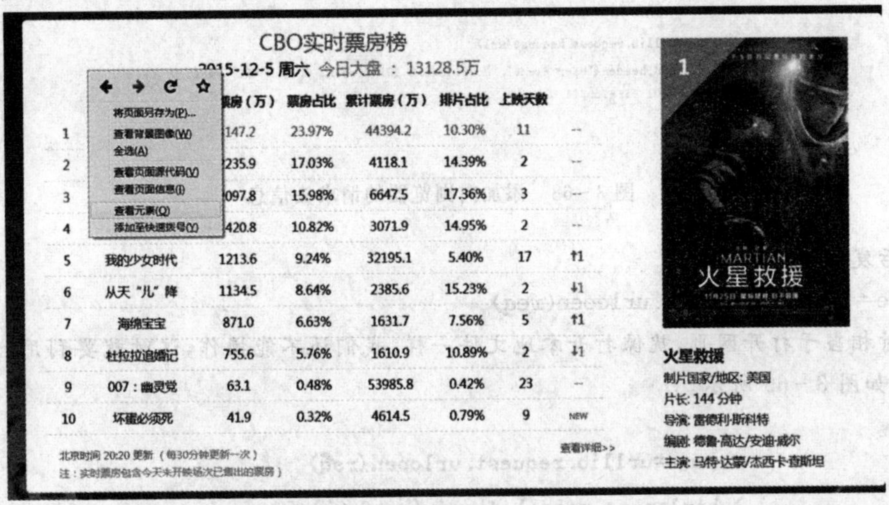

图 3-65　选择"查看元素"

我们可以看到浏览器下方出现一个窗口,从这里可以看出这个排行榜是在 Class 为 banner_table 的 table 里面,如图 3-66 所示。

这一步骤是确定要挖掘内容所在的区域范围,以便我们正确匹配。

完成以上步骤,接下来打开 Python3.5.0 的 IDLE。我们要用 urllib 这个 Python 自带的模块来获取网页内容(Python3 将 Python2 中的 urllib、urllib2 两个模块集合到一个模块,更加利于我们的操作)。

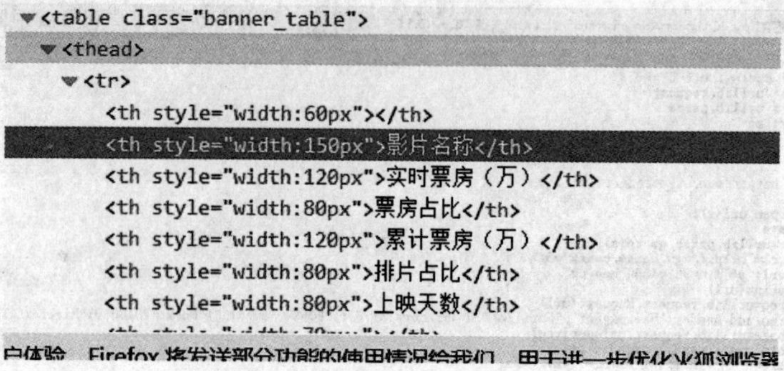

```
▼<table class="banner_table">
    ▼<thead>
        ▼<tr>
            <th style="width:60px"></th>
            <th style="width:150px">影片名称</th>
            <th style="width:120px">实时票房（万）</th>
            <th style="width:80px">票房占比</th>
            <th style="width:120px">累计票房（万）</th>
            <th style="width:80px">排片占比</th>
            <th style="width:80px">上映天数</th>
```

图 3-66 找到排行榜所在区域

因为要利用 urllib 中的 Request 对象，来伪造访问浏览器。

输入 import urllib. request，如图 3-67 所示。

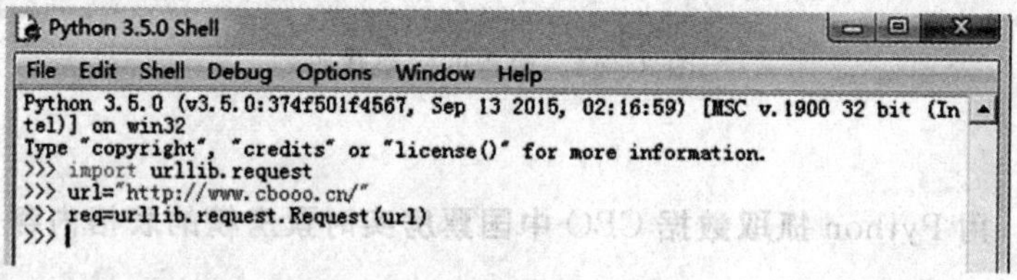

```
>>> import urllib.request
>>> url="http://www.cbooo.cn/"
>>> req=urllib.request.Request(url)
>>>
```

图 3-67 输入 import urllib. request

接下来我们可以通过 add_header 添加向浏览器的请求头信息，如图 3-68 所示。

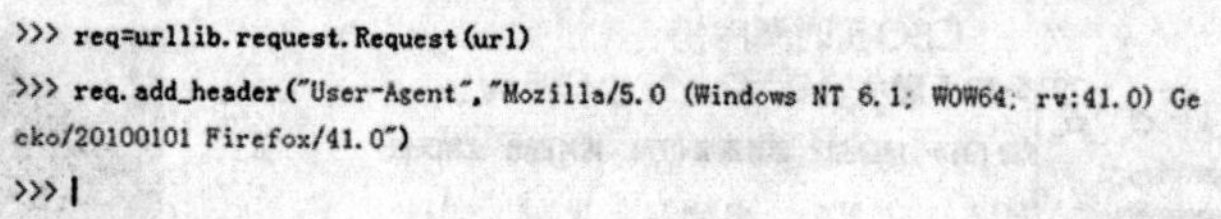

```
>>> req=urllib.request.Request(url)
>>> req.add_header("User-Agent","Mozilla/5.0 (Windows NT 6.1; WOW64; rv:41.0) Gecko/20100101 Firefox/41.0")
>>>
```

图 3-68 添加向浏览器的请求头信息

然后发送请求：

page = urllib. request. urlopen(req)

此时相当于打开网页，就像打开本地文件一样，我们还不能操作，这时就要利用 read 函数来读取，如图 3-69 所示。

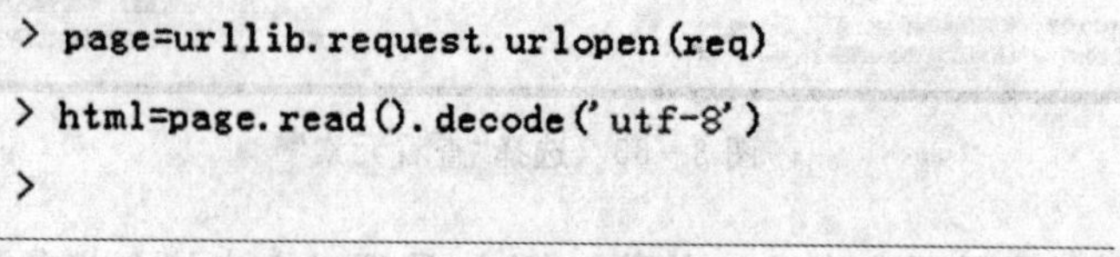

```
> page=urllib.request.urlopen(req)
> html=page.read().decode('utf-8')
>
```

图 3-69 利用 read 函数读取

Decode 是设置读取出内容的编码。

接下来我们打印一下 html，如图 3-70 所示。

图 3-70 打印 html

此时,我们可以看到图中代码与浏览器下审查元素一样的结果。

接下来,要编写的内容(见图 3-71)则是来提取出我们需要的数据。我们的目标是 class 为 banner_table 的 table。

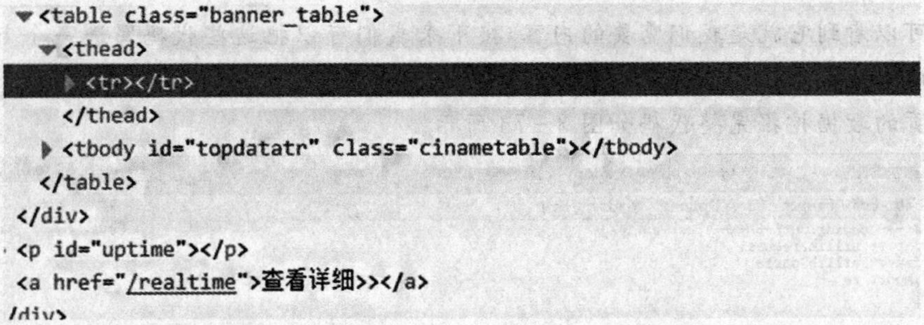

图 3-71 编写内容

而通过观察发现,网页中包含很多个 table。那么先优化就要从标签分析,最后决定从 thead 这个标签开始匹配到 table〉结束。

'body〉

'html〉

〉tare = r'thead.*\/tbody'

这样我们再通过正则提取出来。要用"import re"引入 re 模块。

〉urllist = re.findall(tare,html,re.S)

此时的 urllist 为一个数组。我们打印一下,如图 3-72 所示。

图3-72 打印

我们可以看到它就是我们需要的内容,接下来我们可以把这些代码写进一个html文件,然后就可以本地查看了。

此网页的数据挖掘完整代码如图3-73所示。

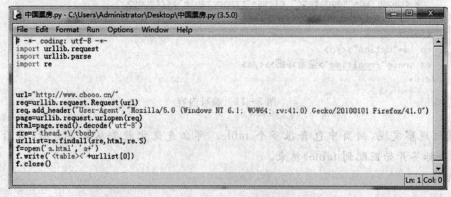

图3-73 数据挖掘完整代码

运用之后桌面会出现一个"a.html文件",双击打开,如图3-74所示,即完成此网页的数据挖掘工作。

第三章 大数据语境下的信息提取：获取数据

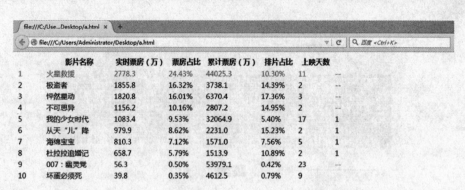

图 3-74 用 Python 抓取数据 CBO 中国票房实时票房榜的表格内容

二、文本信息类

（一）NLPIR 大数据搜索与挖掘共享平台文本分析系统（http://ictclas.nlpir.org/nlpir/）

NLPIR 能够全方位多角度满足应用者对大数据文本的处理需求，包括大数据完整的技术链条：网络抓取、正文提取、中英文分词、词性标注、实体抽取、词频统计、关键词提取、语义信息抽取、文本分类、情感分析、语义深度扩展、繁简编码转换、自动注音、文本聚类等[1]。

【案例】

利用 NLPIR 挖掘新华网针对法国恐怖袭击事件的新闻报道的文本关键信息

步骤

（1）对新华网 2015 年 11 月 21 日所报道的新闻《恐怖威胁笼罩多国，欧洲拉响警报强化应对》（见图 3-75）运用 NLPIR 平台通过新闻报道链接将文本内容抓取至平台（见图 3-76），对其文本内容进行关键信息的挖掘。注：报道链接 http://news.xinhuanet.com/world/2015-11/21/c_128450574.htm。

图 3-75 新华网报道《恐怖威胁笼罩多国，欧洲拉响警报强化应对》

---

[1] NLPIR 大数据搜索与挖掘共享平台介绍[EB/OL]. http://ictclas.nlpir.org/nlpir/html/jianjie-0.html.

图 3-76 抓取文本

(2)NLPIR 系统根据文本中的词性进行分词标注、实体抽取、词频统计、文本分析、情感分析、关键词提取得到该篇报道的内容分析(见图 3-77),比如从中可以得知在新闻报道中提到恐怖的次数达 24 次左右,负面情感偏多。

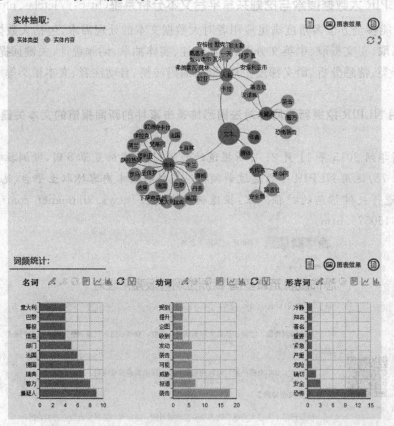

图 3-77 进行实体抽取和词频统计分析

(二)CiteSpace(http://cluster.cis.drexel.edu/~cchen/citespace/)

CiteSpace 是一款对文献进行信息挖掘和分析,并以可视化方式呈现的软件。其多用于统计科学发展的现状,并对其进行归类分析,以预测发展新趋势和新动态。简言之,CiteSpace 是一款用来分析和可视共被引网络的 Java 应用程序。

它着眼于科学分析中蕴含的潜在知识,是在科学计量学、数据可视化背景下逐渐发展起来的一款引文可视化分析软件。由于是通过可视化的手段来呈现科学知识的结构、规律和分布情况,因此也将通过此类方法分析得到的可视化图形称为"科学知识图谱"。

(1)了解软件的运行环境和内存需求。因为该软件是一款基于Java运行环境基础上开发的软件,因此在安装CiteSpace前,需先配置好Java运行环境,并留存出至少1G的安装空间。

(2)获取Java运行环境安装包和CiteSpace软件安装包。在CiteSpace主页,点击"Download"进入下载页面(见图3-78)。在该界面中,可以分别点击"Download Java JRE"和"Download CiteSpace",进行Java运行环境安装包和CiteSpace软件安装包的下载。

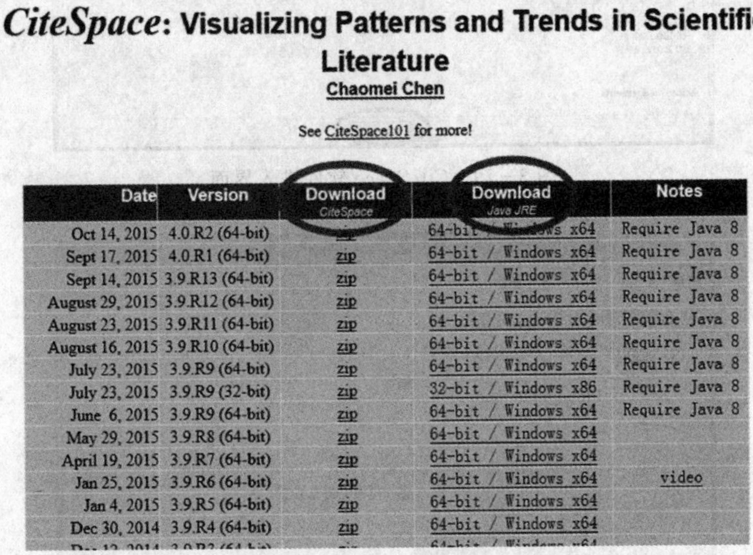

图3-78 CiteSpace下载界面

(3)配置Java运行环境,安装软件。单击Java JRE的安装包,配置好Java的运行环境。再双击CiteSpace安装包内的JNLP File文件进行安装(注:安装软件前,一定将整个CiteSpace安装包放在C盘根目录下,使JNLP File位置位于C:\CiteSpaceII内)。双击后,出现图3-79为安装成功,点击"Proceed"进入软件主界面。

注意:在配置好Java运行环境后,安装Citespace时,往往会出现"应用程序已被Java阻止"的提示。此时,可以在"开始"/"控制面板"/"程序"中找到Java,调出其控制面板(见图3-80),在"安全"一栏中,将其安全级别调为"中"。

但在Java7及以后的版本中,取消了"中"的安全级别。可以通过添加例外站点的方式解决该问题。点击"编辑站点列表",添加需要访问的含有Java程序的页面地址,如图3-81所示。弹出安全警告时,忽略安全风险,点击"继续",并"运行"即可。

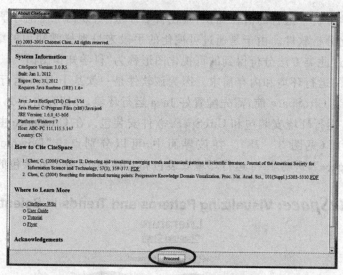

图 3-79 CiteSpace 软件进入界面

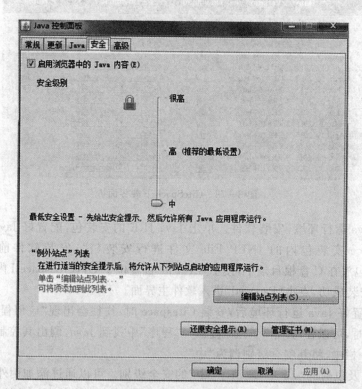

图 3-80 Java 控制面板

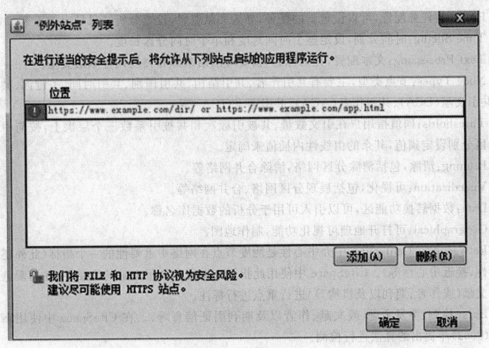

图 3-81　例外站点列表

(4) 了解界面(见图 3-82)。

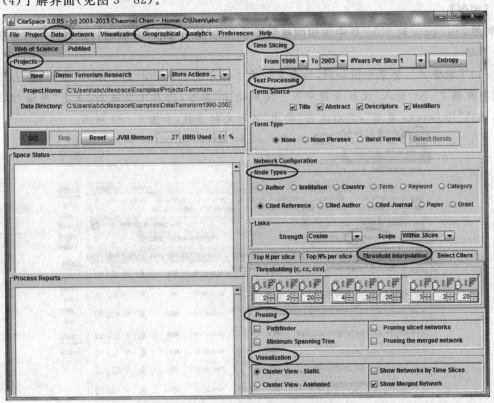

图 3-82　Citespace 软件主界面

Projects:任务配置,可以设置新的任务,导入文献资料,设置分析结果导出位置等。

Time Slicing:时间分割,设定整个时间跨度和单个时间分区长度。

Text Processing:文本配置,分为标题、摘要等术语来源和突现词等术语类型。

Node Types:节点类型,主要有共引作者、共引结构、共引国别、共引时间、关键词、共引领域、共引文献(DCA)、共引作者(ACA)、共引杂志(JCA)等。

Thresholds:阈值指用户在引文数量、共被引频次和共被引系数三个层次上,按前中后三个时区分别设定阈值,其余的由线性内插值来确定。

Pruning:清除,包括清除分区网络,清除合并网络等。

Visualization:可视化,包括展现分区网络、合并网络等。

Data:数据转换功能区,可以引入可用于分析的数据库名称。

Geographical:可打开地理可视化功能,制作地图。

Betweenness Centrality:中介中心性是测度节点在网络中重要性的一个指标(此外还有度中心性、接近中心性等)。CiteSpace 中使用此指标来发现和衡量文献的重要性,并用紫色圈对该类文献(或作者、期刊以及机构等)进行重点进行标注。

Burst 检测:突发主题(或文献、作者以及期刊引证信息等)。在 CiteSpace 中使用 Kleinberg(2002)年提出的算法进行检测。

Citation tree-rings:代表着某篇文章的引文历史。引文年轮的颜色代表相应的引文时间,一个年轮厚度和与相应时间分区内引文数量成正比。

【案例】

利用 CiteSpace 对 2015 年中国知网被引前 300 的"媒介融合"文献进行数据提取与分析

步骤

(1)下载资源。登录中国知网,按要求检索出符合要求的 300 篇文献后,点击"导出/参考文献"(见图 3-83)进入"文献管理中心—文献输出"界面,经再次筛选后,点击"导出/参考文献",选择"Refworks 类型",然后点击"导出"进行文献下载,如图 3-84 所示。

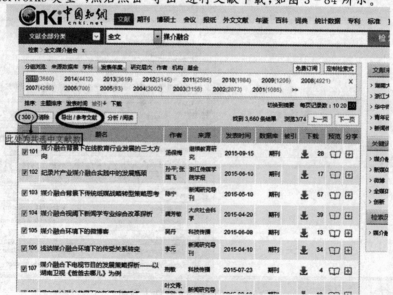

图 3-83 中国知网文献检索界面

第三章 大数据语境下的信息提取：获取数据

图3-84 中国知网文献管理中心

（2）转换数据格式。在主页面的菜单栏，选择"Date—Inport/Export"，然后选择"CNKI（Refworks）"选项，如图3-85所示。

图3-85 CiteSpace转换数据格式

点击"browse"导入input文件夹中的数据信息，并设置导出文件夹（output）后，点击"format conversion"，完成转换后会显示"Finished"。文件会由原来的一个文件转换成多个文件，如图3-86所示。

图3-86 CiteSpace导出文件夹

新建文件夹"data"和"project",并将"output"中转换后的文件全部复制到"data"文件夹中。

(3)分析数据。新建项目(见图3-87),定义命名(见图3-88),data和project分别对应到相关文件夹,并选择"Chinese"。

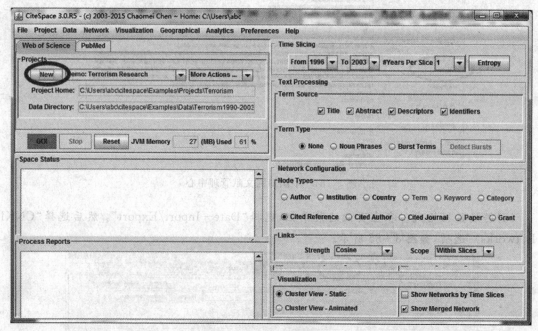

图3-87 CiteSpace新建项目

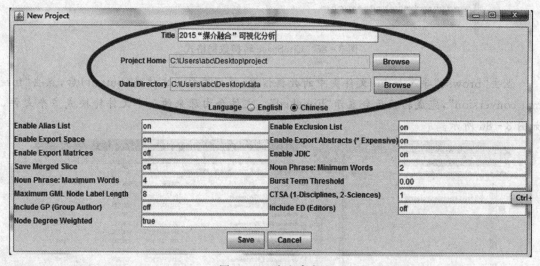

图3-88 定义命名

点击"save"后,回到主界面,设置好时间分区等相关参数,如图3-89所示。

点击"GO"后,会弹出对话框,选择"visualize"后,即进入数据可视化界面。

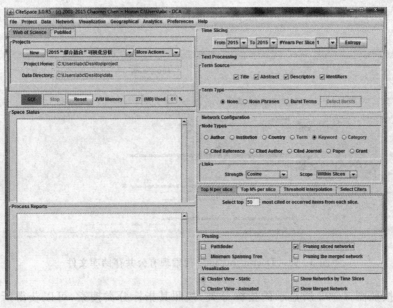

图3-89 CiteSpace参数设置

(三)DocumentCloud 文档云(https://www.documentcloud.org/home)

DocumentCloud(见图3-90)是一个用于组织和处理大型文档和文档集合的工具,是记者与读者在调查中公开访问采用的主要的来源文件及资料库共享源材料的文档查看器,可以访问到一大套的解析工具,当一名记者上传任何文件时,通过OCR运行它,从文档的图像中提取字母和单词作为检索目标。

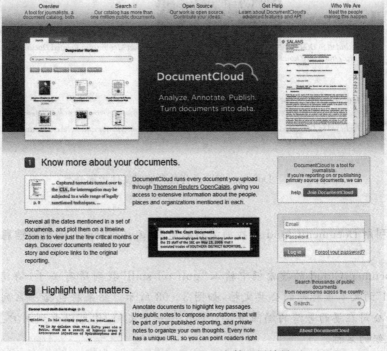

图3-90 DocumentCloud 文档云网站界面

(1)打开主页 DocumentCloud,点击 search,搜索现有的公共存储库文件,如图 3-91 所示。

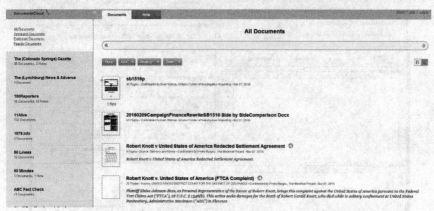

图 3-91 DocumentCloud 搜索现有公共存储库文件

(2)搜索按照图 3-92 所显示的指标分类,按照其指标分类搜索,可以获得所需要的文档。

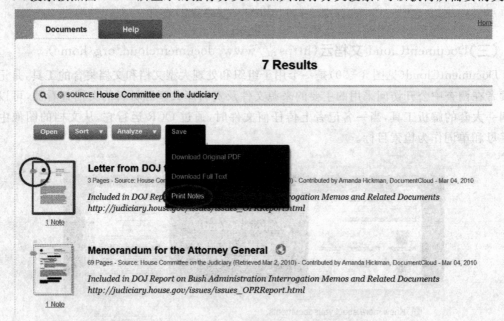

图 3-92 DocumentCloud 公共存储库文件指标分类

【案例】
　　利用 DocumentCloud 寻找海湾石油泄漏(gulf oil spill)的相关信息
步骤
(1)在 DocumentCloud 的搜索框中输入"gulf oil spill"找到所有关于"海湾 gulf""石油 oil""泄漏 spill"的文本或标题的公共文档,如图 3-93 所示。结果将包括一系列的相关文件,包括英国石油公司在墨西哥湾的漏油事故。对于每一个文档,你可以看到用户上传的文件和他们工作的组织的名称。

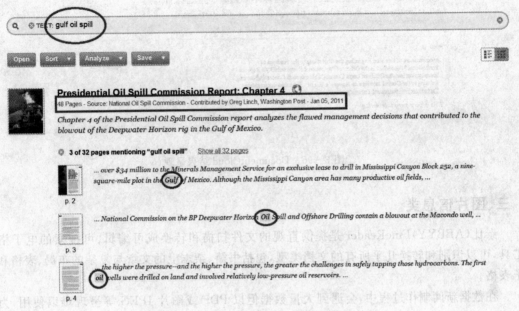

图 3-93 DocumentCloud 搜索框

(2)如果已经有用户注释了一个文档,将在页面中看到文档的缩略图上有黄色的"注释"指示器。下面的缩略图,有一个小的链接,可以查看该文件的注释,如图 3-94 所示。

所查看的结果呈现如图 3-95 所示。

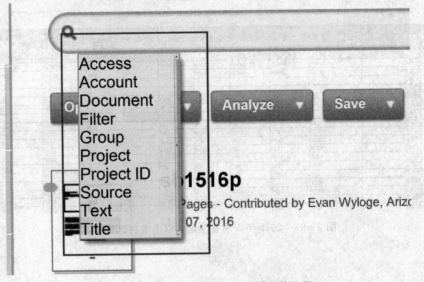

图 3-94 DocumentCloud 查看文件注释

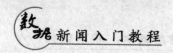

图 3-95 DocumentCloud 结果呈现

三、图片信息类

泰比(ABBYY)FineReader 是提供直观的文件扫描和转换成可编辑、可搜索的电子格式工具,可以识别和转换几乎所有的文档类型,包括书籍、杂志上的文章与复杂的布局、表格和电子表格。

在数据新闻制作过程中,会遇到大量数据但以 PDF 或图片 JPEG 等呈现难以使用,为获取数据增加了难度。ABBYY FineReader 可以快速精准地运用 OCR 光学技术将难以直接使用的数据提取出来。

【案例】

利用 ABBYY FineReader 将"2015 年 3 季度全国县以上农村低保情况"图片(JPEG)(见图 3-96)转换为可直接编辑数据的 Excel 格式

2015年3季度全国县以上农村低保情况

区划代码	地区	农村居民最低生活保障人数(人)	女性(人)	老年人(人)	未成年人(人)	残疾人(人)	当月新增农村最低生活保障人数	当月退出农村最低生活保障人数	农村最低生活保障户次数(户)	农村最低生活保障金累计支出(万元)	人均支出水平(元)
000000000000	全国合计	49724079	17860677	20149144	5428045	4259045	468426	799248	28608595	6376367.4	138.91
110000000000	北京市	49247	19979	20673	5798	17218	339	488	29973	25506.5	571.34
110101000000	东城区										
110102000000	西城区										
110105000000	朝阳区	825	391	218	113	351	1	3	478	538.6	725
110106000000	丰台区	319	139	103	41	86			186	177.7	629.92
110107000000	石景山区										
110108000000	海淀区	153	57	50	24	43		2	105	108.0	704.04
110109000000	门头沟区	1921	931	1112	128	563	11	23	1228	899.6	500.45
110111000000	房山区	6753	2956	2386	924	2418		66	3716	3990.4	645
110112000000	通州区	5290	2143	2383	450	1694	36	9	3346	2417.6	513.9
110113000000	顺义区	3985	1535	1689	417	1577	10	166	2500	2513.6	669.97
110114000000	昌平区	2024	785	862	222	802	7	6	1393	1187.3	651.47
110115000000	大兴区	2374	900	872	282	726		12	1399	1497.4	690.24
110116000000	怀柔区	4110	1798	1992	421	1436	58	13	2602	2579.2	694.43
110117000000	平谷区	6194	2489	2393	908	2100	12		3294	3256.5	578.76
110228000000	密云县	11010	4503	4843	1407	3604	158	100	6767	3778.4	388.44
110229000000	延庆县	4289	1352	1770	461	1818	46	88	2959	2562.2	646.22

图 3-96 2015 年 3 季度全国县以上农村低保情况

步骤

(1)打开 ABBYY FineReader 界面,如图 3-97 所示。

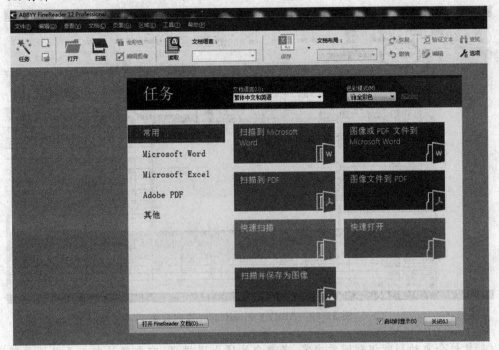

图 3-97 ABBYY FineReader 新建任务

(2)单击快速打开导入图片"2015 年 3 季度全国县以上农村低保情况",如图 3-98 所示。

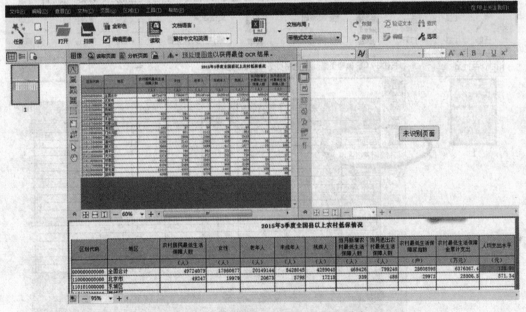

图 3-98 ABBYY FineReader 导入图片

(3) 点击读取页面,等待图像框整体呈现蓝色,并弹出"处理已完成"对话框代表读取成功,如图 3-99 所示。

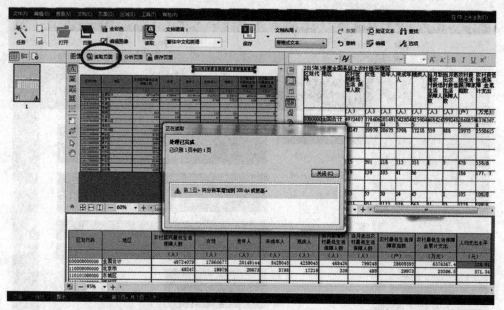

图 3-99　ABBYY FineReader 读取页面

(4) 软件会自动判断识别图片内容,若部分区域出现错误,需重新读取或手动调整所选区域,可以单击左侧"绘制表格区域",将所需区域圈入,如图 3-100 所示。

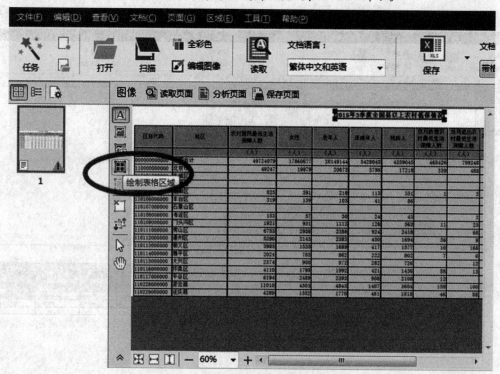

图 3-100　ABBYY FineReader 重新读取

第三章 大数据语境下的信息提取：获取数据

(5)点击保存页面,并选择保存类型为 xls 格式,如图 3-101 所示。

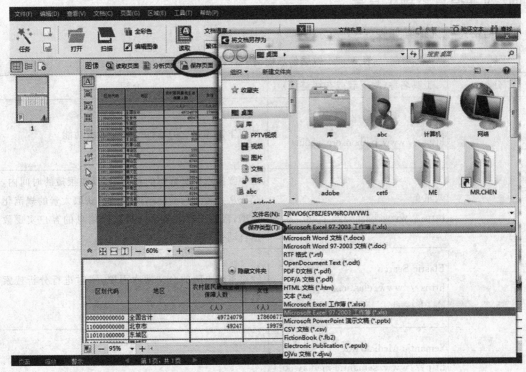

图 3-101　ABBYY FineReader 保存

(6)最后可从 Excel 文档中编辑使用数据,如图 3-102 所示。

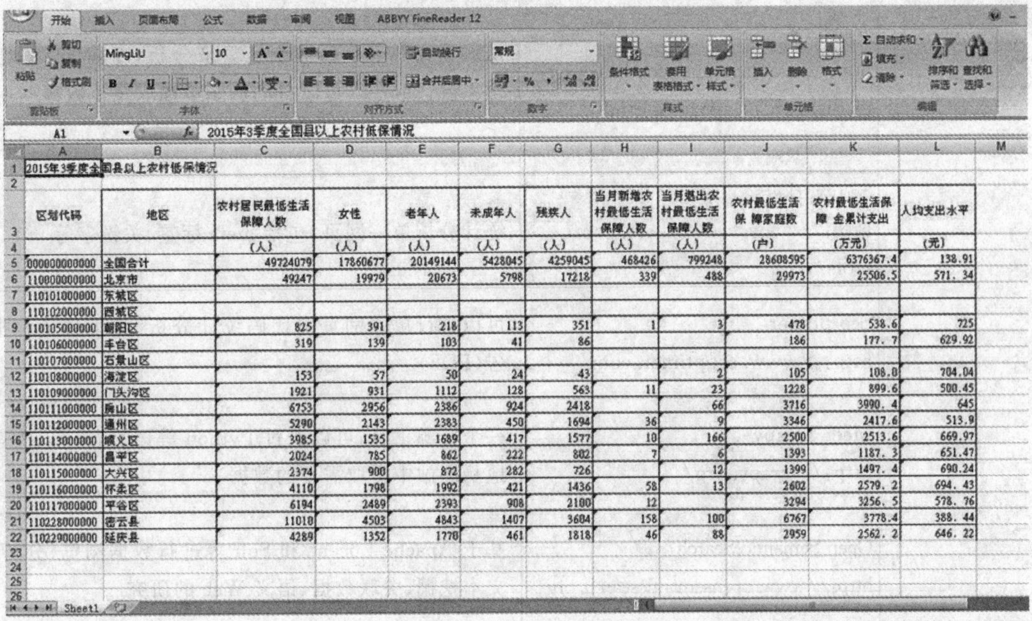

图 3-102　ABBYY FineReader 识别内容呈现

四、数据信息挖掘工具表

数据信息挖掘工具如表3-7所示。

表3-7 数据信息挖掘工具表（仅供参考）

分类	工具名称（附下载或在线链接）	介绍
数据信息类	Python https://www.python.org/about/	具有丰富和强大的数据挖掘及分析功能
	八爪鱼 http://www.bazhuayu.com/	是一款抓取网页数据的利器，可以在很短的时间内，轻松从各种不同的网站或者网页获取大量的规范化数据，帮助任何需要从网页获取信息的客户实现数据自动化采集、编辑、规范化
	Elastic Search https://www.elastic.co/products/elasticseach	针对本机电脑的全文搜索引擎，实时进行分析搜索数据来源达到理解数据
	Semantic MediaWiki http://www.semantic-mediawiki.org/	一个免费的开源件，可以在 Wiki 页面存储和查询数据
	Agorum http://www.agorum.com/homepage/english/about-agorum.html	从大量文件中单独抽取金额来分析，专业的文件管理系统 Agorum 可以自动从账单抽取金钱数额①
	Seo workers http://www.seoworkers.com/tools/	统计分析单一网页，包括 meta 标签、关键字等
	Seo ptimer http://www.seoptimer.com/	可以进行单一网页的代码统计分析，并生成免费报告（PDF）
	Meet Scrapy http://scrapy.org/	一个开源工具，可以通过 Python 等语言，简单、快速地从网站中提取需要的数据
	Open Semantic Search http://www.opensemanticsearch.org/	基于 Apache Lucene 和 Solr 等进行数据浏览、分析、文本挖掘、关联数据、语义 Web 的研究

---

① http://cn.gijn.org/2015/11/05/干货-数据收集和处理工具一览.

续表 3-7

分类	工具名称（附下载或在线链接）	介绍
文本信息类	CiteSpace http://cluster.cis.drexel.edu/~cchen/citespace/	是一款对文献进行信息挖掘和分析，并以可视化方式呈现的软件
	NLPIR（自然语言处理）软件 http://ictclas.nlpir.org/nlpir/	是大数据搜索与挖掘共享平台文本分析系统，能够全方位多角度满足应用者对大数据文本的处理需求，包括大数据完整的技术链条：网络抓取、正文提取、语义信息抽取、文本分类、文本聚类等
	DocumentCloud 文档云 https://www.documentcloud.org/home	是一个用于组织和处理大型文档和文档集合的工具
	Text mining tutorial http://textminingonline.com/	通过 Text Analysis API 进入 Maketplace（https://market.mashape.com/#chinese-word-segmenter）进行文本分析和文本挖掘服务，包括词性（POS）标签、解析器、关键短语抽取、情绪分析、文本摘要器、文本分类器
	Overview project https://blog.overviewdocs.com/about/	可以迅速分析文档集，包括全文检索、主题建模、编码和标签、可视化等
	Tapor ware http://taporware.ualberta.ca/~taporware/htmlTools/	TAPoR 是文本分析工具，用户可以在线执行 HTML、XML 和纯文本文件分析。
	Tika content analysis toolkit http://tika.apache.org/download.html	ApacheTika toolkit 可以自动检测各种文档（如 word、ppt、xml、csv 等）的类型并抽取文档的元数据和文本内容①

---

① http://my.oschina.net/cloudcoder/blog/305253.

续表 3-7

分类	工具名称(附下载或在线链接)	介绍
图片信息类	Detective http://www.detective.io/	以 Python/Django 和 neo4j 图像数据库为基础的内容管理系统,适用于分析关系[1]
	Tesseract-OCR 官网目前无法打开,可以此链接进行下载 http://sourceforge.net/projects/tesseract-ocr/	是一个光学字符识别引擎的操作系统,可识别 39 种语言,包括英、法、中、意、印等[2]
	ABBYY FineReader http://www.abbyy.cn/finereader/	是一种图片文字识别软件,提供快速、准确、方便的方式来扫描文件、PDF 格式、数字或移动电话图像转换成可编辑的格式
	CamScanner 扫描全能王 https://www.camscanner.com/	全球领先的扫描工具,随时扫描各类文档,通过手机拍摄文档,可以进行连续扫描多页文档,批量处理文档生成符合不同行业标准、尺寸的 PDF
	汉王 OCR http://ka.hanwang.com.cn/ocrjs/index.htm	可对实际拍摄的彩色或灰度文本图片进行识别,可对多栏多段多行的版面进行自动分析,并且能够区分中文和英文,具有很强的自适应性,支持多平台授权
语音信息类	CMU Sphinx http://www.speech.cs.cmu.edu/sphinx/doc/Sphinx.html	语音识别开发库和工具
	百度语音识别服务 http://yuyin.baidu.com/asr/overview	是百度为业界推出的一款免费的语音和文字可以相互识别转化的服务,能够为用户实现深度语义的理解、精准的识别效果和离线在线的融合
	AudioNote	通过组合录音与笔记进行强大的同步引擎,帮助节省大量的时间,录音和文字同步记录,后续可根据文字确定录音位置,支持 Window/Mac、iOS/Android

---

[1] http://cn.gijn.org/2015/11/05/干货-数据收集和处理工具一览.
[2] wikipedia[EB/OL]. https://en.wikipedia.org/wiki/Tesseract_%28software%29#References.

第四章 数据分析

数据新闻与传统的新闻报道最大的区别就是用数据"说话",数据新闻的制作中对数据进行分析,理解数据的过程必不可少。经过前一章获取数据之后,呈现在眼前的就是这些杂乱无章的数据了。本章以理论和实践操作结合案例进行讲解,对获取的数据进行分析,提出数据分析的必备素养及思路(如 PEST 分析法、5W2H 分析法、逻辑树分析方法),并介绍数据分析常用的工具(如 Excel、SPSS 等)。在未来的新闻业中,学会简单的数据分析是新闻人必备的技能之一。

第一节 什么是数据分析

在获取大量数据后,就要对这些数据进行分析来更好地阐释数据新闻。数据分析是指用适当的统计分析方法对收集来的大量数据进行分析,将它们加以汇总和理解并消化,以求最大化地开发数据的功能,发挥数据的作用[1]。数据分析常常在企业应用,在数据新闻兴起之时,数据分析也已成为制作数据新闻的关键词。在统计学领域,有些人将数据分析主要划分为描述性统计分析、探索性数据分析以及验证性数据分析。其实三种分析类型同样可以应用在数据新闻中,了解三种数据分析的类型对数据新闻的制作也有着极大的帮助。

一、描述性数据分析

新闻首先是要告诉大家当下发生了什么,用数据表现可以更具有说服力。描述性分析最主要是分析数据的特征、位置、关联等。

这则数据新闻以描述性分析为主,回答新老柏林人,谁来过,谁离开,今天谁生活在这里。图 4-1 中为德国柏林城市地图,其中橘色表示柏林新居民,蓝色表示柏林本地居民。通过这则数据新闻作品,可以清晰地看出柏林城市新居民和本地居民所占比重,橘色颜色越深表明该地区新来居民所占比重较大,蓝色越深表明本地居民所占比重较大。并且从图中可以了解城市中心人口以新居民为主,边缘地区较多为本地居民。德国柏林新移民增长速度加快,仅2013 年一年,柏林获得了近 170000 新居民,但在柏林市中心只有三分之一的本地居民出生。

二、探索性数据分析

探索性数据分析侧重于在数据之中发现新的特征,用数据揭示发展趋势。

这则数据新闻案例(见图 4-2)分析了二氧化碳排放情况,防止二氧化碳排放过多导致气候变暖所带来的全球灾难性影响。碳预算是全球变暖的一个重要指标:如果全球排放的二氧化碳减少,便可以限制气温上升,从而避免气候变化带来的最坏影响。来自 IPCC 最近的一份

---

[1] 张文霖,刘夏,璩狄松.谁说菜鸟不会数据分析(入门篇)[M].北京:电子工业出版社,2013.

报告估计,截至2011年,世界已经用了近三分之二的碳预算。该案例分析数据并探索世界前20名的国家排放二氧化碳主要源自化石燃料的使用和排放,水泥制造、以及森林砍伐和土地利用。从该可视化作品展示的数据来看,可以明显地看出碳预算的使用量持续增高,随之全球二氧化碳的排放量也急剧增长。有了碳预算和二氧化碳排放量指标的显示,才能预测未来的发展趋势,才揭示了这一探索性发现。

图4-1 新老柏林人:谁来过,谁离开,今天谁生活在这里[1]

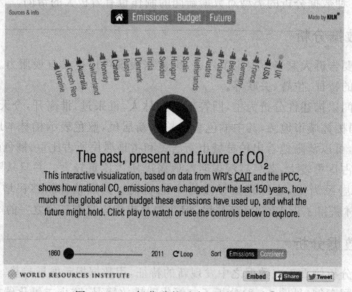

图4-2 二氧化碳的过去、现在和未来[2]

---

[1] 新老柏林人:谁来过,谁离开,今天谁生活在这里[EB/OL]. (2015-06-23). http://interaktiv.morgenpost.de/zugezogene-in-berlin/#11/52.5041/13.5389.

[2] http://www.wri.org/blog/2014/11/past-present-and-future-carbon-emissions.

三、验证性数据分析

验证性数据分析则侧重于已有假设的证实或证伪。

20世纪生育高峰出生的人口逐渐成为老龄人群,而能够供养他们的年轻工作人口越来越少,2015年下半年,我国全面开放了二胎政策,关于二胎政策的消息引起国内外广泛关注。中国全面放开二胎政策后会有什么样的变化?对于二胎政策的影响,美国人口咨询局(Population Reference Bureau)针对"中国总人口的变化"和"年龄段人口比例"作了大胆的预测(见图4-3)。根据他们所绘制的"计划生育政策继续实施、2016年女性均生育二胎、2050年女性基本上能生育二胎三种情况下总人口的预计变化趋势图"和"2015年和2050年普遍生育二胎后年龄段人口数的对比图",可以预测中国的总人口将会迎来高峰并随即开始下降,而且虽然开放二胎政策会导致新生人口的增长,但中国的高龄年龄段人口比例仍然很高,所以验证了中国开放二胎政策的紧迫性,以增加新生儿的出生率来减缓高年龄段人口占比持续增高的困境。

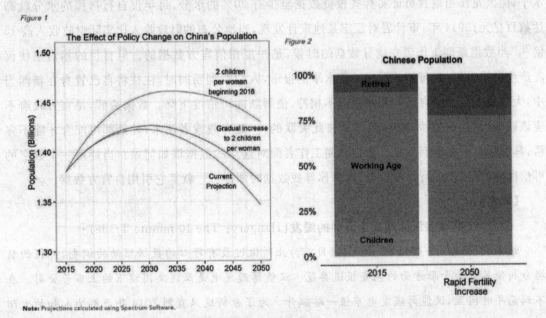

图4-3 美国人口咨询局:二胎政策之后有啥变化?[①]

第二节 数据分析开始前做什么

数据新闻的制作对数据的要求不仅仅只是获取数据,将大量的数据直接呈现给读者。作为新闻的一种方式,数据新闻需了解新闻事件的背后或者不为人知的新闻信息。因此,数据新闻的初学者需认识这一点,并掌握基础的数据分析,用数据构建故事。在进行数据分析前,需要具备有一定的数据素养,辨别数据的真假,还要利用数据处理工具删除重复数据、补全缺失数据等。

---

① 周炜乐.数据图析二胎:案例工具推荐[EB/OL](2015-11-03).http://cn.gijn.org/2015/11/03/精选|数据图析二胎:案例工具推荐/.

一、数据素养

数据素养是一种梳理并批判性分析数据的能力,用一句话而言就是对数据的真假作出有效的判断。处理繁多的数据,需要明白数据的来源是否具有权威性,如何把各种数据因果联系起来,了解其隐藏的信息。总而言之,数据分析需具备的素养就是有严谨的态度、强烈的求知性。

(一)数据分析需要严谨的态度

重视对数据来源及样本抽样的可靠性,需具有严谨的态度。现如今,数据获取有着多种多样的渠道,而同时也存在着伪造数据、数据造假、注水数据的现象。新华社记者在东北地区调研发现,地方经济数据注水现象可谓触目惊心。比如,近年来东北地区投资规模高于全国平均水平,但黑龙江当地官员证实有些投资数据至少有20%的水分,每年仅自行挤掉的水分就高达数百亿元;2014年,审计署对辽宁某地审计发现,当地公布的财政收入比实际财政收入高16倍[1]。当数据新闻工作者在找寻数据的时候,是一度相信官方数据的。但盲目的相信也使读者产生疑惑。例如,每年的平均工资水平的报道,人们看到新闻时,往往将自己置身在新闻当中,大多数人会发现自己与新闻报道不相符,使得新闻可信度下降。数据造假,是官方政府不应该碰的地雷,一方面,很多数据是彼此关联的,一处有假或者注水,处处都得配合才能不穿帮,其结果是数据全面失真。数据新闻工作者面对这样的数据该如何做?当怀疑一个数字的可信度时,往往要进行反复检查,就像你寻找数据时那样——就算它引用自官方数据。

【案例】

FT 调查汉能尾盘十分钟的爆发(Hangery: The 10-minute Trade)[2]

该案例(见图4-4)是《金融时报》目前为止所做过最有野心的数据驱动的调查,严谨的数据分析使其成为金融方面的调查报道典范。汉能薄膜发电是汉能集团旗下的上市子公司。在不到两年时间里,汉能薄膜发电市值一路飙升。为了分析这只直到2014年还鲜为人知的太阳能小盘股股价飙升的原因,英国《金融时报》首先掌握具有权威的数据,梳理香港最大上市公司的1.4亿次单笔交易,面对庞杂的数据《金融时报》依旧保持着严谨的态度。以10分钟为单位划分了这些数据,跟踪了每个10分钟开头和结尾的交易价格。整套数据共有1.4亿个数据点。汉能薄膜发电的数据是根据每日交易情况编制的,占了其中逾80万个数据节点。最终一些分析师们在仔细分析了英国《金融时报》的调查结果以及原始数据后,认为可能是交易员在操纵市场或一个"算法交易程序"在操纵,再或者这只是随机现象。

---

[1] 易艳刚. 警惕"注水数据"误了决策 [EB/OL]. (2015-12-11). http://news.xinhuanet.com/comments/2015-12/11/c_1117425919.htm.

[2] GIJN Chinese. 年度最佳数据调查故事:藏在数字中密[EB/OL]. (2015-06-02). http://cn.gijn.org/2015/06/02/数据驱动的调查报道:藏在数字中的秘密/.

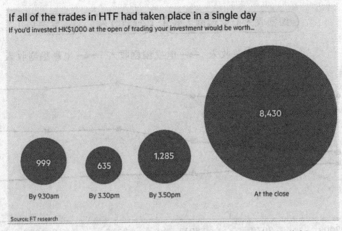

图4-4 《金融时报》对汉能薄膜发电股票暴涨的分析

(二)数据分析需要有强烈的求知性

数据分析是探索数据隐藏的故事,面对大量的数据强烈的求知性、好奇心是必不可少的。好奇心可以引领工作者找寻新闻故事。

【案例】

电视剧逆袭电影？好莱坞电影纷纷转行编美剧[①]

首先,在这个案例中,标题就是一个问号,这也是数据新闻工作者基于美剧热扩展到全世界的情形之下而提出了设问,电影产业日趋僵化,电视剧迎来第二个春天？在回答好奇心驱动下的问题,便要进行数据分析(见图4-5和图4-6)。在数据分析的过程中得出了两个原因来解释好莱坞电影编剧纷纷转行编美剧:其一是电影编剧收入越来越低,编电视剧更吃香;其二是电影是导演中心制,剧集则是编剧话语权更大。这个案例可以说是通过数据分析描述现状并进行解答标题的设问,引领着数据新闻工作者进行数据新闻的制作,不仅满足其自身的好奇心,同样也满足了受众的好奇心。

图4-5 全世界都看美剧

---

① http://fms.news.cn/swf/PcNxMovie_2015/index.html.

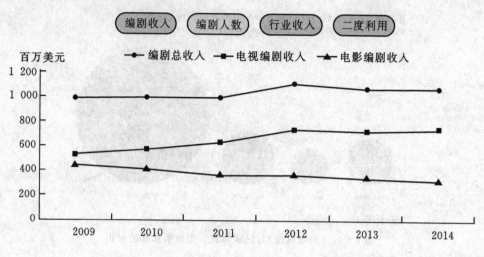

图 4-6 电影编剧收入越来越低，编电视剧更吃香

二、处理数据

（一）重复数据的处理

获取数据之后，常常会有重复数据出现，这时就需要对其进行处理，较常运用到的方法有函数法、高级筛选法、条件格式法等。下面介绍运用函数法和高级筛选法处理重复数据。

1. 函数法

例如要在图 4-7 中找出重复项，可以用函数公式 COUNTIF 实现。

	A
1	序号
2	36520
3	36533
4	35621
5	38962
6	35489
7	35621
8	35471
9	35489

图 4-7 重复数据

（1）在 B2 单元格中输入"＝COUNTIF(A:A,A2)"回车运算结果，将函数公式复制到 B 列，显示的数字即为字段出现次数，如图 4-8 所示。

（2）在 C2 单元格中输入"＝COUNTIF(A＄2:A2,A2)"回车运算结果，将函数公式复制到 C 列，显示数字即为字段第几次出现，删除 C 列所有大于 1 的字段，即为删除重复数据的结果,如图 4-8 所示。

	A	B	C
1	序号	重复标记	第二次重复标记
2	36520	1	1
3	36533	1	1
4	35621	3	1
5	38962	1	1
6	35489	2	1
7	35621	3	2
8	35471	1	1
9	35489	2	2
10	35621	3	3

图 4-8 函数法

2. 高级筛选法

在 Excel 中,可以直接运用筛选功能删除重复数据。

(1)选择所要筛选的重复数据区域 A1:A10,在筛选功能中选择"高级筛选",如图 4-9 所示,在对话框中选择"将筛选结果复制到其他位置","复制到"选择想要呈现结果的区域,勾选"选择不重复的记录"前的复选框。

图 4-9 高级筛选法

(2)在对话框中点击确定,即呈现如图4-10所示筛选后的结果。

	A	B
1	序号	序号
2	36520	36520
3	36533	36533
4	35621	35621
5	38962	38962
6	35489	35489
7	35621	35471
8	35471	
9	35489	
10	35621	
11		

图4-10 高级筛选法处理后的数据

(二)缺失数据的处理

除了重复数据以外,在数据分析的过程中,缺失数据也经常会遇到。一般可以处理缺失率在10%以下的数据。在数据表里,缺失数据最常表现的形式是空值或者错误标识符。处理缺失数据有四种方法:第一种是用一个样本统计量数据代替缺失数据;第二种是用一个统计模型计算出来的数据代替缺失数据;第三种是将缺失数据的记录删除;第四种方法是先将缺失数据的记录保留,在相应的分析中作必要的排除。

(1)定位缺失数据。选定需要查找的空值范围,使用快捷键"Ctrl+G",在对话框中选定"空值",点击"定位",将一次性选择所有空值,如图4-11所示。

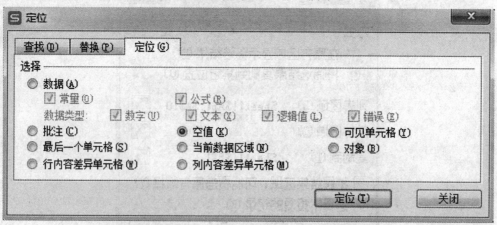

图4-11 缺失数据的定位

(2)算出数据表中的样本平均值,利用"Ctrl+Enter"连续选中所有空值的单元格,在空值单元格中输入样本平均值。处理错误标识符可以用查找替换功能。将错误标识符全部替换成样本平均值或"0"。

除此以外,还有一些可以进行数据处理的工具:

OpenRefine(之前称为 Google Refine)是在数据清洗、数据探索以及数据转化方面非常有效的一个格式化工具。一旦熟悉 Refine 的命令和功能,它将是一个强大的数据处理和分析工具,既功能强大又易用。

DataWrangler:这个基于网络的服务是斯坦福大学的可视化组设计来清洗和重排数据的,因此,它的格式适用于电子表格等应用程序[1]。

第三节 数据分析思路及方法

在拥有了整齐清晰的数据后,数据新闻工作者还需掌握基本的数据分析术语与指标,以及在制作数据新闻过程中运用到的数据分析方法及思路[2]。

一、数据分析常用指标和术语

有一定数学基础的人应该对平均数、众数等并不陌生,下面将重温一下数据分析所用到的这些指标及术语。这将对数据分析有极大的帮助[3]。

(一)均值

均值可以分为算数平均数、调和平均数以及几何平均数三种。

算数平均数是集中趋势中最常用最重要的测度值。它是将总体标志总量除以总体单位总量而得到的均值。

加权算数平均数主要用于处理经分组整理的数据。它常常受到各组频数多少的影响。

调和平均数又称倒数平均数,它是根据各变量的倒数来计算的平均数,也就是说调和平均数是各变量值倒数的算数平均数的倒数。

几何平均数是与算数平均数和调和平均数不同的另一种指标,它是几何级数的平均数。几何平均数是计算平均比率或平均发展速度最常用的统计量。它可以反映现象总体的一般水平。

(二)中位数

中位数是将总体单位某一变量的各变量值按大小顺序排列,处在数列中间位置的变量值就是中位数。一个数集中最多有一半的数值小于中位数,也最多有一半的数值大于中位数。如果大于和小于中位数的数值个数均少于一半,那么数集中必有若干值等同于中位数。

(三)绝对数与相对数

统计中常用的总量指标就是绝对数。它是反映客观现象总体在一定时间、地点条件下的总规模、总水平的综合指标。例如,一定总体范围内粮食总产量、工农业总产值、企业单位数等。总量指标的计算方法是根据统计调查登记的资料进行汇总,或根据现象之间的各种关系

---

[1] 大数据.介绍两款大数据清洗工具——DataWrangler GoogleRefine[EB/OL]. http://www.36dsj.com/archives/22742.
[2] 本章参考《谁说菜鸟不会数据分析(入门篇)》一书中所介绍的具有实用性的数据分析的指标概念及数据分析方法结合数据新闻所运用到的数据分析。
[3] 陈胜可.SPSS统计分析从精通到入门[M].北京:清华大学出版社,2014.

进行推算。使用总量指标时要注意了解总量指标的含义、计算范围、计算口径、计算方法和计算单位。

相对数是由两个有联系的指标对比产生的,是用以反映客观现象之间数量联系程度的综合指标,其数值表现为相对数。相对数的表现形式,通常以系数、倍数、成数、百分数或千分数表示。如:人口出生率、死亡率等。其计算公式为:

$$相对数 = 比较数值(比数)/基础数值(基数)$$

(四)百分比与百分点

百分数是分母为100的特殊分数,其分子可不是整数。百分数表示一个数是另一个数的百分之几,表示一个比值不带单位名称。百分比也是一种表达比例、比率或分数数值的方法,如31%代表百分之三十一,或31/100、0.31。成和折则表示十分之几,举例如"八成"和"八折",代表80/100或80%或0.8。所以百分比后面不能接单位。

百分点是指不同时期以百分数的形式表示的相对指标(如速度、指数、构成等)的变动幅度。

(五)频数与频率

频数又称"次数",指变量值中代表某种特征的数(标志值)出现的次数。按分组依次排列的频数构成频数数列,用来说明各组标志值对全体标志值所起作用的强度。它的分析方法有频数分布和累计频数两种。频数分布是把各个类别及其相应的频数全部列出来就是频数分布或称次数分布。将频数分布用表格的形式表现出来就是频数分布表。累积频数就是将各类别的频数逐级累加起来。累计频数可以是向上累计频数,也可以是向下累计频数。向上累计频数分布是先列出各组的上限,然后由标志值低的组向标志值高的组依次累计频数。向下累计频数分布是先列出各组的下限,然后由标志值高的组向标志值低的组依次累计频数。频率则是某个组的频数与样本容量的比值。

(六)比例与比率

比例是一个总体中各个部分的数量占总体数量的比重,用于反映总体的构成或者结构。而比率是指不同类别数值的对比,它反映的不是部分与整体之间的关系,而是一个整体中各部分之间的关系。

(七)同比与环比

同比一般情况下是今年第 n 月与去年第 n 月比。环比一般情况下则是今年第 n 月与 $n-1$ 月比。发展速度常以同比与环比进行分析。同比发展速度,一般指是指本期发展水平与上年同期发展水平对比而达到的相对发展速度。环比发展速度,一般是指报告期水平与前一时期水平之比,表明现象逐期的发展速度。同比和环比,这两者所反映的虽然都是变化速度,但由于采用基期的不同,其反映的内涵是完全不同的。其涵盖的计算公式主要有:

$$同比增长率 = (本期数 - 同期数) \div 同期数 \times 100\%$$
$$环比增长率 = (本期数 - 上期数) \div 上期数 \times 100\%$$

(八)倍数与番数

一个整数能够被另一个整数整除,那么这个整数就是另一整数的倍数。如 $A \div B = C$,那就是 A 是 B 的 C 倍。番数则是原数的2的 N 次方倍。翻一番是原数乘以2,即原数的2倍。

翻两番就是乘以 4,翻三番就是乘以 8。

(九)极差

极差是指一组测量值内最大值与最小值之差,又称范围误差或全距,以 R 表示。它是标志值变动的最大范围,它是测定标志变动的最简单的指标。极差没有充分利用数据的信息,但计算十分简单,仅适用于样本容量较小($n<10$)的情况。

(十)方差

方差是衡量源数据和期望值相差的度量值,是各个数据分别与其平均数之差的平方的和的平均数。在许多实际问题中,研究方差即偏离程度有着重要意义。

(十一)众数

众数是在统计分布上具有明显集中趋势点的数值,代表数据的一般水平(众数可以不存在或多于一个)。简单地说,众数就是一组数据中占比例最多的那个数。

【案例】

新华网数据新闻作品《65 周年共和国乐章》[①]

《65 周年乐章:数读共和国时代变迁》数据新闻作品是由新华网多媒体产品中心制作,新闻发布的日期为 2014 年 10 月 10 日,正值中华人民共和国成立 65 周年,新闻选题贴合时事政治的主题,用数据展现共和国的发展。该案例几乎涵盖了数据分析中常用的指标与术语,其主要以乐章的形式分为四大板块:国内生产总值(1960—2013 年);进出口总值(1950—2013 年);人口及人口结构(1949—2013 年);家庭人均收入(1978—2013 年)。

第一板块:国内生产总值(见图 4-12)。

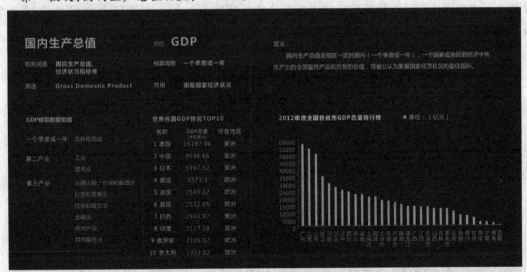

图 4-12 国内生产总值

国内生产总值是指在一定时期内(一个季度或一年),一个国家或地区的经济中所生产出的全部最终产品和劳务的价值,被公认为衡量国家经济状况的最佳指标。指标的数值例如美

---

① http://fms.news.cn/swf/celebrate/.

国,GDP 总量为 16197.96 十亿美元,是绝对数的体现。在其中各省份的排行榜也是 GDP 的总量按序排行。

第二板块:进出口总值(见图 4-13)。

商品名称	单位	数量	比上年增长(%)	金额(亿美元)	比上年增长(%)
纺织纱线、织物及制品	—	—	—	1069.4	11.7
服装及衣着附件	—	—	—	1770.5	11.3
鞋类	吨	4674571	2.2	507.6	8.4
家具及其零件	—	—	—	518.3	6.2
自动数据处理设备及部件	万台	187167	2.1	1821.7	-1.7
手持或车载无线电话	万台	118588	16.9	951.0	17.4
集装箱	万个	270	8.8	78.8	-6.4
液晶显示板	万个	326577	3.1	358.6	-1.1
汽车(包括整套散件)	万辆	92	-6.7	119.9	-5.4
机电产品	—	—	—	12655.3	7.3
高新技术产品	—	—	—	6603.3	9.8

注:"机电产品"和"高新技术产品"包括部分相互重合的商品

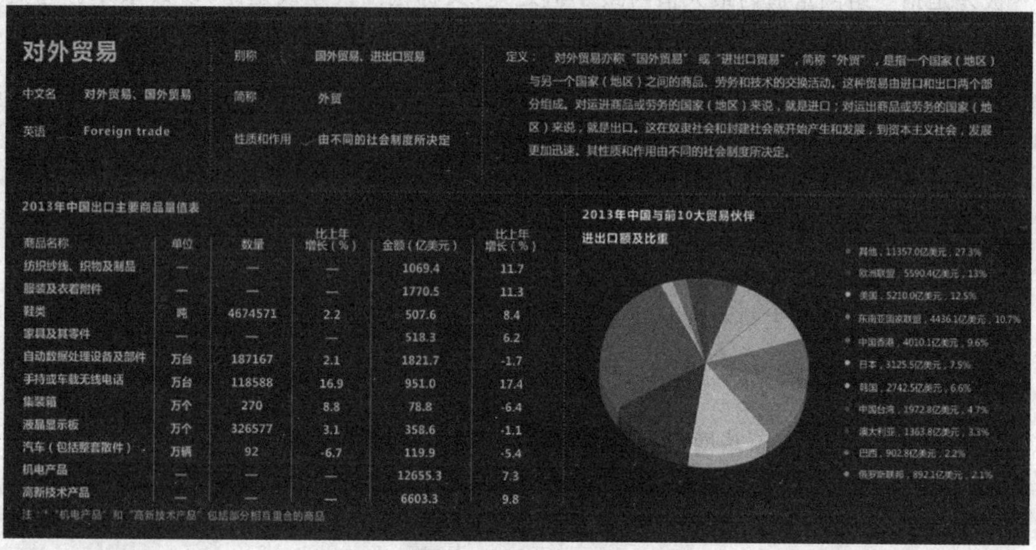

图 4-13 对外贸易

对外贸易是指一个国家(地区)与另一个国家(地区)之间的商品、劳务和技术的交换活动。其中 2013 年中国出口主要商品量值表中手持或车载无线电话类别数量上同比增长 16.9%,金额上同比增长 17.4%,都运用了同比与百分比。而饼图所表示的 2013 年中国与前 10 大贸易伙伴进出口额及比重,也运用到比例。

第三板块:人口及人口结构(见图 4-14)。

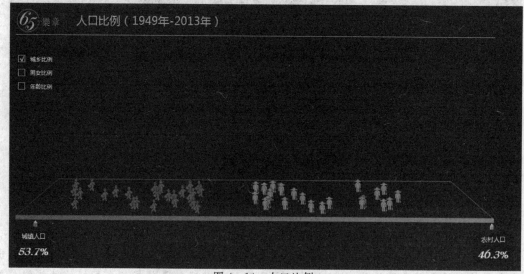

图 4-14 人口比例

该板块显而易见运用比例说明在总人口中城镇人口占 53.7%,农村人口占 46.3%。

第四板块:家庭人均收入(见图4-15)。

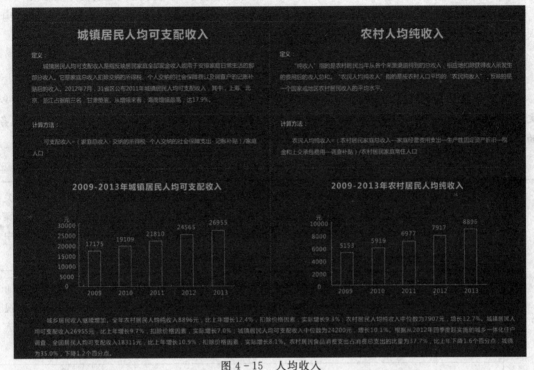

图4-15 人均收入

在这一板块主要以城镇居民人均可支配收入以及农村居民人均纯收入作为展现。在柱状图中运用平均数展现不同年份人均收入,并以农村居民人均纯收入以及城镇居民人均可支配收入的中位数与往年作比较,并得出不同的增长比率。

数据新闻的制作常常会应用到一些术语,新华网的案例便运用到平均数、绝对数、中位数、比例与比率、同比增长、百分比等数据分析的常用术语,因此在学习数据分析中,深入认识数据分析的常用术语必不可少。

二、数据分析思路

数据新闻制作者面临的新闻是涉及面极广的,政治、经济、人文、环境、娱乐等,在面临如此多的领域,必须要有好的分析方法论,这些理论涵盖多种学科或企业的常用分析方法,将对数据新闻的数据分析保证有正确的分析思路,找出数据中存在的信息及故事。根据数据新闻选题找寻适合的分析方法论,确定数据分析的思路框架,再运用可衡量的数据进行数据分析。

(一)PEST 分析法

PEST 分析是指宏观环境的分析,P 是政治(politics),E 是经济(economy),S 是社会(society),T 是技术(technology)。在数据新闻的数据分析中,可以通过 PEST 分析法分析事件背景及主体所面临的情况。数据新闻中主要应用在行业发展现状的类别中。

(1)政治法律环境。政治环境主要包括政治制度与体制、政局、政府的态度等;法律环境主要包括政府制定的法律、法规。

(2)经济环境。构成经济环境的关键战略要素包括 GDP、利率水平、财政货币政策、通货膨胀、失业率水平、居民可支配收入水平、汇率、能源供给成本、市场机制、市场需求等。

(3)社会环境。影响最大的是人口环境和文化背景。人口环境主要包括人口规模、年龄结构、人口分布、种族结构以及收入分布等因素。

(4)技术环境。技术环境主要包括新技术、新工艺、新材料的出现和发展趋势以及应用背景。

【案例】　　　　利用PEST分析法分析中国传媒业

传媒业是指传播各类信息、知识的传媒实体部分所构成的产业群,它是生产、传播各种以文字、图形、艺术、语言、影像、声音、数码、符号等形式存在的信息产品以及提供各种增值服务的特殊产业。利用PEST分析法,通过四种因素分析其面临的现状,见表4-1。

表4-1　中国传媒业因素分析

中国传媒业	政治环境	实时掌握国家政府出台的一系列与传媒相关的政策对传媒业的影响以及与传媒行业相关的书及报告如《传媒政策与法规》《中国传媒产业发展报告》等。了解政治环境因素对传媒业的影响,是呈向上趋势或向下趋势,整体处于乐观或者悲观等。就近几年而言,传媒业中开始出现融合现象,传媒业的发展在政治环境因素上是处于向上乐观的
	经济环境	了解国民生产总值,看国民经济是否持续稳定发展、市场需求量状况、商业模式是如何进行;近年来,传媒行业营销模式不断创新,形成新经济增长点,社交媒体、网络视频、OTT TV、数据库等新的商业模式层出不穷,由此可以看出传媒业的经济发展蒸蒸日上
	社会环境	文化消费水平快速提高,人们对信息和文化的需求日益增长,传媒业发展满足人们的精神需求
	技术环境	移动互联网的发展、网民依旧持续增多,在人人都是传播者的今天无疑促进传媒业的发展;APP、社交媒体的广泛应用使传媒业一直走在创新的前沿路上

表4-1是中国传媒业的部分分析思路,在应用到实际的数据新闻当中,还需要充分考虑四大环境因素的细节。

(二)5W2H分析法

5W2H分析法简单、方便,易于理解、使用,并富有启发意义。发明者用五个以W开头的英语单词(what,是什么;why,为什么;when,何时;where,何处;who,谁)和两个以H开头的英语单词或词组(how,怎么做;how much,多少)进行设问,在数据分析的过程中可以发现解决问题的线索,发现思路,进行构思。在数据新闻中常以产品为中心进行分析。

【案例】
利用5W2H分析法分析小米手机在中国的热销

表4-2是根据5W2H分析法的七大方向进行分析思路的整理,同样在运用到实际情况中,不仅仅只有这些,还需要在应用到实际中拓展分析思路。

表 4-2　利用 5W2H 分析法分析小米手机

what（是什么）	小米手机的发展现状是什么？
how（怎样做）	小米手机通过什么样的方式吸引用户？
why（为什么）	小米手机吸引用户的是什么？ 用户购买小米手机的目的是什么？
when（何时）	小米手机在营销模式上的时间段是什么时候？ 购买小米手机的高峰时间段是什么时候？
where（何地）	用户都分布在哪里？
who（谁）	用户的性别、年龄划分结构怎样？
how much（多少）	不同小米手机的价位吸引的受众的数量变化怎样？

（三）逻辑树分析法

逻辑树又称问题树、演绎树或分解树等。逻辑树是将问题的所有子问题分层罗列，从最高层开始，并逐步向下扩展。把一个已知问题当成树干，然后开始考虑这个问题和哪些相关问题或者子任务有关。每想到一点，就给这个问题（也就是树干）加一个"树枝"，并标明这个"树枝"代表什么问题。一个大的"树枝"上还可以有小的"树枝"，如此类推，找出问题的所有相关联项目。逻辑树主要是帮助你理清自己的思路，不进行重复和无关的思考。

逻辑树能保证解决问题的过程的完整性。

【案例】

利用逻辑树分析法大学生就业形势为何越来越难

图 4-16 应用逻辑树分析法展现一部分的思路，当然还可继续扩充。它看似混乱，但具有简单便捷性，对头脑所能想到的所有问题进行分析。不同于 PEST 分析法和 5W2H 分析法的固定思路，逻辑树分析法的思路较为全面。不过应用到实际中需要注意归纳总结，保持相关问题的联系性。建议多人商讨可丰富逻辑树并查缺补漏。

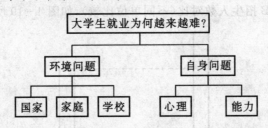

图 4-16　逻辑树分析法大学生就业形势为何越来越难

三、数据分析具体方法

（一）比较分析法

比较分析法是借助于比较发现被比较事物的异同，发现事物诸因素之间的联系及变化趋势、变化规律的分析方法。比较分析法有三种不同的类型：对比法、类比法和历史比较法①。在数据分析中，常常运用到的是对比法。对比法是在相似性基础上，将不同单位的同类特征或同一单位不同时期的同一特征进行对比，以发现它们之间异同的方法。将不同单位的同一时期的同类特征进行对比称为横向比较，例如不同公司、不同学校、不同国家；将同一单位不同时期的同一特征进行对比则称为纵向比较，例如某公司1月份与2月份的销售量比较。

在数据分析的实践过程中的横向比较与纵向比较，主要有：

(1)某国家GDP数据与期望值数据对比(与期望值比较)，如图4-17所示。

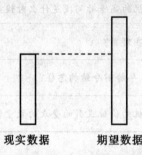

图4-17 某国家GDP数据与期望值数据对比

(2)某公司不同季度销售额对比(不同时期比较)，如图4-18所示。

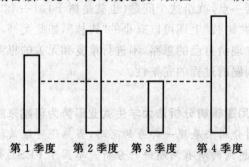

图4-18 某公司不同季度销售额对比(不同时期比较)

(3)某校A与某校B招生人数对比(不同单位比较)，如图4-19所示。

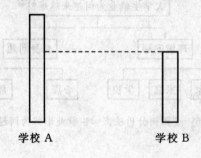

图4-19 某校A与某校B招生人数对比(不同单位比较)

---

① http://xuewen.cnki.net/R2006090680001600.html。

(二)平均分析法

平均分析法是通过计算统计平均数研究现象在一定时间、地点和条件中的一般水平,以认识现象的状况、现象之间的关系和发展趋势的统计分析方法。统计平均数又称统计平均指标,简称平均数,是同质总体内各单位在某一数量标志方面的一般水平的综合指标。例如农作物的平均亩产、平均工资、单位产品成本、单位面积产量、平均单价等。平均数有数值平均数(算术平均数、调和平均数、几何平均数)、位置平均数(众数和中位数)共五种[①]。

算数平均数公式:

$$算数平均数=总体标志总量/总体总量$$

前面所说的比较分析法偏向总量的对比,而平均分析法更能反映真实状况水平。

(三)分组分析法

分组分析法就是根据统计分析的目的要求,把所研究的总体按照一个或者几个标志划分为若干个部分,加以整理,进行观察、分析,以揭示其内在的联系和规律性。分组的目的是为了便于对比,找到各组内对象属性的一致性、组与组之间的差异性,以便运用数据分析方法解构内在数量关系。

分组法的关键问题在于正确选择分组标志和确定组距。在各个分组中,分组标志就是作为分组依据的标准,选择分组标志是统计分组的核心问题。各组之间的取值界限称为组限,一个组的最小值称为下限,最大值称为上限,上限与下限的差值称为组距。上限值与下限值的平均数称为组中值,是这组数据的代表值。

(四)结构分析法

结构分析法是指被分析总体内的各部分与总体之间进行对比的方法,即分析总体内各部分占总体的比例,进而分析某一总体现象的内部结构特征、总体的性质、总体内部结构依时间推移而表现出的变化规律性的统计方法。某部分占比越大,证明其重要程度越高,对总体的影响越大。

结构分析指标公式为:

$$结构指标(\%)=(总体中某一部分/总体总量)\times 100\%$$

通过结构法可以得出:

(1)认识总体构成的特征。例如,A 占比 26.4%,B 占比 16.6%,C 占比 20.7%,产品 D 占比 36.3%。

(2)揭示现象之间的依存关系。如研究商业企业中商品销售额与流通费用的依存关系,可将各商品销售额分组,计算每个组相应的商品流通费用。例如,某地年销售额 500 万元以上的企业占 20%,每万元商品销售额中的流通费为 7.0 元,而 500 万元以下的企业占 80% 流通费用率为 9~12 元,说明销售规模越大的企业流通费用越少。

(3)揭示总体各个组成部分的变动趋势,研究总体结构变化过程,揭示现象总体由量变逐渐转化为质变的规律性。例如,某某地近三年来新技术产品比重第一年占 15%,第二年占 28%,第三年占 46%,表明产业结构向新技术产业的转变。

除此之外,还有一些数据新闻中可能运用到的数据分析方法。如杜邦分析法,主要是利用几种主要的财务比率之间的关系来综合地分析企业的财务状况,其基本思想是将企业净资产

---

① http://xuewen.cnki.net/R2006110720001463.html.

收益率逐级分解为多项财务比率乘积,这样有助于深入分析比较企业经营业绩。如交叉分析法,是在纵向分析法和横向分析法的基础上,从交叉、立体的角度出发,由浅入深、由低级到高级的一种分析方法。这种方法虽然复杂,但它弥补了"各自为政"分析方法所带来的偏差。再如综合评价分析法,将多个指标转化为一个能够反映综合情况的指标来进行评价。如不同国家经济实力,不同地区社会发展水平,小康生活水平达标进程,企业经济效益评价等,都可以应用这种方法。还有另外一些分析方法,此处不再一一赘述。

常用的数据分析方法见表4-3。

表4-3 常用的数据分析方法[①]

聚类分析	聚类分析是将物理或抽象对象的集合分组成为由类似的对象组成的多个类的分析过程
因子分析	因子分析是指研究从变量群中提取共性因子的统计技术,就是从大量的数据中寻找内在的联系,减少决策的困难
相关分析	相关分析是研究现象之间是否存在某种依存关系,并对具体有依存关系的现象探讨其相关方向以及相关程度
对应分析	对应分析是通过分析由定性变量构成的交互汇总表来揭示变量间的联系,可以揭示同一变量的各个类别之间的差异,以及不同变量各个类别之间的对应关系
回归分析	回归分析是确定两种或两种以上变数间相互依赖的定量关系的一种统计分析方法
方差分析	方差分析是用于两个及两个以上样本均数差别的显著性检验,由于各种因素的影响,研究所得的数据呈现波动状

第四节 用工具来进行数据分析

一、Excel

Microsoft Office Excel是微软办公套装软件的一个重要的组成部分,它可以进行各种数据的处理、统计分析和辅助决策操作,同时可以添加扩展工具库,几乎能够满足数据新闻工作者大部分的要求。

Excel数据分析主要包括排序与筛选、分类汇总与合并计算、数据透视表等几项功能。

(一)排序与筛选

1. 按多个关键字进行排序

在Excel数据分析中,当需要对多个字段进行排序时,可以使用以下方法(以图4-20为例)进行操作。

[①] 企业管理云平台.常用数据分析方法有哪些[EB/OL].(2013-06-28).http://www.caecp.cn/News/News-1057.html.

排名：影片名	单日票房（万）	累计票房（万）	平均票价	场均人次	口碑指数	上映天数
老炮儿	1439	82213	32	32	8.58	18
熊出没之熊心归来	1302	2497	31	40	0	0
恶棍天使	59	64622	30	9	5.85	18
荒村怨灵	33	183	26	6	5.85	3
舌尖上的新年	24	139	34	9	7.95	4
神探夏洛克	1020	13477	30	26	7.48	7
唐人街探案	2614	63336	32	37	8.01	12
小门神	203	7634	31	13	7.55	10
星球大战：原力觉醒	13299	34188	38	45	7.89	2
寻龙诀	719	163416	33	27	8.33	24

注：2016.1.10单日影片数据　数据来源：CBO中国票房

图4-20　需要进行排序的表格

(1)点击表格中的"数据"单元格,点击"数据"功能中的排序,在对话框中选择主要关键词为"累计票房(万)",然后点击"添加条件",选择次要关键词为"单日票房(万)""口碑指数",排序依据选择为数值,并以降序排列,如图4-21所示。

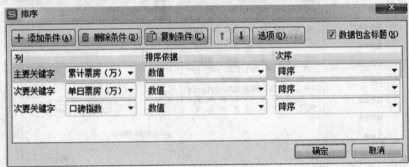

图4-21　按多个关键字进行排序

(2)生成排序后的数据表格,如图4-22所示。

排名：影片名	单日票房（万）	累计票房（万）	平均票价	场均人次	口碑指数	上映天数
寻龙诀	719	163416	33	27	8.33	24
老炮儿	1439	82213	32	32	8.58	18
恶棍天使	59	64622	30	9	5.85	18
唐人街探案	2614	63336	32	37	8.01	12
星球大战：原力觉醒	13299	34188	38	45	7.89	2
神探夏洛克	1020	13477	30	26	7.48	7
小门神	203	7634	31	13	7.55	10
熊出没之熊心归来	1302	2497	31	40	0	0
荒村怨灵	33	183	26	6	5.85	3
舌尖上的新年	24	139	34	9	7.95	4

图4-22　排序后的表格

2.按特定顺序排序

在Excel数据分析中,虽然内置有不少序列,但有的时候无法满足制作数据新闻时的特殊需要。因此对列中名称按照特定顺序进行自定义排序,需要进行以下操作。

姓名	职务	津贴
刘天一	副教授	521
王欣然	讲师	298
李丽丽	教授	835
张旭冉	教授	818
马奔腾	讲师	308
杨小旭	讲师	328
王东凯	副教授	562
马天明	副教授	518
刘高月	讲师	300

图 4-23　需要进行排序的表格

(1)在 Excel 的开始菜单中,选择工具中的"选项"菜单,如图 4-24 所示,在自定义序列中输入需要排序的字段"教授、副教授、讲师"。点击确定完成自定义序列。

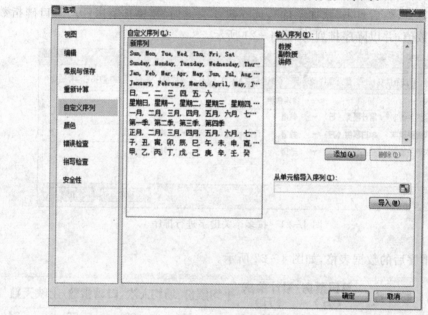

图 4-24　按特定顺序排序

(2)点击数据表格任意单元格,选择数据功能中的排序,选择主要关键词为"职务",排序依据为"数值",次序为自定义序列,如图 4-25 所示。

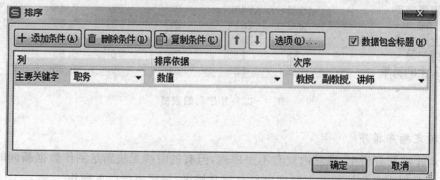

图 4-25　按特定顺序排序

(3)点击对话框中的"确定"按钮,完成排序,如图4-26所示。

姓名	职务	津贴
李丽丽	教授	835
张旭冉	教授	818
刘天一	副教授	521
王东凯	副教授	562
马天明	副教授	518
王欣然	讲师	298
马奔腾	讲师	308
杨小旭	讲师	328
刘高月	讲师	300

图4-26 排序后的表格

3.灵活筛选出符合条件的数据

在数据分析中,常常要根据某种条件筛选出匹配的数据,需要进行以下操作。现在我们要筛选出表格中(见图4-27)累计票房高于平均值的电影。

排名:影片名	单日票房(万)	累计票房(万)	平均票价	场均人次	口碑指数	上映天数
寻龙诀	719	163416	33	27	8.33	24
老炮儿	1439	82213	32	32	8.58	18
恶棍天使	59	64622	30	9	5.85	18
唐人街探案	2614	63336	32	37	8.01	12
星球大战:原力觉醒	13299	34188	38	45	7.89	2
神探夏洛克	1020	13477	30	26	7.48	7
小门神	203	7634	31	13	7.55	10
熊出没之熊心归来	1302	2497	31	40	0	0
荒村怨灵	33	183	26	6	5.85	3
舌尖上的新年	24	139	34	9	7.95	4

图4-27 需要进行筛选的表格

(1)点击数据功能中的筛选选项,如图4-28,点击"高于平均值"(还可以进行特定值筛选)。

图4-28 灵活筛选出符合条件的数据

(2)点击对话框中的"确定"按钮,完成筛选,如图4-29所示。

排名	影片名	单日票房(万)	累计票房(万)	平均票价	场均人次	口碑指数	上映天数
	寻龙诀	719	163416	33	27	8.33	24
	老炮儿	1439	82213	32	32	8.58	18
	恶棍天使	59	64622	30	9	5.85	18
	唐人街探案	2614	63336	32	37	8.01	12

图4-29 筛选后的表格

4. 根据多个条件进行筛选

当需要根据不同的字段设置多个条件筛选数据时,自动筛选功能无法实现,需要高级筛选功能来完成。例如,此时需要筛选出数量大于50的苹果和数量小于40的草莓(见图4-30)。

	A	B
1	名称	数量
2	苹果	26
3	苹果	67
4	草莓	56
5	苹果	58
6	苹果	45
7	草莓	35
8	草莓	69
9	苹果	80

图4-30 需要进行筛选的表格

(1)在表格前插入四行空白行,并写入描述条件的文字和表达式,如图4-31所示。

	A	B
1	名称	数量
2	苹果	>50
3	草莓	<40
4		
5	名称	数量
6	苹果	26
7	苹果	67
8	草莓	56
9	苹果	58
10	苹果	45
11	草莓	35
12	草莓	69
13	苹果	80

图4-31 根据多个条件进行筛选

(2)单击数据表格中的任意单元格,点击"高级筛选"。在列表区域中用光标选择列表区域和条件区域,如图 4-32 所示。

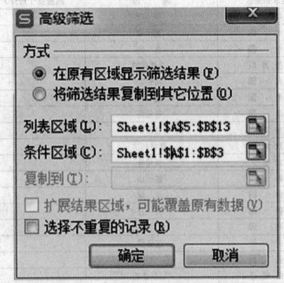

图 4-32 根据多个条件进行筛选

(3)点击对话框中的"确定"按钮,筛选完成,如图 4-33 所示。

	A	B
1	名称	数量
2	苹果	>50
3	草莓	<40
4		
5	名称	数量
7	苹果	67
9	苹果	58
11	草莓	35
13	苹果	80

图 4-33 筛选后的表格

(二)分类汇总与合并计算

1.分类汇总

当需要针对列表中相同字段数据进行汇总时,可以运用分类汇总的方法进行计算。如在图 4-34 中,需要统计每个国家某年总共销售某产品多少件。

国家和地区	城 市	销售量（万件）
中 国	天 津	788
中 国	上 海	1658
中 国	北 京	1239
墨 西 哥	墨西哥城	1946
美 国	洛杉矶	1276
美 国	纽 约	1943
美 国	芝加哥	920
加 拿 大	温哥华	222
加 拿 大	蒙特利尔	378
加 拿 大	多伦多	545
韩 国	釜 山	343
韩 国	汉 城	977
韩 国	大 丘	246
德 国	法兰克福	68
巴 西	圣保罗	2026
巴 西	里约热内卢	1195
阿 根 廷	科尔多瓦	149

图 4-34 需要进行分类汇总的表格

（1）光标在地区字段任意单元格，点击"数据"功能中的"升序"功能。然后点击"数据"功能中的"分类汇总"，选择分类字段为"国家和地区"，选择汇总方式为"求和"，选定汇总项为"销售量（万件）"，如图 4-35 所示。

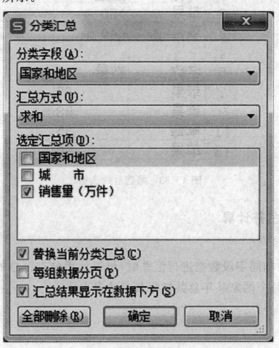

图 4-35 分类汇总

(2)选择对话框中的"确定"按钮,结果如图4-36所示。

	A	B	C
1	国家和地区	城市	销售量(万件)
2	阿根廷	科尔多瓦	149
3	阿根廷 汇总		149
4	巴西	圣保罗	2026
5	巴西	里约热内卢	1195
6	巴西 汇总		3221
7	德国	法兰克福	68
8	德国 汇总		68
9	韩国	釜山	343
10	韩国	汉城	977
11	韩国	大丘	246
12	韩国 汇总		1566
13	加拿大	温哥华	222
14	加拿大	蒙特利尔	378
15	加拿大	多伦多	545
16	加拿大 汇总		1145
17	美国	洛杉矶	1276
18	美国	纽约	1943
19	美国	芝加哥	920
20	美国 汇总		4139
21	墨西哥	墨西哥城	1946
22	墨西哥 汇总		1946
23	中国	天津	788
24	中国	上海	1658
25	中国	北京	1239
26	中国 汇总		3685
27	总计		15919

图4-36 分类汇总后的表格

2.合并计算

当多张表格都具有明确的行标题和列标题时,需要将几张表合并计算成一张表,例如需要将图4-37三个超市的采购数量及金额合并计算。

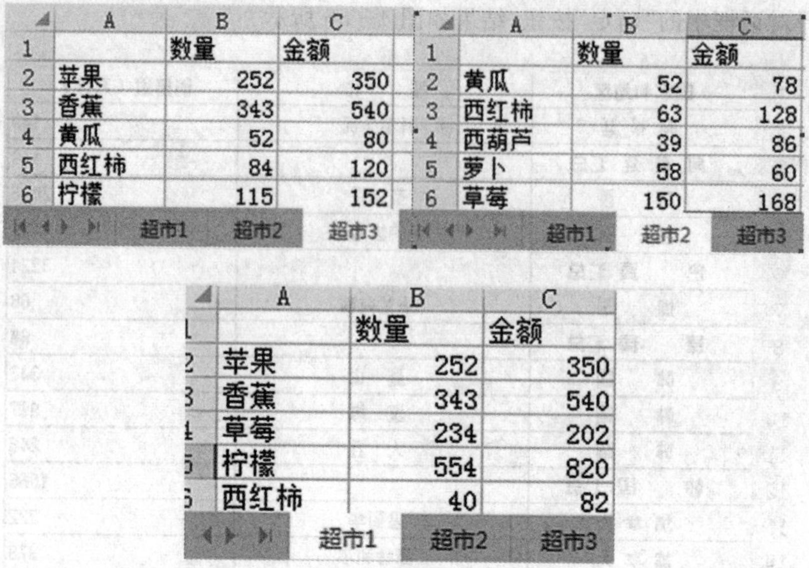

	A	B	C
1		数量	金额
2	苹果	252	350
3	香蕉	343	540
4	黄瓜	52	80
5	西红柿	84	120
6	柠檬	115	152

	A	B	C
1		数量	金额
2	黄瓜	52	78
3	西红柿	63	128
4	西葫芦	39	86
5	萝卜	58	60
6	草莓	150	168

	A	B	C
1		数量	金额
2	苹果	252	350
3	香蕉	343	540
4	草莓	234	202
5	柠檬	554	820
6	西红柿	40	82

图 4-37　需要进行合并计算的表格

(1)新建工作表命名为"合并计算",在"数据"功能中找到"合并计算"。用光标选择超市1、超市 2、超市 3 中需要加和的数列,并在标签位置选择首行和最左列,如图 4-38 所示。

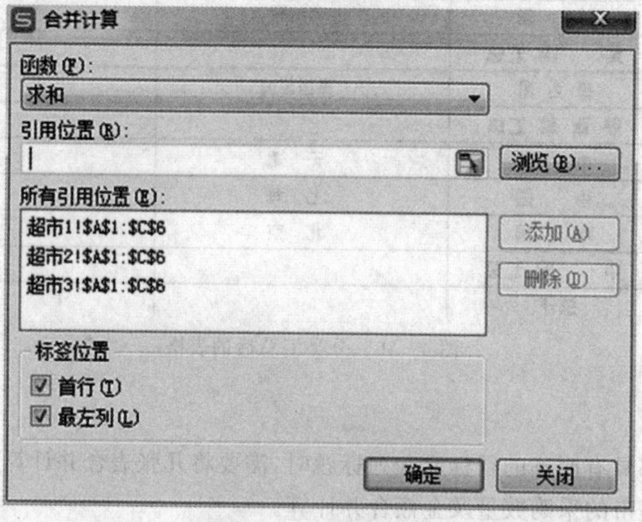

图 4-38　合并计算

(2)点击对话框中的"确定"按钮,完成合并计算,如图 4-39 所示。

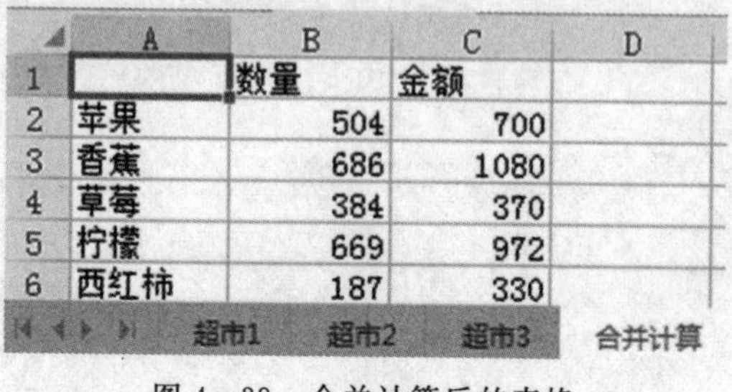

	A	B	C	D
1		数量	金额	
2	苹果	504	700	
3	香蕉	686	1080	
4	草莓	384	370	
5	柠檬	669	972	
6	西红柿	187	330	

图 4-39　合并计算后的表格

3. 用函数公式计算

在 Excel 中,公式是以"＝"为引导,通过运算符按照一定的顺序组合,进行数据运算处理的等式;函数则是按定算法进行计算产生一个或一组结果的预定义的特殊公式。

公式的组成要素为"＝"、运算符和常量、单元格引用、函数、名称等,如表 4－4 所示。

表 4－4 各种公式

公式	介绍
＝26＊2＋65＊6	包含常量运算的公式
＝A5＊2＋A7＊6	包含单元格引用的公式
＝时间＊速度	包含名称的公式
＝SUM(A5＊2＋A7＊6)	包含函数的公式

例如,现在要对巴西销售的总体数量进行加和计算(见图 4－40)。

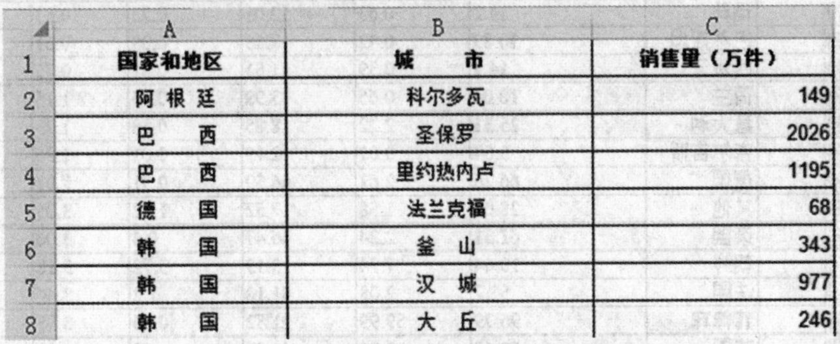

	A	B	C
1	国家和地区	城　　市	销售量（万件）
2	阿 根 廷	科尔多瓦	149
3	巴　　西	圣保罗	2026
4	巴　　西	里约热内卢	1195
5	德　　国	法兰克福	68
6	韩　　国	釜　山	343
7	韩　　国	汉　城	977
8	韩　　国	大　丘	246

图 4－40　需要进行加合计算的表格

(1)在任意一个空白区域中输入＝C3＋C4,如图 4－41 所示。

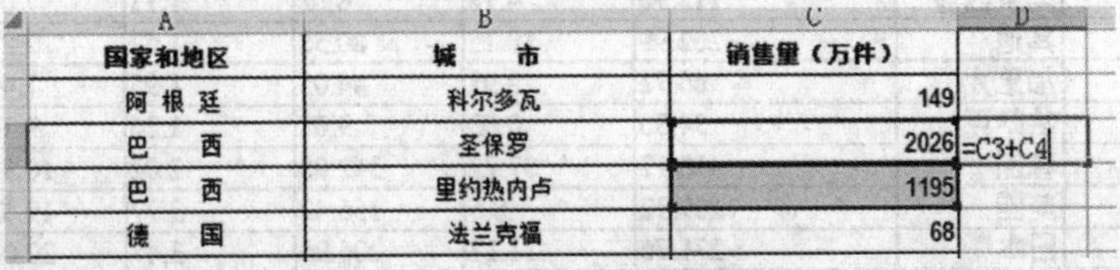

	A	B	C	D
	国家和地区	城　　市	销售量（万件）	
	阿 根 廷	科尔多瓦	149	
	巴　　西	圣保罗	2026	＝C3＋C4
	巴　　西	里约热内卢	1195	
	德　　国	法兰克福	68	

图 4－41　用函数公式计算

(2)按回车键运算,得出结果为 3221。

(三)数据透视表

数据透视表是用来从 Excel 数据列表、关系数据文件或 OLAP 多维数据集等数据源的特定字段中总结信息的分析工具。数据透视表有机地综合了数据排序、筛选和分类汇总等数据分析方法的优点,可以方便地调整分类汇总的方式,灵活地以多种不同的方式展示数据的特征[1]。

数据透视表是一种对大量数据快速汇总和建立交叉列表的交互式动态表格,能够实现分

---

[1] Excel home . Excel 数据透视表应用大全[M]. 北京:人民邮电出版社,2009.

析和组织数据功能,例如,计算平均数、标准差,建立列联表,计算百分比,建立新的数据子集等。

1. 建立数据透视表

图4-42是部分2014年1—12月来华旅游入境人数(按入境方式分)。面对这样一个杂乱无章的数据,建立数据透视表能进一步清晰地分析数据。

	A	B	C	D	E	F	G	H
1					入境方式			
2	地区	国家	合计(万人)	船舶	飞机	火车	汽车	徒步
3	亚洲	斯里兰卡	5	1.04	3.76	0.03	0.05	0.12
4	亚洲	尼泊尔	5.36	1.03	2.96	0.07	0.08	1.22
5	欧洲	挪威	4.79	0.17	4.13	0.1	0.16	0.23
6	欧洲	葡萄牙	5.23	0.24	2.42	0.07	0.23	2.26
7	欧洲	奥地利	6.48	0.21	5.56	0.1	0.25	0.36
8	欧洲	比利时	6.74	0.2	5.59	0.14	0.39	0.43
9	美洲	墨西哥	6.58	0.3	5.07	0.26	0.4	0.55
10	欧洲	瑞士	7.95	0.29	6.45	0.21	0.47	0.54
11	欧洲	瑞典	14.2	0.63	12.05	0.23	0.53	0.76
12	亚洲	巴基斯坦	10.89	0.42	7.53	0.09	0.61	2.23
13	欧洲	西班牙	14.1	0.39	11.51	0.31	0.75	1.15
14	欧洲	荷兰	18.04	0.65	13.99	0.46	1.15	1.79
15	欧洲	意大利	25.31	2.22	18.85	0.58	1.75	1.92
16	亚洲	吉尔吉斯	5.04	0.01	2.19	0.01	1.96	0.87
17	欧洲	德国	66.26	2.61	56.59	0.91	3.03	3.13
18	美洲	其他	28.05	1.58	17.52	1.32	3.05	4.59
19	亚洲	泰国	61.31	2.24	46.47	0.4	3.06	9.14
20	亚洲	朝鲜	18.44	7.74	3.19	3.72	3.18	0.6
21	欧洲	法国	51.7	2.03	41.12	1.2	3.44	3.92
22	亚洲	菲律宾	96.79	59.99	21.52	0.65	3.95	10.68
23	欧洲	英国	60.47	3.86	41.85	1.88	5.01	7.86
24	亚洲	印度	70.99	15.93	33.92	1.52	5.74	13.88
25	亚洲	新加坡	97.14	3.5	68.89	1.15	6.77	16.82
26	亚洲	印尼	56.69	10.76	26.07	1.16	7.03	11.67
27	亚洲	马来西亚	112.96	4.18	82.5	1.13	7.06	18.09
28	亚洲	其他	262.99	18.15	80.58	1.62	7.25	155.39
29	美洲	加拿大	66.71	2.93	44.05	1.95	7.49	10.29
30	亚洲	哈萨克	34.36	0.03	9.08	1.26	9.54	14.46
31	亚洲	韩国	418.17	37.77	342.08	2.02	10.93	25.37
32	美洲	美国	209.32	8.5	156.42	3.77	19.63	21
33	亚洲	日本	271.76	11.11	206.06	3.47	20.08	31.04
34	亚洲	蒙古	108.27	0.05	8.88	7.03	88.39	3.93
35	欧洲	俄罗斯	204.58	31.73	47.28	5.22	106.3	14.05
36	2014年1—12月来华旅游入境人数(按入境方式分)							

图4-42 部分2014年1—12月来华旅游入境人数(按入境方式分)表格

(1)在任意单元格点击"数据"功能中的"数据透视表"选项,如图4-43所示。用光标选定需要数据分析的区域,建立新工作表,如图4-44所示,点击对话框中的"确定"按钮。

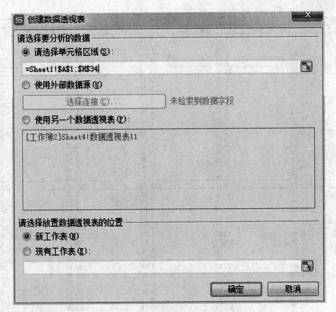

图 4-43 建立数据透视表

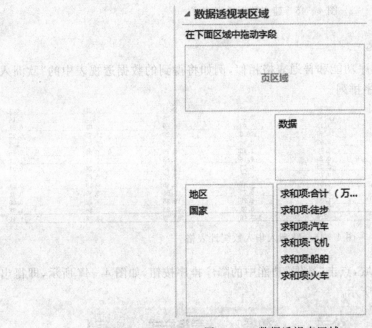

图 4-44 数据透视表区域

(2)在数据透视表区域,将字段列表中的"国家"和"地区"拖入行区域,将"合计""徒步""汽车""飞机""船舶""火车"拖入数据区域,如图 4-45 所示,这样就建立了一个以地区为分类的最基本的数据透视表。

地区	国家	数据 求和项:合计(万人)	求和项:徒步	求和项:汽车	求和项:飞机	求和项:船舶	求和项:火车
美洲	加拿大	66.71	10.29	7.49	44.05	2.93	1.95
	美国	209.32	21	19.63	156.42	8.5	3.77
	墨西哥	6.58	0.55	0.4	5.07	0.3	0.26
	其他	28.05	4.59	3.05	17.52	1.58	1.32
美洲 汇总		310.66	36.43	30.57	223.06	13.31	7.3
欧洲	奥地利	6.48	0.36	0.25	5.56	0.21	0.1
	比利时	6.74	0.43	0.39	5.59	0.2	0.14
	德国	66.26	3.13	3.03	56.59	2.61	0.91
	俄罗斯	204.58	14.05	106.3	47.28	31.73	5.22
	法国	51.7	3.92	3.44	41.12	2.03	1.2
	荷兰	18.04	1.79	1.15	13.99	0.65	0.46
	挪威	4.79	0.23	0.16	4.13	0.17	0.1
	葡萄牙	5.23	2.26	0.23	2.42	0.24	0.07
	瑞典	14.2	0.76	0.53	12.05	0.63	0.23
	瑞士	7.95	0.54	0.47	6.45	0.29	0.21
	西班牙	14.1	1.15	0.75	11.51	0.39	0.31
	意大利	25.31	1.92	1.75	18.85	2.22	0.58
	英国	60.47	7.86	5.01	41.85	3.86	1.88
欧洲 汇总		485.85	38.4	123.46	267.39	45.23	11.41
亚洲	巴基斯坦	10.89	2.23	0.61	7.53	0.42	0.09
	朝鲜	18.44	0.6	3.18	3.19	7.74	3.72
	菲律宾	96.79	10.88	3.95	21.52	59.99	0.65
	哈萨克	34.36	14.46	9.54	9.08	0.03	1.26
	韩国	418.11	25.37	10.93	342.08	37.77	2.02
	吉尔吉斯	5.04	0.87	1.96	2.19	0.01	0.01
	马来西亚	112.96	18.09	7.06	82.5	4.18	1.13
	蒙古	108.27	3.93	88.39	8.88	0.05	7.03
	尼泊尔	5.36	1.22	0.08	2.96	1.03	0.07
	其他	262.99	155.39	7.25	80.58	18.15	1.62
	日本	271.76	31.04	20.08	206.06	11.11	3.47
	斯里兰卡	5	0.12	0.05	3.76	1.04	0.03
	泰国	61.31	9.14	3.06	46.47	2.24	0.4
	新加坡	97.16	16.82	6.77	68.89	3.5	1.15
	印度	70.99	13.88	5.74	33.92	15.93	1.52
	印尼	56.69	11.67	7.03	26.07	10.76	1.16
亚洲 汇总		1636.16	315.51	175.68	945.68	173.95	25.33
总计		2432.67	390.34	329.71	1436.13	232.49	44.04

图 4-45 建立数据透视表

2. 透视表中的排序与筛选

Excel 数据透视表中的排序功能和普通表格相似,例如将得到的数据透视表中的"欧洲入华人数"(见图 4-46)进行降序排列。

10	欧洲	奥地利	6.48	0.36	0.25	5.56	0.21	0.1
11		比利时	6.74	0.43	0.39	5.59	0.2	0.14
12		德国	66.26	3.13	3.03	56.59	2.61	0.91
13		俄罗斯	204.58	14.05	106.3	47.28	31.73	5.22
14		法国	51.7	3.92	3.44	41.12	2.03	1.2
15		荷兰	18.04	1.79	1.15	13.99	0.65	0.46
16		挪威	4.79	0.23	0.16	4.13	0.17	0.1
17		葡萄牙	5.23	2.26	0.23	2.42	0.24	0.07
18		瑞典	14.2	0.76	0.53	12.05	0.63	0.23
19		瑞士	7.95	0.54	0.47	6.45	0.29	0.21
20		西班牙	14.1	1.15	0.75	11.51	0.39	0.31
21		意大利	25.31	1.92	1.75	18.85	2.22	0.58
22		英国	60.47	7.86	5.01	41.85	3.86	1.88
23	欧洲 汇总		485.85	38.4	123.46	267.39	45.23	11.41

图 4-46 欧洲入华人数统计表格

(1)先选定需要排序的区域,点击"数据"功能中的降序排序按钮,如图 4-47 所示,即得出重新排列的数据,如图 4-48 所示。

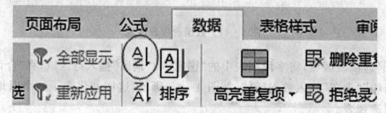

图 4-47 降序排序

第四章 数据分析

10	欧洲	奥地利	6.48	0.36	0.25	5.56	0.21	0.1
11		比利时	6.74	0.43	0.39	5.59	0.2	0.14
12		德国	66.26	3.13	3.03	56.59	2.61	0.91
13		俄罗斯	204.58	14.05	106.3	47.28	31.73	5.22
14		法国	51.7	3.92	3.44	41.12	2.03	1.2
15		荷兰	18.04	1.79	1.15	13.99	0.65	0.46
16		挪威	4.79	0.23	0.16	4.13	0.17	0.1
17		葡萄牙	5.23	2.26	0.23	2.42	0.24	0.07
18		瑞典	14.2	0.76	0.53	12.05	0.63	0.23
19		瑞士	7.95	0.54	0.47	6.45	0.29	0.21
20		西班牙	14.1	1.15	0.75	11.51	0.39	0.31
21		意大利	25.31	1.92	1.75	18.85	2.22	0.58
22		英国	60.47	7.86	5.01	41.85	3.86	1.88
23	欧洲 汇总		485.85	38.4	123.46	267.39	45.23	11.41

图 4-48 透视表中的排序与筛选

(2) 在 Excel 数据透视表中,筛选功能与普通表格基本相同,若想筛选特定数值,总计人数在 100~200 之间的来华的国家,先点击总计值上面的筛选功能键,点击"数据筛选",选择"介于"选项,输入大于或等于 100,小于或等于 200,如图 4-49 所示。

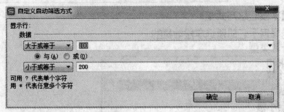

图 4-49 数据筛选

(3) 得出的筛选结果如图 4-50 所示。

图 4-50 筛选结果

3. 透视表中执行计算

数据透视表中可以实现对字段进行重新组合并形成新的计算字段和字段项,其中提供了多种计算方式,如求和、平均值、最大值、最小值和乘积等。以下以图 4-51 为例进行说明。

行标签	求和项:船舶	求和项:飞机	求和项:火车	求和项:汽车	求和项:徒步	求和项:合计(万人)
⊟美洲	13.31	223.06	7.3	30.57	36.43	310.66
加拿大	2.93	44.05	1.95	7.49	10.29	66.71
美国	8.5	156.42	3.77	19.63	21	209.32
墨西哥	0.3	5.07	0.26	0.4	0.55	6.58
其他	1.58	17.52	1.32	3.05	4.59	28.05
⊟欧洲	45.23	267.39	11.41	123.46	38.4	485.85
奥地利	0.21	5.56	0.1	0.25	0.36	6.48
比利时	0.2	5.59	0.14	0.39	0.43	6.74
德国	2.61	56.59	0.91	3.03	3.13	66.26
俄罗斯	31.73	47.28	5.22	106.3	14.05	204.58
法国	2.03	41.12	1.2	3.44	3.92	51.7
荷兰	0.65	13.99	0.46	1.15	1.79	18.04
挪威	0.17	4.13	0.1	0.16	0.23	4.79
葡萄牙	0.24	2.42	0.07	0.23	2.26	5.23
瑞典	0.63	12.05	0.23	0.53	0.76	14.2
瑞士	0.29	6.45	0.21	0.47	0.54	7.95
西班牙	0.39	11.51	0.31	0.75	1.15	14.1
意大利	2.22	18.85	0.58	1.75	1.92	25.31
英国	3.86	41.85	1.88	5.01	7.86	60.47
⊟亚洲	173.95	945.68	25.33	175.68	315.51	1636.16
巴基斯坦	0.42	7.53	0.09	0.61	2.23	10.89
朝鲜	7.74	3.19	3.72	3.18	0.6	18.44
菲律宾	59.99	21.52	0.65	3.95	10.68	96.79
哈萨克	0.03	9.08	1.26	9.54	14.46	34.36
韩国	37.77	342.08	2.02	10.93	25.37	418.17
吉尔吉斯	0.01	2.19	0.01	1.96	0.87	5.04
马来西亚	4.18	82.5	1.13	7.06	18.09	112.96
蒙古	0.05	8.88	7.03	88.39	3.93	108.27
尼泊尔	1.03	2.96	0.07	0.08	1.22	5.36
其他	18.15	80.58	1.62	7.25	155.39	262.99
日本	11.11	206.06	3.47	20.08	31.04	271.76
斯里兰卡	1.04	3.76	0.03	0.05	0.12	5
泰国	2.24	46.47	0.4	3.06	9.14	61.31
新加坡	3.5	68.89	1.15	6.77	16.82	97.14
印度	15.93	33.92	1.52	5.74	13.88	70.99
印尼	10.76	26.07	1.16	7.07	11.67	56.69
总计	232.49	1436.13	44.04	329.71	390.34	2432.67

图 4-51 需进行执行计算的表格

— 155 —

(1)在数据透视表中,将求和项在数值区域中拖拽三次,这时在表中显示三列相同的求和项。

(2)在其中一列任意单元格中点击鼠标右键,选择"值字段设置",在计算类型中选择平均值选项,如图4-52所示,单击"确定"按钮,此列变为总人数平均值列。其余两列可依据此方法分别变为最大值列和最小值列,如图4-53所示。计算结果如图4-54所示。

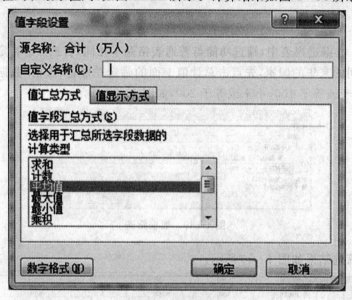

图4-52 值字段设置

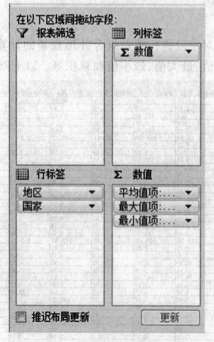

图4-53 透视表中执行计算

行标签	平均值项:合计（万人）	最大值项:合计（万人）2	最小值项:合计（万人）3
⊟美洲	77.67	209.32	6.58
加拿大	66.71	66.71	66.71
美国	209.32	209.32	209.32
墨西哥	6.58	6.58	6.58
其他	28.05	28.05	28.05
⊟欧洲	37.37	204.58	4.79
奥地利	6.48	6.48	6.48
比利时	6.74	6.74	6.74
德国	66.26	66.26	66.26
俄罗斯	204.58	204.58	204.58
法国	51.70	51.7	51.7
荷兰	18.04	18.04	18.04
挪威	4.79	4.79	4.79
葡萄牙	5.23	5.23	5.23
瑞典	14.20	14.2	14.2
瑞士	7.95	7.95	7.95
西班牙	14.10	14.1	14.1
意大利	25.31	25.31	25.31
英国	60.47	60.47	60.47
⊟亚洲	102.26	418.17	5
巴基斯坦	10.89	10.89	10.89
朝鲜	18.44	18.44	18.44
菲律宾	96.79	96.79	96.79
哈萨克	34.36	34.36	34.36
韩国	418.17	418.17	418.17
吉尔吉斯	5.04	5.04	5.04
马来西亚	112.96	112.96	112.96
蒙古	108.27	108.27	108.27
尼泊尔	5.36	5.36	5.36
其他	262.99	262.99	262.99
日本	271.76	271.76	271.76
斯里兰卡	5.00	5	5
泰国	61.31	61.31	61.31
新加坡	97.14	97.14	97.14
印度	70.99	70.99	70.99
印尼	56.69	56.69	56.69
总计	73.72	418.17	4.79

图 4-54　计算结果

注：在值字段设置中选择"全部汇总百分比"，如图 4-55 所示，即可得到美洲、欧洲、亚洲占总数的百分比，如图 4-56 所示。

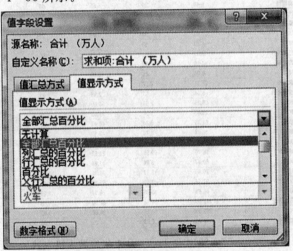

图 4-55　值字段设置

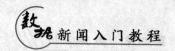

	A	B
1	行标签	求和项:合计（万人）
2	⊟美洲	12.77%
7	⊟欧洲	19.97%
21	⊟亚洲	67.26%
38	总计	100.00%

图4-56 值字段设置结果

二、SPSS 基本统计分析

SPSS 是社会科学统计软件，其统计方法较为成熟，操作简便，用户可以将数据文件导入 SPSS，通过菜单即可完成大部分统计操作。它最突出的特点就是操作界面极为友好，输出结果美观漂亮。它将几乎所有的功能都以统一、规范的界面展现出来，使用 Windows 的窗口方式即可展示各种管理和分析数据方法的功能。

（一）描述性分析

SPSS 中的描述性分析过程可以生成相关的描述性统计量，如均值、方差、标准差、峰度和偏度。

例如分析 2014 年 1—12 月来华旅游入境人数（按入境方式分）（见图 4-57），统计出总体来华人数总体特征，如最大值、最小值、平均值等。

	地区	国家	合计（万人）	船舶	飞机	火车	汽车	徒步
1	亚洲	斯里兰卡	5.00	1.04	3.76	.03	.05	.12
2	亚洲	尼泊尔	5.36	1.03	2.96	.07	.08	1.22
3	欧洲	挪威	4.79	.17	4.13	.10	.16	.23
4	欧洲	葡萄牙	5.23	.24	2.42	.07	.23	2.26
5	欧洲	奥地利	6.48	.21	5.56	.10	.25	.36
6	欧洲	比利时	6.74	.20	5.59	.14	.39	.43
7	美洲	墨西哥	6.58	.30	5.07	.26	.40	.55
8	欧洲	瑞士	7.95	.29	6.45	.21	.47	.54
9	欧洲	瑞典	14.20	.63	12.05	.23	.53	.76
10	亚洲	巴基斯坦	10.89	.42	7.53	.09	.61	2.23
11	欧洲	西班牙	14.10	.39	11.51	.31	.75	1.15
12	欧洲	荷兰	18.04	.65	13.99	.46	1.15	1.79
13	欧洲	意大利	25.31	2.22	18.85	.58	1.75	1.92
14	亚洲	吉尔吉斯	5.04	.01	2.19	.01	1.96	.87
15	欧洲	德国	66.26	2.61	56.59	.91	3.03	3.13
16	美洲	其他	28.05	1.58	17.52	1.32	3.05	4.59
17	亚洲	泰国	61.31	2.24	46.47	.40	3.06	9.14
18	亚洲	朝鲜	18.44	7.74	3.19	3.72	3.18	.60
19	欧洲	法国	51.70	2.03	41.12	1.20	3.44	3.92
20	亚洲	菲律宾	96.79	59.99	21.52	.65	3.95	10.68
21	欧洲	英国	60.47	3.86	41.85	1.88	5.01	7.86
22	亚洲	印度	70.99	15.93	33.92	1.52	5.74	13.88
23	亚洲	新加坡	97.14	3.50	68.89	1.15	6.77	16.82
24	亚洲	印尼	56.69	10.76	26.07	1.16	7.03	11.67
25	亚洲	马来西亚	112.96	4.18	82.50	1.13	7.06	18.09
26	亚洲	其他	262.99	18.15	80.58	1.62	7.25	155.39
27	美洲	加拿大	66.71	2.93	44.05	1.95	7.49	10.29

图4-57 2014年1—12月来华旅游入境人数

（1）点击菜单栏中的分析功能中描述统计的描述命令，在对话框中将"合计""徒步""汽车""飞机""船舶""火车"加入变量区域，如图4-58所示。

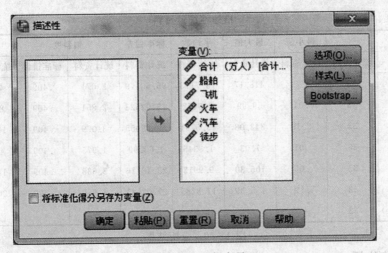

图 4-58　选择变量

(2)点击页面中的选项,选中平均值、标准偏差、最大、最小值、峰度、偏度的复选框,在显示顺序中选择变量列表,点击对话框中的确定,如图 4-59 所示。

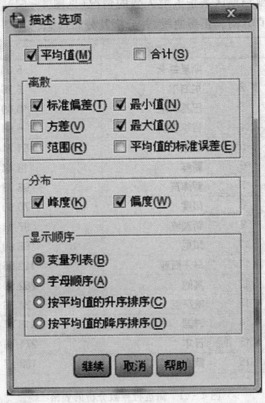

图 4-59　选择选项

图 4-60 中给出了描述性分析的主要结果,可以看出各个变量的个数、最小值、最大值、平均数、标准偏差、偏度和峰度。其中可以了解到飞机的最小值是 2.19 万人次,最大值是 342.08 万人次,平均数是 43.5191 等,统计结果一目了然。

描述性统计资料

	N	最小值	最大值	平均数	标准偏差	偏斜度		峰度	
	统计资料	统计资料	统计资料	统计资料	统计资料	统计资料	标准错误	统计资料	标准错误
合计(万人)	33	4.79	418.17	73.7173	96.63179	2.071	.409	4.392	.798
船舶	33	.01	59.99	7.0452	13.02523	2.851	.409	8.715	.798
飞机	33	2.19	342.08	43.5191	69.89055	3.079	.409	10.670	.798
火车	33	.01	7.03	1.3345	1.63299	1.975	.409	4.101	.798
汽车	33	.05	106.30	9.9912	23.18716	3.638	.409	12.864	.798
徒步	33	.12	155.39	11.8285	27.02541	4.969	.409	26.746	.798
有效的 N(listwise)	33								

图 4-60 分析结果

(二)频数分析

频数分析可以分析变量变化的基本趋势,对数据的分布趋势进行初步分析,还可以给出相应百分点的数值及相应的统计图表。

例如利用频数分析亚洲地区来华入境人数的情况(见图 4-61),显示平均数、标准偏差、四分位数绘制频率分布直方图和正态曲线,并分析其分布形态。

	国家	合计(万人)
1	斯里兰卡	5.00
2	尼泊尔	5.36
3	巴基斯坦	10.89
4	吉尔吉斯	5.04
5	泰国	61.31
6	朝鲜	18.44
7	菲律宾	96.79
8	印度	70.99
9	新加坡	97.14
10	印尼	56.69
11	马来西亚	112.96
12	其他	262.99
13	哈萨克	34.36
14	韩国	418.17
15	日本	271.76
16	蒙古	108.27

图 4-61 需进行频数分析的表格

(1)点击菜单栏中的分析功能中描述统计的频率命令,打开"频率"对话框,如图 4-62 所示。

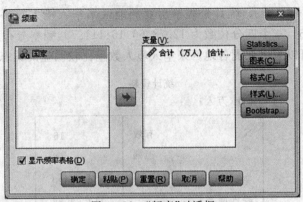

图 4-62 "频率"对话框

(2)将"合计"加入变量区域,打开"统计量"(Statistic),勾选"四分位数""平均值""标准偏差""偏度"前的复选框,点击"继续"按钮,如图 4-63 所示。打开"图表",选择"直方图"并勾选"在直方图上显示正态曲线"复选框,点击"继续"按钮,完成频数分析,如图 4-64 所示。

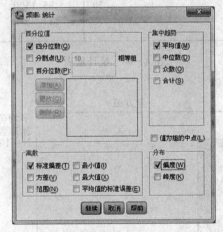

图 4-63 "统计量"对话框

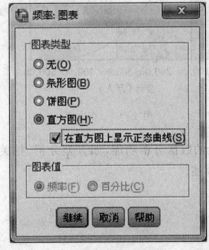

图 4-64 选择"图表"

如图 4-65 和 4-66 所示，统计量表给出亚洲地区来华入境人数平均值为 102.26 万人次，标准偏差为 117.64，三个四分位数为 12.78、66.15、111.79，频率分布直方图和正态曲线偏度系数为 1.682，且可以看出亚洲各地区来华入境人数呈比较明显的偏态分布。

统计资料

合计（万人）

N	有效	16
	遗漏	0
平均数		102.2600
标准偏差		117.63988
偏斜度		1.682
偏斜度标准误		.564
百分位数	25	12.7775
	50	66.1500
	75	111.7875

图 4-65 统计量表

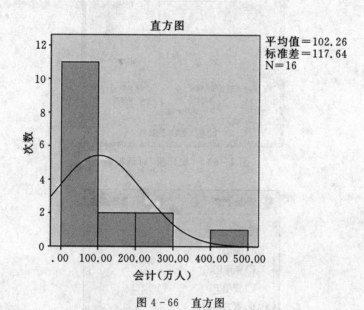

图 4-66 直方图

当然 SPSS 还有一些高级的数据分析功能，如方差分析、相关分析、回归分析、对应分析、聚类分析等。此处不再一一描述。

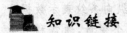

数据分析图表含释[①]

在数据运用的过程中,我们需要简单地认识不同的数据分析会以不同的图表表示其含义。

1. 折线图(图 4-67)

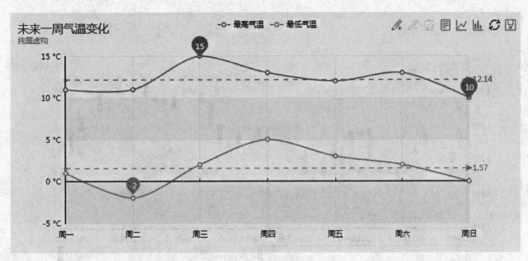

图 4-67 折线图

折线图是用直线段将各数据点连接起来而组成的图形,以折线方式显示数据的变化趋势。折线图可以显示随时间(根据常用比例设置)而变化的连续数据,因此非常适用于显示在相等时间间隔下数据的趋势。在折线图中,类别数据沿水平轴均匀分布,所有值数据沿垂直轴均匀分布。

2. 柱状图(图 4-68)

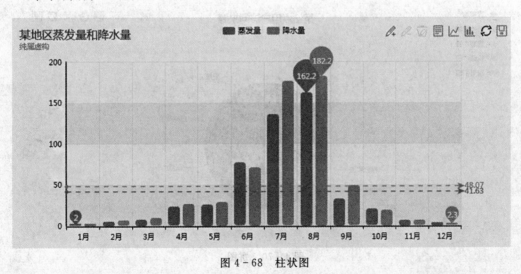

图 4-68 柱状图

[①] 图表出自 Echarts 实例:http://echarts.baidu.com/doc/example.html.

柱状图,是一种以长方形的长度为变量的表达,由一系列高度不等的纵向条纹表示数据分布的情况,用来比较两个或以上的价值(不同时间或者不同条件),只有一个变量,通常利用于较小的数据集分析。柱状图亦可横向排列,或用多维方式表达,常用于不同时期或不同单位的对比情况。

3. K线图(图4-69)

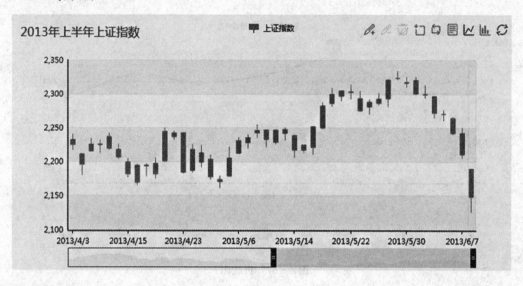

图4-69 K线图

K线图又称蜡烛线、阴阳线、棒线、日本线等,有直观、立体感强、携带信息量大的特点[1]。目前常用于数据新闻中金融股票的分析。

4. 饼图(图4-70)

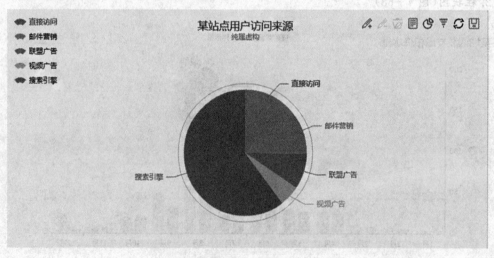

图4-70 饼图

---

[1] K线图基础知识讲解:教你怎样看K线图[EB/OL]. http://www.southmoney.com/zhishi/Kxiantu/89097.html.

饼图显示一个数据系列（数据系列：在图表中绘制的相关数据点，这些数据源自数据表的行或列）。图表中的每个数据系列具有唯一的颜色或图案并且在图表的图例中表示。饼图的版块划分是各项的大小与各项总和的比例。

5. 散点图（图4-71）

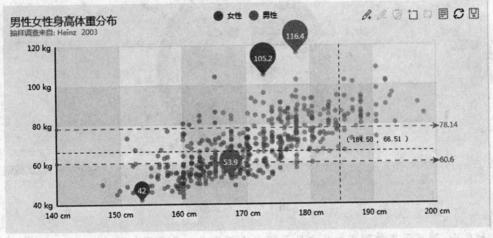

图4-71 散点图

散点图表示因变量随自变量而变化的大致趋势，据此可以选择合适的函数对数据点进行拟合。用两组数据构成多个坐标点，考察坐标点的分布，判断两变量之间是否存在某种关联或总结坐标点的分布模式。

6. 雷达图（图4-72）

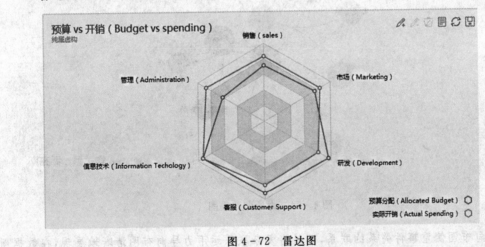

图4-72 雷达图

雷达图，又可称为戴布拉图、蜘蛛网图，在数据新闻中可以了解某公司的各项财务分析所得的数字或比率，就其比较重要的项目集中划在一个圆形的图表上，来表现某公司各项财务比率的情况，可以一目了然地了解某公司各项财务指标的变动情形及其好坏趋向。

7. 和弦图(图4-73)

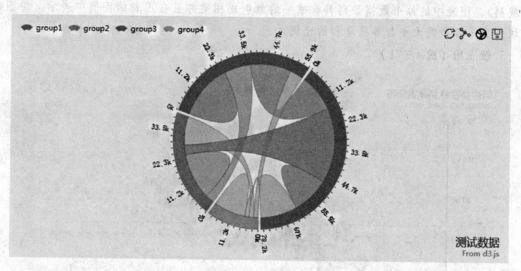

图4-73 和弦图

和弦图,侧重于事件联系的指向性及所占比例情况。常用于各国之间双方的态度对比。

8. 力导向布局图(图4-74)

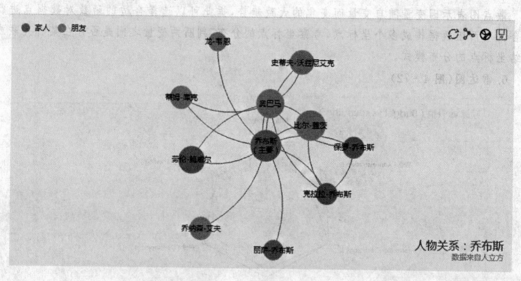

图4-74 力导向布局图

力导向布图侧重事件关系的联系,可以将复杂联系运用力导向布图清晰地展现,在数据新闻中常用于人物、事件联系。

9. 地图

地图形式,是数据新闻中较常使用的图,它可以凸显某个指标在全国范围或者全球范围内的差异程度。最高值与最小值可在地图中显而易见,同时,地图的形式也可以看出区域的差异化。

第五章 用数字讲故事：数据可视化

当数据新闻到了实践部分，将数据通过可视化的方式进行呈现就成了受众唯一能够接触到的最重要的部分。本章将对数据可视化的概念、优秀的数据可视化的标准以及数据可视化的常用工具进行分析，让大家能够对数据可视化作到初步的了解和认识。

第一节 什么是数据可视化

当大量的新闻信息以数据信息图表的形式每时每刻更新着人们的视野，不明其理的人甚至会简单地认为数据新闻就是一大堆看起来复杂的图和线条。其实就像设计和美工差别，专业的可视化过程也并不仅仅是将数据变成图形，将数据表格变成统计图表那样简单。对于可视化而言，它其实更多的像是另外一种显示数据的方式和思维，是一种对抽象过的现实世界的再次形象化表达。

作为数据新闻的主要叙事方式，可视化以图形和图表为主要的元素和符号，通过使用计算机算法和计算机图形学的有关知识，将抽象、单调的数据和概念具体加以呈现，达到清晰有效地传达与沟通数据背后的内容和意义的目的。

一、可视化并不是一个新概念

虽然"数据可视化"貌似是近些年才开始流行的新鲜事物，好像可视化就是凭空出现了一样。但其实可视化的概念却有着比较长的历史，甚至在几个世纪之前就已经出现。"可视化"一词源于英文 visualization，词义是将不可见的、不能表达的或抽象的一些东西，转变为可以看到的或者大脑可以想象的图形图像。早在15—17世纪，可视化的思想就已经开始诞生，数据可视化的早期探索也拉开帷幕。到18世纪，数据可视化进入了初步的发展，直方图、柱状图、饼图、圆环图等开始出现。到19世纪前半叶，数据开始得到重视，数据图形出现。到19世纪后半叶，出现了数据可视化第一个黄金时期，图形、图表等开始被广泛应用。从20世纪开始到目前为止，随着计算机技术和互联网技术的发展，数据可视化获得了新生[①]。尤其是近些年的移动互联网技术的突飞猛进，在当今先进的计算机科学技术和成熟的统计学基础的依托之下，数据可视化成为了活跃而又关键的领域之一。

虽然可视化已经包括在计算机、设计中，目前来看甚至包括新闻专业都开始进行应用，但共识性的可视化分类却并未在各个学科之间进行达成。不同的学科，从不同的角度出发，甚至不同的目的都在将可视化进行不同的分类，但基本来讲，以下的几个可视化的范围和内容在各学科中应用得比较广泛。从本书的角度出发，我们也希望能将这几个概念进行一定程度的解

---

① 曾悠.大数据时代背景下的数据可视化概念研究[D].杭州:浙江大学,2014.

析,权威的争论和共识就留给未来吧。

(一)第一次专业的可视化概念的提出——科学可视化

科学可视化最初被称为科学计算之中的可视化,也是目前为止可视化领域中发展最早、最成熟的一个学科,甚至可以追溯到真空管计算机时代。1986年10月,在美国国家科学基金会的图形、图像处理和工作站讨论会上,第一次提出了 visualization in scientific computation(ViSC)的概念,自此科学可视化的概念被正式确定[①]。这也是最早的在一个行业中将可视化作为一个专业名词在一次权威的会议上进行提出,并通过了行业内的认可的可视化的专业概念。

科学可视化是将自然界、生活中的数字数据用可视的方式呈现出来,主要关注的是三维现象的可视化,如建筑学、气象学、医学或生物学方面的各种系统,重点在于对体、面以及光源等的逼真渲染,或许甚至还包括某种动态成分[②]。如图5-1所示的红外热成像就是一种科学可视化的手段。它利用物理学中任何物体都可以发射红外线的特点,根据物体温度分布的不同,形成了不同的热场,从而提供进一步的分析。

图 5-1 红外热成像影像

(二)包罗万象的可视化概念——信息可视化

信息可视化是在1989年由斯图尔特·卡德、约克·麦金利和乔治·罗伯逊提出的一个新的关于可视化的概念。其提出的背景主要是20世纪90年代图形化界面的诞生,新的界面提供了人们一个能直接与信息进行交互的平台和方式,科学家们对信息可视化的研究也就从那时起并持续至今。

随着社会信息化的推进和网络应用的日益广泛,信息源越来越庞大。除了需要对海量数据进行存储、传输、检索及分类等之外,更迫切需要了解数据之间的相互关系及发展趋势。实际上,在激增的数据背后,隐藏着许多重要的信息,人们希望能够对其进行更高层次的分析,以便更好地利用这些数据[③]。另外,卡德(Card)等人还将信息可视化定义为:"使用计算机支撑

---

① 李晓梅,黄朝晖.科学计算可视化导论[M].长沙:国防科技大学出版社,1996.
② 科学可视化[EB/OL]. http://baike.baidu.com/link? url=nezHZDWBw_agRroB_EfmFwAZWAj8fMQALgzjJvxCs0TeT5aLPd Z91hdtsHGT78xF8lzLgo5Nbml1EO5JcaN4Sa.
③ 周宁,陈勇跃,金大卫,张会平.知识可视化与信息可视化比较研究[J].情报理论与实践,2007(02):178-181.

的、交互性的、对抽象数据的可视表示法,以增强人们对抽象信息的认知。"

按照 VisualComputlexity.com 的站长 Manuel Lima 的解释,信息可视化就是一个工具,就是一种方法。这种工具的主要目的在于解释数据,或者说是为了归纳数据的内在模式、关联和结构。这种工具或者这种方法就像实验法、数学建模法、仿真法一样,它是一种新的方法。这种新方法最大的特点在于,它既涉及科学,也有关设计。通过这种方法,人们用一种更容易理解的方式呈现数据,探索数据背后的规律和模式①。就像平面设计师对于网页进行设计或者海报的排版是为了让用户更方便阅读和理解信息一样,信息可视化这种工具同样也是为了能够快速和准确地呈现信息,并且还可以呈现这种信息之后隐藏的观点,同时用这些观点来交流读者的内心情感。

比如要让别人了解通过的意思,可以写英文单词"pass",也可以写中文"通过",也可以用任何一种文字。但没有一种文字可以保证让所有的人在最短的时间内了解"通过"的含义。这个时候信息的可视化就派上了用场。例如,公路上的指示牌,为了让司机引起关注,就在指示牌上标注一个感叹号以此来表示注意,这就是一种信息的可视化的实践,如图5-2所示。

图 5-2 交通标志的信息可视化

(三)可视化的新领域——知识可视化

知识可视化(knowledge visualization)是在科学计算可视化、信息可视化基础上发展起来的新兴研究领域,这种新的可视化概念主要应用于视觉表征手段,促进群体知识的传播和创新。2004 年,M. J. Eppler 和 R. A. Burkard 在工作文档《Knowledge Visualization—Towards a New Discipline and its Fields of Application》中对知识可视化一词作了如下界定:"一般来说,知识可视化领域研究的是视觉表征在改善两个或两个以上人之间知识创造和传递中的应用。"②这样一来,知识可视化是指所有可以用来建构和传递复杂见解的图解手段。其实从概念上来讲,知识可视化可能是和其他几个可视化概念差别最大的一个,知识并不是一种数据,而是信息,同时这种信息和人的关系也最大,并且它经过了人的大脑继而加工和整理。

虽然可视化的概念林林总总,但是他们基本都有一个共同的原则和目的,就是通过这些手

---

① Manuel Lima. 信息繁美:信息可视化方法与案例解析[M]. 杜明翰,陈楚君,译. 北京:机械工业出版社,2013.
② 赵国庆. 知识可视化 2004 定义的分析与修订[J]. 电化教育研究,2009(03):15-18.

段,让信息、让知识、让数据更容易让人所理解,更容易在人与人之间进行传播,以及被人所接受。所有手段核心都在于人,这或许才是我们去关注可视化领域的真实意义。

二、数据可视化——不仅仅是一种工具

就像可视化的概念一样,数据可视化也是一个处于不断演变和争议之中的概念,它主要是借助于图形化的手段,来清晰有效地传达与沟通信息。实际上,通常人们所说的数据可视化本身就已经成为了一种泛称(但其对象通常是狭义理解上的数据),它统一了较成熟的科学可视化和较年轻的信息可视化,还囊括了在它们基础上发展起来的知识可视化以及结合了数据分析的可视化分析(也称为可视分析学)[1]。其在数据新闻中的主要表现为:突出可视化应用的交互性,注重复杂数据之间的关联性,强调视觉语言表达的多样性。这种叙事方式遵循新闻报道的一般逻辑,强调用户视觉上的愉悦体验,较好地实现制作者与用户的交流。数据可视化受到关注有多个原因,不仅仅因为它特别炫、特别吸引眼球——在分享和吸引读者方面是有价值的社会化硬通货,还因为它具备强大的认知优势:人类大脑的一半完全是用于处理可视化信息的。当给用户展示一张信息图的时候,已经以大脑的最大带宽路径在影响他了。一张设计优良的数据可视化图能给予读者深刻的印象,并能穿透一个复杂的故事的杂芜直抵问题的核心[2]。

数据可视化有没有意义?当然有意义,这是毫无疑问的。但是在开始将数据变成图表或地图这些更容易被大脑所理解的符号之前,清楚这样的一个手段是否真的为你的读者带来便利,这绝对是一个在行动之前应该深思的问题。在数据新闻的制作中,在数据进行整理和挖掘的阶段,我们不太需要过多地考虑后面的可视化的表达是否困难,但是当所有的数据都呈现在我们面前,从不同的角度去观察数据,浏览它的各个方面,找到最容易表现的角度就成为了这个阶段最重要的工作。那么到底为什么要可视化,它到底有什么好处?

(一)对付复杂的利器

在数据新闻的报道阶段,可视化到底扮演了一个什么样的角色?首先要解释的是数据新闻并不排斥文字,甚至如果只是能用简单的文字解释清楚的事实,用文字是再好不过了。其次可视化并不排斥复杂,因为不是所有东西都可以想当然地进行简化。当然如果解释的内容需要的文字变得非常多且逻辑关系非常复杂之时,那么可视化就可以帮助你去表现那些复杂的部分,进而确定报道其余部分的主题和问题。

例如我们想要去描述每天在一座城市里的人员、物资、车辆,甚至水、电这些听起来数量好像多得没有边际的数据,要么只能用几条干巴巴的统计结果,要么就把几百个 G 的表格发给你看。但是正是这样的复杂,让可视化有了用武之地,可以说可视化生来就是为解决复杂数据和复杂的数据关系而服务的。以伦敦每天从家到办公室的人员流通可视化图为例,伦敦是这个世界上最大的都会城市之一,人口数量达 860 多万,如果将这 800 多万人口每天的流动数据统计为 Excel 表格,将一个市民上下班的两条数据加总,一天就有 1600 多万条数据。这样级别的数据量,如果做成表格,不分析根本没有办法从中看出什么,用其他方法分析,得到的结果直观性又会变得很差,但是这副以伦敦城市地图为基础的可视化信息图(见图 5-3),却将这

---

[1] 陈为,张嵩,鲁爱东.数据可视化的基本原理与方法[M].北京:科学出版社,2013.
[2] 参见《数据新闻手册》,http://xiaoyongzi.github.io/web/.

些大量的数据清晰地表达了出来,这些枯燥的数据也变得可爱起来。

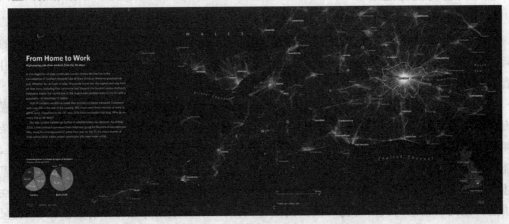

图5-3　伦敦每天从家到工作地的人员流通情况[①]

(二)读者交流的宠儿

当一件作品开始允许用户进行探索并且和它互动时,它就开始有了情感,可视化的新闻也是这样。用户通过使用鼠标或者触控屏幕,对产品的内容、阅读的顺序都可以有较大程度的可控性。他们最关心的部分也会通过他们的操作被直接地显示在属于他们自己的界面中,减少了不必要和他们不感兴趣的信息的干扰,方向性和内容的范围也会得到提高。同时因为用户开始有了选择权利,使用过程中阅读的疲劳感也会被相应削弱,这样作品的阅读层次也会被进一步提高。例如,对于球迷而言,如果有一件可视化作品,它既能够让你摆脱大量的数据,又能够轻松地对你喜爱的球队进行专业的数据分析,我相信应该没有人能拒绝得了这样的产品。图5-4就是雅虎在2014年世界杯期间对参赛的32支国家队的球队信息和数据分析制作的可视化作品,当然,这件作品也得到了球迷的关注和欢迎。

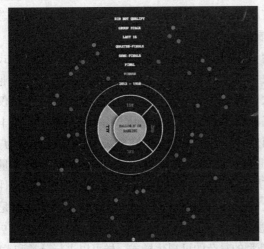
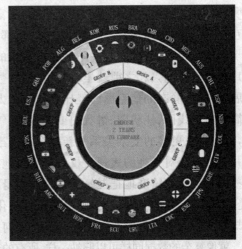

图5-4　雅虎对2014年世界杯的可视化分析作品[②]

---

① 作品来源于 http://theinformationcapital.com/project/from-home-to-work/.
② 作品来源于 http://dataworldcup.eurosport.com/#!/golden-ball.

（三）内容的优秀注解

如果需要对内容进行解释，尤其是对数据进行解释，可视化就会成为一种非常好用的工具，至少比文字好用得多。就像新闻的标题通常用比较大和比较粗的字体，来引导读者的视线，让他们明白他们应该关注什么一样。可视化同样也可以作为内容的优秀注解，去引导读者。

可视化是呈现数据的主要方法，它将数据分析的结果以静态的或交互式或视频的可视化的方式呈现给观众，将内部数据之间的复杂关系直观地进行解释和分析。尤其是很多复杂的新闻是由连续的新闻报道形成，通过可视化的方式可以让观众很快地了解新闻事件的背景，从而能够使得观众更深刻地理解新闻事件发展进度意义及价值。这种以图为主的新闻和故事的叙述方式更加适应当前社会人们的信息浏览习惯，也从根本上颠覆了以传统的文字和线性故事讲述为主的旧信息时代的传播习惯。当然，所有的一切都是因为在海量的数据之下，也只有可视化的思路可以直观、简洁、优雅地来吸引观众的眼球，相比于简单的文字介绍，可以引导观众关注新闻，发现事物之间的关系，了解新闻背后的含义。

可视化内容的呈现方式不仅使得形式更加简洁，同时也使得内容变得精炼。数据可视化的过程就是一个新闻和信息不断地被细化和筛选的过程，通过记者提取出来的有用和高质量的信息，通过设计师运用软件和技术手段，继而被加工成可视的信息。这个过程让信息不断完善，内部逻辑理顺，新闻逐渐变得清晰。除了图表之外，还可以借用动态图形动画（motion graphics）来加深受众接收信息和内容的兴趣。

三、美丽的星空——数据可视化的新语言

在过去的十几年里，大量的新的信息图表开始出现，种类繁多，表现力丰富，同时又具有很强的创作技巧，这些图表大多由计算机算法生成，交互性极强。初次接触这些项目和作品，就像面对满天的星斗，美丽却又神秘。在这漂亮的星空中，色彩、文字、图形、大小、形状、对比度、透明度、位置、方向、布局、形态相互组接，丰富而多元，从二维到三维，从静态的展示到动态的交互，从界面到虚拟现实，这些图表样式也都展示了当前可视化的流行的趋势和现状。

当然，这些纷繁的图表并不是一蹴而就的，它最初的表现形态为静态信息图，这种形式的图片在数据新闻兴起之前就早有使用，随着数字技术的发展，尤其是当可视化进入各个行业的发展领域时，静态的信息图已经比之前有了太多的改进。首先从样式上看，图形已经不再仅仅是简单的折线图、柱状图、饼状图或者地图、气泡图了，而是开始出现了纷繁多样的、色彩丰富的，可以表现更多的复杂关系的新型图表。当然，之所以将这些星空中美丽的星星称之为美，也并不意味着对于她的表现仅仅只是简单地拥有华丽的视觉外表而已，而更重要的是大量的这些图表更能够精准地把握好美与信息本身功能之间的平衡关系，是更好的"理性"与"感性"、"美丽"与"实用"的一种平衡，如果对于可视化的设计只是为了漂亮而绘制出图形复杂但是内容却空洞和没有价值的数据图形是没有任何意义的。

就像复杂的数据同样可以归纳一样，所有的新型的复杂的可视化样式一样可以进行分类和总结。VisualComplextiy.com 的站长 Manuel Lima 就对这些新的样式进行了总结（见图 5-5），这也几乎是目

前最好的对新型可视化样式的总结,从中也可以发现大量的国内外优秀可视化作品的影子[1]。

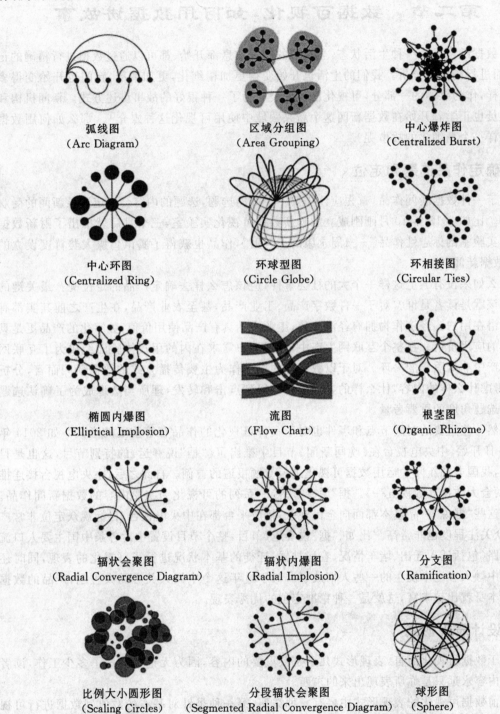

图5-5 Manuel Lima 总结的15种可视化新语言

---

[1] Manuel Lima.视觉繁美:信息可视化方法案例解析[M].杜明翰,陈楚君,译.北京:机械工业出版社,2013.

第二节 数据可视化:如何用数据讲故事

当数据已经成为一种生活状态,当身边的所有信息都开始、都可以通过数据进行精确的记录,继而进行精准的分析。我们的生活也开始变得更加精细化,更加精准,新闻也开始变得多样。同样,作为媒体的一部分,可视化已经发展成为了一种很好的故事讲述方式。新闻机构和从业人员也正学着开始在数据新闻这个新兴领域中使用可视化这种媒介[①]。那么如何用数据来讲这样一个精细化的故事呢?

一、确定作品选题和定位

对于一件数据新闻作品,首先应该需要一个好的选题,选题的内容会决定这条新闻的受欢迎程度。比如2013年10月刚刚成立的财新数据可视化实验室,三个月后就推出了财新数据可视化实验室的标志性作品——《周永康的人与财》,作品也获得了腾讯传媒大奖首度设立的"年度数据新闻"奖。

那么如果没有遇上这样一个大的社会事件,应该怎么样去确定产品的定位呢?最关键的问题应该就是读者是谁?对于一件数字产品、工业产品,甚至农业产品,在生产之前其实都有它们的潜在用户。经济作物拥有经济价值,工业产品具有产品使用价值,数字化的产品更是具有广泛的应用价值。在整个互联网生态中,包括用户需求在内的用户体验已经成为了互联网应用生产中非常重要的一环。对于以数字化的媒介作为主要传播方式的数据新闻而言,分析用户,考虑什么样的内容,什么样的方式更容易得到点击和转发,理所当然地成为了确认选题内容和选题角度的重要考量。

当然一些重要的时间节点和事件也对于一件可视化的作品有着重要的意义。如2014年1月25日开始,中央电视台在《晚间新闻》节目中推出了《"据"说春运》的特别节目,这也是目前为止,我国电视新闻中运用数据可视化进行专题报道的首例。自此之后,中央电视台接连推出了《两会大数据》《数说五一》《"据"说春节》等一系列的可视化为主要内容的数据新闻作品。央视的这些"据说"产品基本都面向全民观众,播放平台都在中央电视台,目标观众定位非常广泛,群众关注程度也非常高。比如《"据"说春运》节目,整个节目设置中对各条中国主要人口流动的线路(包括迁入迁出、堵车情况、春运神器)迁徙的基本状况进行了可视化的表现,同时还在节目中融入春运中发生的一些人情故事。对于过年这个中国人关心的大主题,产品的数据和内容本身就比较丰富,这就是一种精准定位的优秀表现。

二、设计表现形式

对于数据可视化而言,表现形式几乎是最重要的内容,因为无论背后做了多少工作,读者看到的内容永远只是你所表现出来的东西。

目前数据可视化的表现形式主要有三种类型:第一种是针对基本的数值型数据进行可视化。可视化的形式也是传统的统计学图表,例如饼图、柱状图、折线图等,它们的作用主要是显示各个数据的量值,并进行直观的比较,或展现其变化规律。第二种是文本型数据的可视化。

[①] 邱南森(Nathan Yau).数据之美[M].张伸,译.北京:中国人民大学出版社,2014.

可视化的形式有词树(word tree)、词云(word cloud)、标签云(tag cloud)等,它们的作用主要是对文本的特征进行直观呈现,如词出现的频率、出现的语境等。第三种是针对关系类数据的可视化。事物、人或各种组织机构的关系,都可以通过网络图(network diagram)等进行呈现。因此,要完成新闻内容的可视化加工,就要求对内容数据的类型先做一个定义和归属,它到底是属于数值型数据还是文本型数据或是关系型数据。

(一)重视数据来源

数据新闻作品,数据才是真正的核心。可视化对数据分析至关重要。《可视化数据》(Visualizing Data)一书的作者威廉·克利夫兰对数据可视化如此评价:"它是进行数据分析的第一个战场,可以揭示出数据内在的错综复杂的关系,在这一点上可视化的优势是其他方法无可比拟的。"

从哪里得到数据,如何确保得到数据的准确性和权威性,得到数据如何组织和分析,组织这些数据会产生什么样的意义,这些都是需要在做作品之前需要认真考虑的问题,而这项工作也为后期的可视化和受众的认可奠定了基础。比如《新京报》的作品《利剑出,百虎落》[①]就是在收集整理所有十八大以来落马的副部级以上官员多方面信息基础之上,制作出的全媒体交互型时政专题报道。而作品的制作时间也选择了十八大后落马的第 99 只"大老虎"出现后,第 100 只"老虎"的落马的关键节点,这也是成为呈现本轮中央反腐行动成果的重要结点。这时,"百虎"图的策划、制作就正式开始,数据收集也正式开始。因为涉及政治,所有的关键数据一定需要在权威的官方公布平台上进行收集和核对,而中纪委网站公布以及新华社的报道就成为了数据来源的不二选择。通过对以上两个数据源的整理最终整理出了至今落马副部级以上高官最全、最准的"数据库"。又比如澎湃新闻的数据新闻作品——《甲午轮回》,是想在甲午战争爆发 120 周年之际,全景式展现战争前后中日双方的战力和其他情况。而这样的数据源,就很少有相关的官网或者权威网络平台进行公布。《北洋海军舰船志》、《清末海军舰船志》、《中日甲午战争全史》以及中国甲午战争博物馆、日本国会图书馆,这些权威的学术著作、博物馆就成为了数据源选择的权威来源。因此选择什么样的数据来源,对于数据新闻作品的可信度,以及进一步的可视化表现都有着更重要的意义。

当然,在重视数据的同时也要确保数据是用来引导,而不是决定整体的用户体验。数据应当能够帮助用户理解新闻内容本身并同时带来喜悦的体验,而不是一定要成为内容的主导。

(二)选择合适的可视化方式

不少相关类型设计文章都对于可视化的设计方式拥有一个比较同一的说法——关注视觉上的信噪比,这也许是所有视觉传达设计共有的一个核心概念,将其衍生到数据可视化的设计领域应该就是将文字、图表、图形等核心的关键元素予以强调并清晰表达在媒介之上,弱化或者去除没有必要的符号、线条、列表等,而后再对信息根据不同的纬度(平面或者立体)划分并重组,逐步对数据进行视觉化的呈现[②]。无论如何,可视化的意义一定是能够让读者更加方便、更加容易、更加清晰地了解新闻事件。比如中国日报网的数据新闻作品——《中国传统节日系列》(见图 5-6)就是想通过聚焦中国传统节日,面向海内外网民传播中国文化,希望集权

---

① 内容参见 http://zt.bjnews.com.cn/2015laohu/.
② 内容参见 http://www.yixieshi.com/ucd/10556.html.

威资讯、实用服务、文化信息数据、互动分享体验功能于一体来展现中国传统节日,同时能让受众更加明确自己看到的,从中了解和学习中国的传统文化知识。既然这样的作品是面向海外受众,有宣传作用,那么作品的交互性和趣味性就应当变得更加的重要。

图 5-6 中国传统节日系列

(三)提高用户阅读深度

数据本身具有不可避免的枯燥性,好的可视化作品不仅可以引起读者的阅读兴趣,更应该让读者沉浸其中,带来喜悦的体验,从而能够完整地观看完整个作品。首届中国数据新闻大赛一等奖作品《"据"说奥斯卡》的可视化工具为拥有互动图形用户界面(GUI)的数据可视化工具——百度 Echarts。通过直观、易用的交互方式来对所展现数据进行挖掘、提取、修正或整合,同时系列选择、区域缩放和数值筛选,可以让观看者有不同的方式解读同样的数据。在作品中,充分运用了时间轴折线图、多维条形图、彩虹柱形图、南丁格尔玫瑰图、环形图、时间轴饼图、雷达图、和弦图、力导向布局图、地图、漏斗图这 11 类互动图表形式来展现数据。同时,通过选取资料,为每一个图表作个性化的阐释与解读,形成包括"美国文化霸权""寂寞的巨头""黄金时代的更替""小清新到重口味""未卜先知?""吸金的奥斯卡""经典中的经典""最佳=好口碑?""纽约与伦敦""老男人与小女人""白羊男与天秤座女""现实与梦幻""雄狮男与凤凰女""结语"等的一条"故事流水线",这也让这件作品有更深入的代入感和故事感。

(四)视觉呈现直观化

尊重用户的使用习惯,也是进行数据可视化中重要的部分。传统的数据统计图示如饼图的使用已经有了两百多年,这些数据呈现和分析方式已经成为了大多数人认知习惯的一部分,而这些呈现方式在阅读和理解中已经没有了任何的学习成本。在合适的内容中尝试使用现有的行为和理解方式来进行数据可视化,这样的设计能获得适应更广泛的人群,也会使人们很容易理解其表达的涵义。例如,图政数据工作室的《还有多少官员独董》(部见见图 5-7)这件作品,因为数据十分匮乏,定义模糊,信源也极其有限,甚至没有人定义过"什么人才叫官员独董"。所有独董的资料散见于不同的年报之中,需要人工判断是否有过官员经历。在这种情况下,需要根据极为有限的个人简介来对人员进行筛选、分类和编码,摸清全国所有官员独董的情况,并对群体进行分析,发现出趋势和规律,同时因为发布媒体为《南方周末》纸质媒体,所以视觉表现非常简单,但同样也很直观。

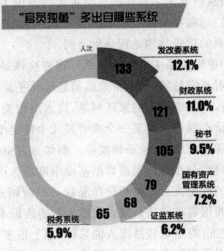

图 5-7 "官员独董"多出自哪些系统

三、静态或动态

根据基本的形态判断,可视化作品主要可以分为静态可视化和动态可视化两种。

(一)静态可视化

静态的信息图是数据可视化最早所表现出来的形式,也是制作成本最小的可视化方式。这类可视化作品技术门槛较低,对于普通设计师而言都可以掌握,且制作时间短,可以在极短的时间内制作完成。尤其是对于时效性很强的突发性新闻而言,静态可视化作品必不可缺。如 2015 年 6 月 2 日发生"东方之星"突发性沉船事故,从沉船事故被央视报道,仅仅七个小时之后,新浪图解天下即发布可视化静态图解作品。仅仅八个小时之后,网易新媒体实验室即发布交互式数据新闻作品动态全景还原长江客轮翻沉事故。经过大量的新闻作品实践,团队和技术的成熟已经在逐渐弥补数据新闻作品的即时性缺陷,这些作品的内容和表现以直观的解释和准确的还原为主,视觉表现的优化并不会成为主要的考虑因素。

(二)动态可视化

动态可视化有两种。第一种是以网络和交互程序为基础的具有交互性的可视化内容,如财新非常有影响力的动态可视化系列作品《三公消费龙虎榜》主要工具就是用 HTML5、CSS3 和 JavaScript 进行设计和制作的。第二种动态可视化是具有连续的通过非线性编辑技术把信息图表、视频、音频结合起来的在时间轴的概念上将文本内容形象化、时空层次化、信息秩序化,并最终以动态的视频形式表现出来的电视或网络视频的可视化表现形态,如央视的"据"说系列就是这类作品的优秀代表。

四、规划可视化的逻辑结构

有些数据新闻的可视化表现形式非常简单,甚至只有几个简单的图表或图片,而有些数据新闻的可视化表现形式却非常复杂,往往是一系列图表或者信息的组合。但是无论是简单的图表,还是复杂的组合,要用这些比文字包含信息量更大的新的方式来阐述故事,同样需要文字叙事一样的故事结构,它们的叙事关系也都应该有一条严密的逻辑链条。因此在用数字讲故事的过程中,理清内在关系的逻辑结构是相当重要的。

那么数据新闻中的这些逻辑关系主要包括什么?首先应该是数据维度的选取,以周永康事件为例,这样一个中国政府高官的落马,所带来的信息量几乎是无限的。比较大的的信息数据有周永康相关的关系网络,周永康相关的家族网络,周永康相关的财产数据等。如果选择这些大的信息数据,可视化的重点就可以是某一个或者某几个特定维度的数据呈现,这些经常选择的维度包括时间维度、地理空间维度、关系维度等。例如通过空间可视化来呈现周永康的家族关系,通过分类来可视化财产分布等。当然数据基础维度的选取,也就决定了可视化作品的内在逻辑关系,比如周永康的社交关系的可视化作品就可以清晰地显示出周永康的势力范围主要在执政过的石油系统、四川省和政法系统。当然大量的数据本身就需要足够的前期工作,包括运用计算机进行数据挖掘,当然也包括深入的采访,加上很多数据之间的关系并没有那么直接,相关性往往是进行可视化时最重要的选择逻辑。尤其是那些包含了多个数据对象、多个复杂关系的数据,可视化的核心工作就是揭示数据的内在结构关系和关联性,而这些结构关系和关联性往往也都是可视化作品的选择逻辑结构。

目前复杂数据的逻辑结构主要可以归纳为以下几种[①]:

(一)基于"关联"的逻辑结构

不论是时间还是空间,相关性都是数据的重要探讨内容。数据新闻中的关联,主要是指数据之间的"关联性"、"直接联系"或者"间接关系"。通过对数据的处理和分析,将数据之下隐藏的内在关系直接表现出来,而这正是可视化报道特别是深度的可视化报道要实现的目标。例如可视化作品《Nobles, no degrees》(见图5-8),就以1901年到2012年所有的诺贝尔获奖者的数据为基础,以哈佛大学、麻省理工学院、斯坦福大学、加州理工学院、哥伦比亚大学、剑桥大学、加州大学伯克利分校等七所全球诺贝尔得主最多的大学作为主要的参照系,以获奖时间作为时间轴,按照不同的年份将这些获奖者的信息分布在作品之上,通过六种不同的颜色标识不同的诺贝尔奖类型,通过实心圆和空心圆分别表示获奖者的性别。通过在Y轴向上的细分,对获奖时的获奖者的年龄进行了五个年龄段的分级,以及在作品的最下方对获奖者的家乡信息进行了整合。通过以上的可视化的工作整体上呈现了历届诺贝尔奖获得者的共同点和差异。

(二)基于"对比"的逻辑结构

对比的逻辑结构是可视化叙事的一个非常重要也是非常常见的手段。最常见饼图、柱状图,甚至散点图本身就是一种基础的对比的手段,而更复杂的信息图,可以将"对比"的思路放在更大的时间跨度和空间跨度上,同时维度也会更多。同样是诺贝尔奖的基础数据,利用对比

[①] 彭兰.数据与新闻的相遇带来了什么?[J].山西大学学报(哲学社会科学版),2015(02):62-72.

第五章　用数字讲故事：数据可视化

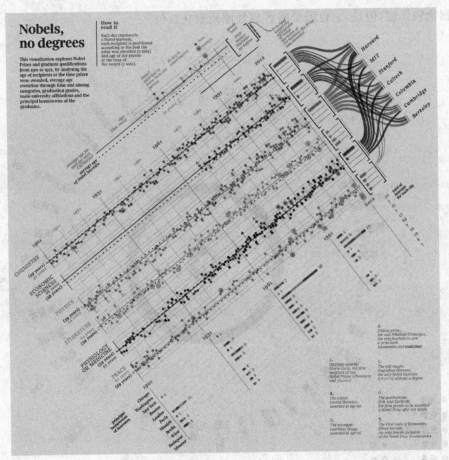

图 5-8　可视化作品《Nobles, no degrees》

的逻辑结构就可以做出和关联结构完全不一样的效果。

例如财新网的《星空彩绘诺贝尔》（见图 5-9），是关于诺贝尔各个年份、各个国家获奖对比的一个信息图表。它的思路是通过分析诺贝尔获奖者的原始数据，以时间线为导向，以原始数据为基础形成了三个基本的对比维度，即同一年度各个国家的获奖情况对比、同一年度各国获得奖项的类型比较，以及该年度各个国家按获奖年龄分布的获奖人的数据对比。同时又在可视化图的右边列出了获奖人的更详细数据（包含照片、名字、英文名、性别、获奖年龄、国家、奖项类别），为各项的对比提供更详细的资料。作品用"20""40""60""80"四个同心圆的位置信息作为一组，表示了获奖者的年龄属性的视觉通道。用 40 多个国家名称组成的同心圆的位置作为第二组，表示了获奖者国家属性的视觉通道。用"蓝""绿""橙""黄""灰"五种色彩分别对应"物理奖""化学奖""生理或医药奖""文学奖""经济奖"等五类诺贝尔奖项作为第三组，表示了获奖者所获奖项的视觉通道。最后在整个同心圆的外轮廓用环形时间轴作为整个作品的第四个视觉通道。三个维度的对比数据，可视化的叙事逻辑用到了四组同心圆表现了三层对比的逻辑结构，逻辑完美且视觉效果优秀。因此，比较性的图表，往往具有一种内在的张力，很多时候，它们也具有评论的力量。当然，就像文字表达一样，比较性的可视化图表虽然有自己特定的数据比较维度,但是,它也需要将客观性原则放在首位①。

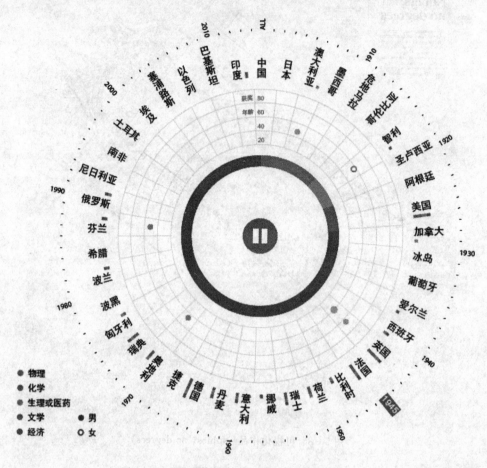

图 5-9 财新网可视化作品《星空彩绘诺贝尔》

(三)基于"演变"的逻辑结构

可视化或信息图表中,对事物的演变过程进行推演的逻辑也是另外一种常用的可视化逻辑。当然在某种意义上,演变也可以认为是一种比较,只不过它是单一变量或属性基于时间维度的比较,比如常见的折线图、堆栈图都是基于"演变"的逻辑。当然和"对比"一样,也可以通过更复杂的"时间线"等揭示更大跨度的变化过程。

例如华尔街日报的数据新闻作品《20 世纪以来和传染病的斗争:疫苗的影响》(见图 5-10),这篇报道主要讲述了 20 世纪以来美国通过使用疫苗对于传染病预防起到的推进作用。整个图表就像一个坐标空间中的象限,X 轴代表年份,Y 轴代表美国不同的州,而不同颜色的小色块都代表了这一年每个州传染病的病例数量,颜色从蓝到红,分别表示感染病例的数量的量级的增加。图表中间的一条黑线标明了疫苗引进的时间,将疫苗的引进时间进行了分割。通过图可以清晰地看到,在疫苗引进之后,传染病得到了很好的控制,尤其是在 2000 年之后,所有州的传染病例几乎消失殆尽。这就是除了折线图之外的另一种"演变"的可视化

---

① 彭兰. 数据与新闻的相遇带来了什么?[J]. 山西大学学报(哲学社会科学版),2015(02):62-72.

逻辑。

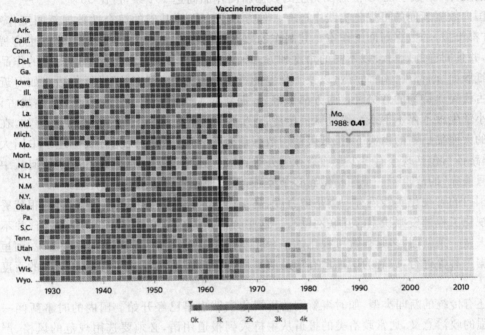

图 5-10 20 世纪以来和传染病的斗争：疫苗的影响

五、目前国内外数据新闻可视化的表现形式差异

国外的知名媒体机构一直是数据新闻可视化方面的先驱。包括英国的《卫报》以及美国的《华盛顿邮报》、《纽约时报》、美国有线电视新闻网（CNN）、纽约公共广播（WNYC）、美国国家公共广播网（NPR）、美国政治新闻网（Politico）等大量的欧美媒体都已经有了自己成熟的数据新闻团队和作品，并且在可视化领域的开拓也一直有很强的前瞻性。如《卫报》的数据新闻团队在"2012 美国大选报道"专辑中的 55 篇报道中除了静态图表之外，有近 1/3 的报道运用了交互式动态图表，如《交互式导引：2012 美国总统大选结果一览》。同时《卫报》还创新性地引入了视频，从而有效拓宽了可视化的表达形式。如在《美国总统大选过程的 Twitter 呈现》中，作者对大选当天 Twitter 用户主动发布的个人投票结果进行了统计，并将这些带有地理位置信息的数据制作成视频，生动有趣地显示出了在选举过程中，Twitter 上的选民投票趋势，该视频于大选结束次日上传到了 YouTube，仅仅 3 天，点击量就已经超过 2000 人次[①]。

国内的数据新闻的可视化实践和研究主要以传统媒体和网络媒体平台为主，主要是基于大型门户网站的数据新闻频道或者依托传统报纸杂志的新媒体平台进行的数据新闻报道，包括网易的"数读"、腾讯的"数据控"、搜狐的"数字之道"、财新网的"数字说"等。这类作品的可视化主要以静态的图表为主，并辅助以新闻内容对新闻事件或要素进行解读。如网易数读的

---

① 文卫华,李冰. 大数据时代的数据新闻报道——以英国《卫报》为例[J]. 现代传播（中国传媒大学学报），2013(05):139-142.

《偷渡移民死亡地图:地中海成不归路》就是根据国际移民组织(IMO)2014年9月发布的一份报告的数据进行的可视化分解。国内的可视化作品依然以静态图为主,根据根据暨南大学王娜君的统计[①],"数字说"以静态图为主的数据新闻作品高达151条,占比96%。

国内数据新闻的可视化实践中还有一种方式是有媒体基础的综合性数据新闻工作室,如《南方都市报》的数据新闻工作室。其制作的数据新闻有信息图,也有交互图,同时也有视频类作品,并且同样的题材会以不同的角度和方式辅以合适的表现手法制作不同内容的作品再通过报纸版面、南都网、南都官微,以及工作室的微信公众号"南都有数"进行传播。如习近平在强调古代经典诗词的意义时,《南方都市报》数据新闻工作室就出品了交互作品《挑战古诗词,打败小学生根本停不下来》,通过微信传播,5万多人用答题的方式做了"自测"。再如,在赠送澳门的大熊猫病亡的由头下,报纸版面用数据结合信息图平面的视觉方式梳理了中国大熊猫"留洋路径",包括现今有多少大熊猫在国外等;同时,还用动画视频方式,讲述"如何从中国弄走一只熊猫"的故事。一个题材做到多个姿态,深度使用资源,更加强了传播效果[②]。

国内的可视化实践还有一类是像百度、阿里巴巴这样具有数据获取优势,且有很优秀的前端可视化工程师资源积累的互联网巨头。这些公司因为多具有浓重的互联网基因,并不会实际地去做一条新闻,多是通过可视化的平台化制作工具如百度的Echarts、百度图说、阿里云的大数据工具等进行,或者为增加已有产品的可用性进行拓展,如作为百度地图拓展的百度迁徙图等。

还有传统的新闻类型,如时事新闻的可视化实践也早已经开始。国内的时事新闻一般具有很强的政治意义,通常政治类的报道从主持人到报道用语,必须要选用规范的风格、严谨的语言,来体现政治的严肃,当然这样的风格也并无错误,但是同时也带来了反面的影响。对于一般观众而言政治离生活太远,距离感强烈,导致关注度也并不高,并没有将政治新闻的效用最大化地发挥。但从近年来的《新闻联播》到"两会"的报道,无论是传统媒体还是新媒体,一旦发现有价值的新闻话题,他们都在试图整合和解读数据,将数据转换成其他图形或视频模式,以可视化的内容分析得出报告。这样的报道方式由于更丰富、直观的表现,吸引了各年龄段的观众,明显地提高了时事新闻的传播效果。例如在2015年的两会报道中,几乎所有的媒体在报道时都开始涉及可视化的方式,并且这些新的方式也成了报道的亮点。例如,新华网数据新闻部在两会期间推出的数据新闻作品——《图解最高人民法院工作报告》,用图表和数据相结合的方式,对2014年最高人民法院的具体工作,以及2015年的工作安排的关键部分进行了直观的呈现。同样是在两会期间,光明网《"据"焦两会》专栏,根据网友的关注度,提取出了"公平、公正、反腐、司法"等四个主要的关键词,将7000多字的大会报告,用五张信息图呈现,并配有网友们关注度较高的案例说明,这些新的方式都做到了形式简洁同时把报告的重点内容,特别是百姓最关注的部分进行了清晰的展示。

第三节 可视化用到的工具

数据可视化初学者面临的第一个问题就是工具的选择,对于数据新闻的入门学习者而言,

---

① 王娜君."数据新闻"在我国新媒体平台的实践及发展路径探究[D].广州:暨南大学,2014.
② 邹莹.可视化数据新闻如何由"作品"变"产品"?——《南方都市报》数据新闻工作室操作思路[J].中国记者,2015(01):92-93.

选择合适的工具不仅可以降低学习成本,更有助于对数据新闻本身产生兴趣,而不会迷失在众多的复杂的计算机工具的海洋之中。目前有很多数据新闻的分析与可视化软件工具,其中大部分是在线的,这些在线工具中的大部分是面向大众免费开放的,而且基本都能够满足数据可视化的需求。

一、可视化工具介绍

成熟的设计团队现在越来越多地使用设计优良、基于网络的、具有交互功能的高级编程和分析工具,比如 R 语言。但是数据可视化本质却是旨在借助于图形化手段,清晰有效地传达与沟通信息。所以,这并不就意味着,复杂就代表着可视化的水准,或绚丽多彩一定优于简洁。

下面为大家介绍的都是最常见的可视化工具,案例介绍的都是不需要编程基础和设计基础即可使用的工具,这也更符合本书读者群众的要求。

(一)最容易上手的可视化工具——Excel

毫无疑问,对于一个初学者而言,Excel 一定是学习成本最低的工具。虽然它的图形化功能并不强大,但却足够简单易用。尤其是最新即将发布的 Office 2016 也正在显示出微软对于这个已经有着强大的群众基础的软件的可视化方面的支持力度[①]。

Excel 支持包括柱形图、条形图、雷达图(包括雷达图、股价图和曲面图)、曲线图、折线图、面积图、饼图(包括圆环图、饼图)、散点图(包括散点图、气泡图)以及组合图表等所有常见的统计图表。

(二)在线的 Excel——Google Spreadsheets(见图 5-11)

Google 的在线文档工具集其实就是在线版的 Excel,两者的界面也非常相似,使用方法也非常相似。但和 Excel 相比,它拥有一些其他的优势,如数据的在线存储,方便共享,实时协作更加方便等。此外 Google Spreadsheets 还在 Gadget(小工具)中添加了很多有用的图表(见图 5-12)。但是目前国内的谷歌服务并不稳定,同时并没有中文版,所以对于使用者的网络和英文能力都有所考验。

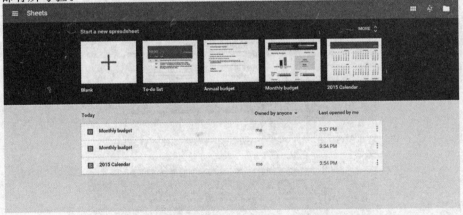

图 5-11 Google Spreadsheets 初始界面

---

① Excel 2016 新增更多数据分析与可视化功能[EB/OL]. http://www.ithome.com/html/office/172832.htm.

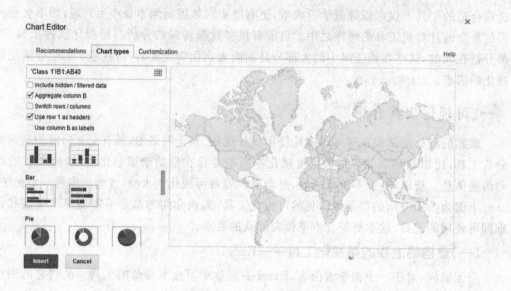

图 5-12　Google Spreadsheets 的添加图表界面

（三）自带多样式库的可视化工具——iCharts

iCharts 是一个在线的数据可视化工具，被广泛应用于商业、经济、体育等领域的报告中。iCharts 免费版本提供了一些基本的交互式图表样式，如图 5-13 所示，有许多不同种类的图表可供选择，每种类型都完全可定制。iCharts 有交互元素，可以从 Google Doc、Excel 表单和其他来源中获取数据。

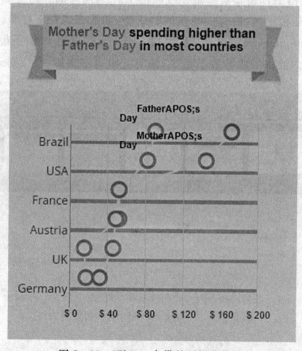

图 5-13　iCharts 自带的可视化样式

(四)文字云分析工具——Tagxedo 和图悦

词云,或者叫文字云,就是对文本中出现频率较高的"关键词"予以视觉上的突出,形成"关键词云层"或"关键词渲染",从而过滤掉大量的文本信息,使浏览网页者只要一眼扫过文本就可以领略文本的主旨[1],而词云也是现在文本可视化中最重要的表现形式。

专业的文字云分析工具有国外的 Tagxedo 等,功能丰富,可以对文字云的输入内容、形状、主题、字体等各种设置来达到想要的效果(见图 5-14),而且完美支持中文。采用 sliverlight 渲染,优点在于可以自定义词云的形状,可以提取导入的文本或者 url 内容的高频词作为构成元素,绘制个性化的词云。但是因为国内浏览国外网页不稳定的问题,这里推荐使用另一款国内的词云工具——"图悦"。图悦支持文章的文字内容上传或者直接复制文章地址进行可视化词频分析。

图 5-14 用 Tagxedo 生成的文字云可视化效果

(五)专业的地图可视化工具——ARCGIS

ARCGIS 是进行地图类数据可视化的专业软件,它具有强大的地图制作、空间数据管理、空间分析、空间信息整合、发布与共享的能力,也是专业的地图绘制软件。ARCGIS 桌面版包含有三种可实现制图和可视化的应用程序:ArcMap、ArcGlobe 和 ArcScene。其中 ArcMap 是在 ArcGIS 中进行制图、编辑、分析和数据管理时所用的主要应用程序,同时 ArcMap 可用于所有 2D 制图工作和可视化操作。

(六)网络关系图表专家——Gephi

Gephi 是一款网络分析领域的数据可视化处理软件,开发者对它寄予的希望是:成为"数据可视化领域的 Photoshop",可见这款软件的定位。其主要用于各种网络和复杂系统,在链接分析、社交网络分析、生物网络分析等一切和"关系""网络"有关的数据可视化中都有很好的应用,如图 5-15 所示。在 undemy 网站上有 Gephi 的详细的教程[2],比较详细地介绍了基本使用方法,还有大量实际操作的视频演示,便于初学者快速入门,当然,教程是中文的,也是免费的。

---

[1] 紫竹."词云"——网络内容发布新招式[EB/OL].(2006-04-07). http://media.people.com.cn/GB/22100/61748/61749/4281906.html.
[2] 教程参见 https://www.udemy.com/gephi/#.

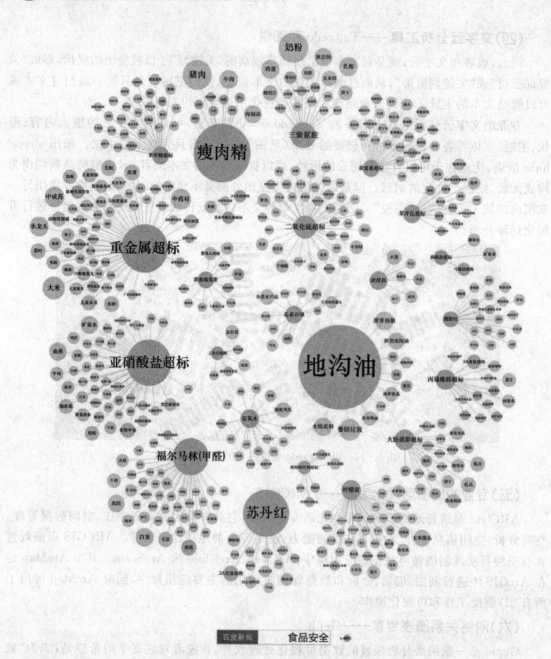

图 5-15 "图表汇"博客利用 Gephi 绘制的食品安全的信息图

（七）桌面系统中最简单的商业智能工具软件——Tableau Desktop

Tableau Desktop 是 Tableau 公司开发的桌面系统中最简单的商业智能工具软件，也是目前国内桌面级的可视化工具中使用最为广泛的一个，还是在众多免费的可视化工具中为数不多的收费的一个。它也可以调用多种数据来源，支持包括 Excel 在内的各种数据库类型，同时能将最终结果发布至网络中，以供别人访问。它同样支持团队协作，由多个人同时完成一件任务。

一般个人使用这个工具可以用免费版,这意味着可以用它来创建各种复杂的可视化,Tableau 支持多达 100000 行以上的数据处理。最著名的做数据新闻的媒体英国《卫报》就使用 Tableau 这个软件做过许多有意思的图,比如早期的 Budget 2012,就结合了不同类型的图在一起。用户也可以用它做一个小型的数据中心,比如《卫报》的美国总统竞选资金募集项目,就把各种信息堆积在一起将 Tableau 当做一个小型的数据中心。但 Tableau 的缺点也比较明显,对输入数据类型有要求,运行速度也比较慢,且只能支持 PC。图 5-16 即为用 Tableau 制作的可视化作品。

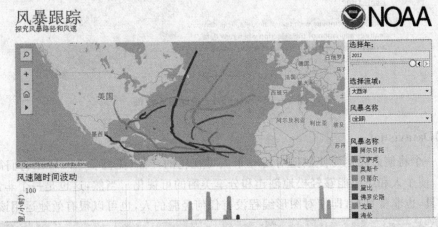

图 5-16 使用 Tableau 制作的可视化案例

(八)国产免费的综合可视化工具——Echarts 和百度图说

如果只能有一款国产可视化工具进行推荐,笔者一定会好不吝啬地推荐 Echarts。当然如果你基本没有什么编程基础,也不想去学 JavaScript 的话,那么它的兄弟——百度图说一定是备选项中的最好选择。Echarts 缩写来自 Enterprise Charts,是百度开发的是一款免费的商业级数据图表,这是一个纯 Javascript 的图表库,可以流畅地运行在 PC 和移动设备上,同时兼容当前绝大部分浏览器(IE6/7/8/9/10/11,Chrome,Firefox,Safari 等),它可以提供直观、生动、可交互、可高度个性化定制的数据可视化图表。具有拖拽重计算、数据视图、值域漫游等特性大大增强了用户体验,赋予了用户对数据进行挖掘、整合的能力。它几乎支持包括折线图(区域图)、柱状图(条状图)、散点图(气泡图)、K 线图、饼图(环形图)、雷达图(填充雷达图)、和弦图、力导向布局图、地图、仪表盘、漏斗图、事件河流图等 12 类常见的所有图表类型,同时提供标题、详情气泡、图例、值域、数据区域、时间轴、工具箱等 7 个可交互组件,支持多图表、组件的联动和混搭展现[①]。对于国内的初学者而言,Echarts 基本是学习成本最低,学习难度最小,表现形式和功能却又最综合的可视化工具。

(九)Venngage

如果你具备专业的美工知识,通过熟练使用各种设计作图软件制作信息图当然是小菜一碟。如果你不具备这方面的专业知识,那可以使用一些简单实用的信息图制作工具,比如 Venngage(见图 5-17),它可以提供自定义的模板、相关图片部件和小工具来帮助你完成信

---

① http://echarts.baidu.com/doc/about.html.

图,当然它也可以从 Excel 或者 Google 电子表格复制粘贴数据,也可以直接粘贴 Google 表格的链接,制作图表,然后选择用地图、图表或图片进行展现。

图 5-17　Venngage 新建图表页面

(十)Datavisual

这是一个将使命设定为使数据对每一个人可视化的产品(见图 5-18),在它们简单的用户界面上,使个人和组织能够轻松地创建和分享美丽的可视化。当然,这也是一个非常好用的可视化工具,也非常直观,即使对图形编程没有任何经验的人,也可以很有效地运用该工具。

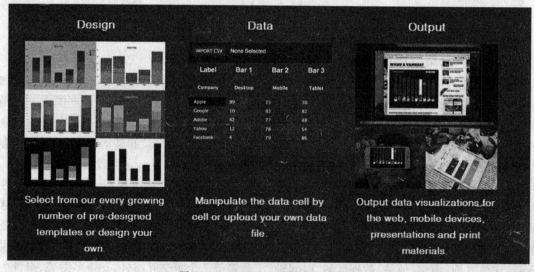

图 5-18　Datavisual 在线工具界面

(十一)Potly

Potly 是一款在线的可视化数据分析绘图工具,也是一款可视化数据绘制工具。它支持在线制作的科学绘图、数据分析工具,也支持可视化数据分析和绘制成各种效果图。同样这个工具支持任何格式的数据导入,例如 Excel 电子表格、CSV、TSV、Matlab、MS Access 或者文本,你只需输入从电脑上传,或者复制粘贴,或者推拽进去,或者导入都可以,并且支持众多图形,也有 API 支持可以将图形放到第三方应用上,当然你还可以通过它连接你的 Twitter 账号等社交媒体账号。

Plotly 上面有标示为"探索(Explore)"的按键,可以看到其他用户的数据可视化作品,这样你就能大致了解 Plotly 的图像成品。参考之后,你就可以在"工作区(Workspace)"绘制自己的图表。一开始,需要点击"导入(import)"上传自己的数据文件,或者在添加"新网格(new grid)"后复制粘贴表格。这些数据栏都是自动编码的——如果你想更改它们在成品中显示的名字,只需右键单击你想当做标题的那行,选择"使用行作为栏目标题(use row as column headers)"。其初始界面如图 5-19 所示。

图 5-19　Potly 工具的初始界面

(十二)Silk

Silk(见图 5-20)可以让你使用多个数据可视化,并配以文字形成一个独立的故事。每个可视化都可以被分享或嵌入其他文章。

图 5-20　Silk 工具

(十三)Flot

Flot 是一个用于 jQuery 的专业绘图库,有很多便捷的特性,最关键的是,它可以在跨浏览器平台上工作(包括已经不被主流工具所支持的 IE6)。它也可以把数据做成动画,因为它是一个 jQuery 插件,所以你完全可以控制动画、演示和用户交互的方方面面。用 Flot 制作的可视化图表如图 5-21 所示。

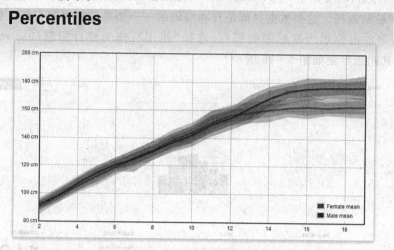

图 5-21　Flot 制作的可视化图表

(十四)Timeline

Timeline 是一个由 MIT 开发的奇妙的小工具,它可以绘制漂亮的交互式时间轴,用户滚动鼠标,时间轴会相应变化,点击时间轴上的元素,可显示更多信息,如图 5-22 所示。

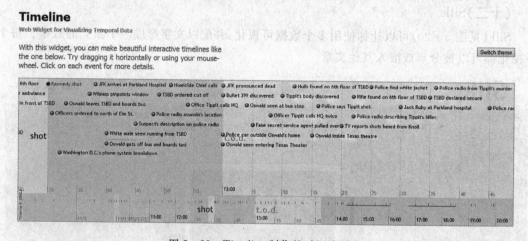

图 5-22　Timeline 制作的时间线图表

(十五)高级统计计算和统计制图工具——R 语言

R 语言是一个数据可视化的初学者达到高级水平的必经之路,也是一定需要涉及的软件之一。它足够强大,几乎可以应对任何的可视化工作,从简化数以百万计的 GPS 数据,到制作泡泡图或简单地绘制大量的直线到地理信息数据、交通数据、城市规划数据的多数据交叉处理和提炼,它都显示非常地好用。但是,所有这一切的前提是,你得学会这门语言。

二、基于 HTML5 的数据可视化工具

HTML5 是如今最先进的 Web 开发技术,虽然已经沿用了多年,但是 HTML5 的技术标准,其实并未明确制定完成。2014 年 10 月,互联网权威技术组织万维网联盟(W3C)正式宣布,历时八年的 HTML5 标准制定全面完成,正式开始面向行业作出采用推荐。

HTML5 似乎在一两年内就成为了最流行的网络开发语言,各种朋友圈的刷屏也为它的传播造足了势。其实它的本质就是一个基础的网页开发语言和规范,HTML5 也就是 HTML 协议的第五个版本。当然 HTML5 的优势本身也很明显:网页上直接运行无需插件、手机平板方便兼容、代码开发和维护相对容易,这些也都成为它流行的原因,HTML5 也在不同的领域让网页设计更强大、快速、安全,所以自它诞生以来,作为新一代的 Web 标准,越来越受开发人员及设计师的欢迎,特别是在如今日新月异的移动时代,除了 iOS、Android 两大平台,还有 Windows Phone、Blackberry、Bada 等多个竞争,恰恰给了 HTML5 展现才能的机会。

在 PC 客户端,支持 HTML5 的浏览器包括 Firefox(火狐浏览器)、IE9 及其更高版本、Chrome(谷歌浏览器)、Safari、Opera 等。国内的遨游浏览器(Maxthon),以及基于 IE 或 Chromium(Chrome 的工程版或称实验版)所推出的 360 浏览器、搜狗浏览器、QQ 浏览器、猎豹浏览器等国产浏览器也同样具备支持 HTML5 的能力,以目前国内 PC 端的浏览器份额来讲,基本上可以覆盖到 90% 以上的用户人群。而在移动端,因为国内智能手机的普及率,基本所有的智能手机的浏览器都可以很好地支持 HTML5。因此 HTML5 的这些新的特性功能,允许开发人员和设计师创建各种新的应用,也为数据可视化的表现进行了有力的拓展。当然 HTML5 最大的优点就是这个技术可以进行跨平台的使用。比如你开发了一款 HTML5 的可视化作品,你可以很轻易地移植到 UC 的开放平台、Opera 的游戏中心、Facebook 应用平台,甚至可以通过封装的技术发放到 App Store 或 Google Play 上,所以它的跨平台性非常强大,这也是大多数人对 HTML5 有兴趣的主要原因,HTML5 也是最移动化的开发工具。下面主要介绍几种在数据可视化中比较好用的 HTML5 的数据可视化的工具。

(一)Chart.js

Chart.js(见图 5-23)是面向对象的 JavaScript 的图表库,使用 HTML5 画布来实现漂亮的图表。它目前支持 6 个图表类型(线图、条形图、雷达图、饼图、柱状图和极区)。Chart.js 也可以帮你用不同的方式让你的数据变得可视化,每种类型的图表都有动画效果,并且看上去非常棒,即便是在 retina 屏幕上同样可以很好地表现。同时,Chart.js 基于的 HTML5 canvas 技术,支持所有现代浏览器,并且针对 IE7/8 还提供了降级替代方案。

图 5-23 Chart.js 的初始界面

(二)RazorFlow

RazorFlow 是一个 PHP 框架,用于快速、方便地创建能够在所有主流的移动设备和浏览器上应用的响应式 HTML5 仪表板。它的工作原理简单,只需要插入一个单一的 PHP 文件到任何应用程序,给它添加数据,选择输出类型就可以了,它也可以与 MySQL 和 PostgreSQL 或 SQLite 数据库结合使用。图 5-24 是用 RazorFlow 制作的 HTML5 图表。

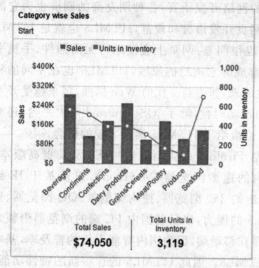
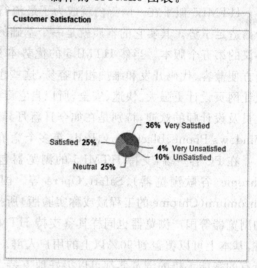

图 5-24 利用 RazorFlow 制作的 HTML5 图表

(三)Envision.js

Envision.js(见图 5-25)是一个 JavaScript library,用来简化创造快速又具有互动性的 HTML5 视觉化图像。它有两种不同的图表类型,即财务型的时间序列资料以及专为开发者所用的 API 以建立客制化图表。它采用 framework-agnostic 模型以及依赖部分微型图表库。

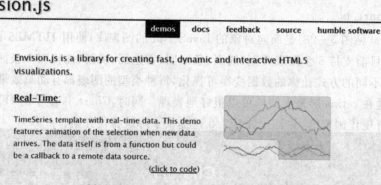

图 5-25 Envision.js 在线工具界面

(四)HumbleFinance

HumbleFinance 是一个利用 HTML5 进行专业财务类数据可视化的工具,它和 Google Finance 很相似,也和 Flash 工具有些相似。这个工具主要是利用 Prototype 和 Flotr libraries,很适合用来显示金融财务数据,也适合显示任何共享轴线的两个 2D 数据集。图 5-26 即是用HumbleFinance制作的财务可视化图表。

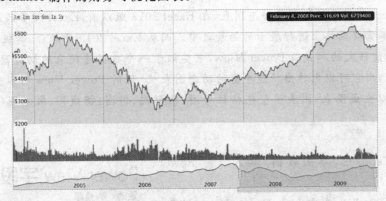

图 5-26 利用HumbleFinance制作的财务可视化图表

三、入门级可视化工具使用及实例

初学者最先接触的可视化类型大都是基本的图表。可视化常用的图表主要有：曲线图——用来反映随时间变化的趋势；柱形图——用来反映分类项目之间的比较,也可以用来反映时间趋势；条形图——用来反映分类项目之间的比较；饼图——用来反映构成情况及部分占总体的比例；散点图——用来反映相关性或分布关系；地图——用来反映区域之间的分类比较。但是如果项目本身比价复杂,那么如何选择合适的图表进行可视化的工作呢？

下面的案例都是用前面提到的基础的可视化工具制作的,希望可以让可视化的初学者对这些工具的使用有一些基本的了解。

【案例】

利用 Excel Power View 工具创建一个交互式的中国历年GDP增长率可视化图表(见图5-27)

1	年度	GDP 收入(亿元)	增长
2	2012	519322	9.82%
3	2011	472882	17.87%
4	2010	401202	17.69%
5	2009	340903	8.55%
6	2008	314045	18.15%
7	2007	265810	22.88%
8	2006	216314	16.97%
9	2005	184937	15.67%
10	2004	159878	17.71%
11	2003	135823	12.87%
12	2002	120333	9.74%
13	2001	109655	10.52%

图 5-27 1953—2012年的国内GDP数值和每年的GDP增长量数据表

分析：

当然，Excel 并不是只能制作静态图表，在 Excel 2013 版以前，Excel 大多只是用在不需要交互效果，也不需要在网络上进行展示的场景之中。而从 Excel 2013 开始后，新版本的 Excel 都提供了一个功能强大的加载项 Power View，它类似于一个数据透视表的切片器，可以对数据进行筛选查看，用它可以制作出功能丰富的动态图表[①]。同时 Power View 可以生成表格的查看方式，也可以生成图表，图表类型包括柱形图、条形图、饼图、折线图、散点图（气泡图）以及地图。

步骤：

（1）在 Excel 中，单击数据"插入"→"Power View"。

（2）此时将打开一个空白的 Power View 报表，它是该工作簿中的一个工作表。

（3）在"Power View 字段"区域中，单击"区域"向下的箭头将其展开，可以看到包括"GDP 收入""年度""增长"三个字段名称（见图 5-28）。

图 5-28　Power View 字段

（4）因为我们需要展示的是随着年度的变化 GDP 收入的变化和增长率，所以需要将"区域"中的"增长"拖入到"字段"中，如图 5-29。

（5）拖动生成的图表右下角，使图表完整显示。

（6）点击需要生成"增长图表"，选择菜单栏中的"设计"选项卡。

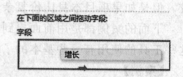

图 5-29　拖动"增长"字段

（7）选择"其他图表"中的折线图。

（8）此时出现了"轴"区域（见图 5-30），因为增长率是按照年度字段变化的，所以将年度字段拖入到轴区域。

图 5-30　"轴"区域

---

① Power View[EB/OL]. http://baike.baidu.com/link?url=_jVXKC1xwUtLGgttdKWq5yfQmJ047HNAREuBmVrlDqoADqaeVs5452uapwEpUUvQp1p4TQX01F9POJ2t2qMABK.

第五章 用数字讲故事：数据可视化

(9)此时折线图已经生成(见图5-31)，并且时间轴可以移动观察历年的GDP增长率。

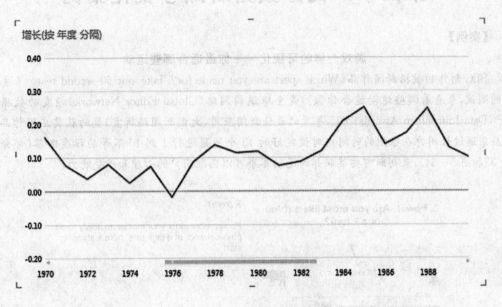

图5-31 生成折线图

(10)移动鼠标至曲线图上，可以看到每一年度GDP的具体数据，实现交互浏览的效果。
(11)最后在标题位置添加好标题，如图5-32所示，一件可交互的增长率作品就完成了。

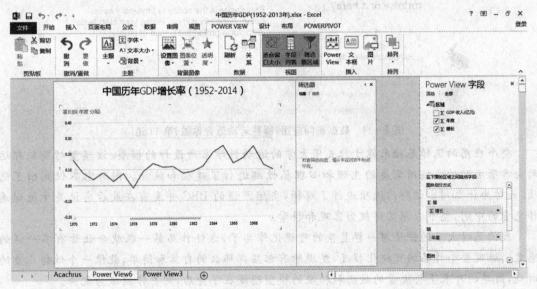

图5-32 添加标题

第四节　优秀数据新闻可视化案例

【案例】

游戏一样的可视化——你最适合哪些运动

BBC 制作的数据新闻作品《Which sport are you made for? Take our 60-second test》①《通过60秒的测试,来看看哪些运动适合你做?》是全球编辑网络(Global Editor Network)颁发的数据新闻奖②(Data Journalism Awards)2015 年度的最佳新闻应用(大型新闻编辑室)奖的获奖应用作品。整个应用通过让用户在很短的时间内对设定好的 13 个问题进行 1 到 10 不等的程度回答(部分见图5-33 和图 5-34),来判断哪些英联邦的运动赛事可以匹配用户的心理和承受能力。

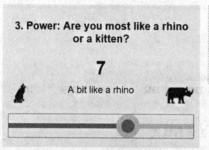

图 5-33　数据新闻应用《哪些运动适合你做》第 3 道

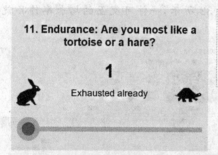

图 5-34　数据新闻应用《哪些运动适合你做》第 11 道

整个应用的选择基础来源于拉夫堡大学的运动科学家所设计的模型,该模型对英联邦运动会各项运动的成绩所需要的生理和心理属性都进行了建模和统计。同时它不仅列出了选项,还对为什么列出这样的选项进行了解释,当然严谨的 BBC 并没有在最后忘记关于运动选择免责的申明,整个应用显得极为客观和科学。

我们见过太多的像银河一样复杂的可视化作品了,这件作品第一眼就会让你有不一样的感觉。纵观整个作品的可视化程度,发现所有都显得那么的自然和简单,就像一个低龄儿童的游戏,简单的外衣下将大量的数据和枯燥的模型隐藏在了身后,用户体验极为优秀。

---

① http://www.bbc.com/news/uk-28062001.
② 2015 年的数据新闻奖更有 Google News Lab 新任数据编辑 Simon Rogers 作为总指导,来自业界不同报社的大牛作为评委,让获奖作品更有说服力。

第五章　用数字讲故事：数据可视化

【案例】
实时可视化——《新老柏林人：谁来过，谁离开，今天谁生活在这里》[①]

柏林早报制作的这件作品是一件动态的以地图为主要可视化方式的作品，制作团队对25年来柏林墙倒塌后人口的流动进行了分析，包括移民从哪里来，移出的人口去了哪里。发现柏林墙倒塌后，并没有人们认为的出现大量的人口涌入，反而只是人口的自然流通。25年间，人口的流入和流出基本平衡。当然作品还提供了通过对柏林不同区域的选择来查看具体的区域数据的可视化地图（见图5-35）。

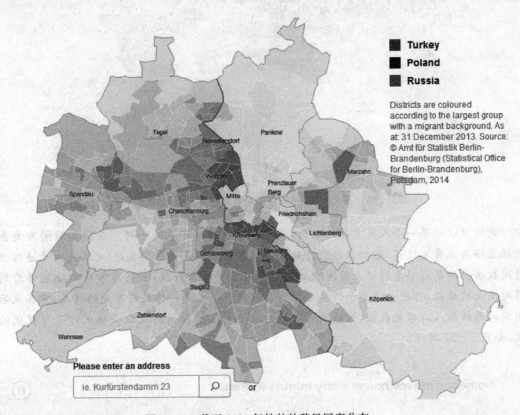

图5-35　截至2014年柏林的移民国家分布

这件作品最让人印象深刻的或许就是它良好的视觉层次了，虽然以地图作为可视化基础非常常见，但你第一眼看到这幅作品的时候，你还是能被它所吸引。并不显眼的橘黄色的暖色调和淡蓝色的冷色调是这幅作品最基础的色彩层次（见图5-36），同时使用连续的改变饱和度的色阶，又为参数增加了一个维度。

---

① http://www.morgenpost.de/berlin/25-jahre-mauerfall/interaktiv/article136530429/New-Berliners-and-native-Berliners-who-came-who-went-and-who-lives-here-today.html?config=interactive.

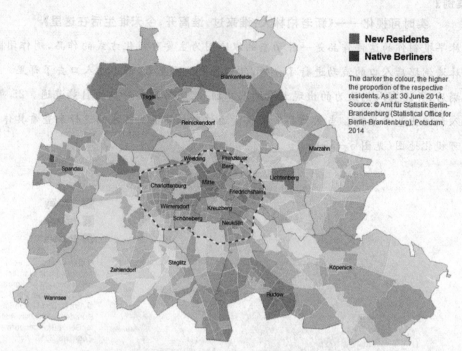

图 5-36 截至 2014 年柏林的新居民和本地居民的人口分布

时间可以说是一个人最重要的东西，或许对于一座城市也是一样。获得和时间有关系的数据变得再正常不过了，它会让我们清楚地了解事情到底是怎么变化的，尤其是对于连续性的时间数据。如果能够看到过去时间点上的数据当然非常有价值，如果非常有幸能够看到当前时间点的数据，可能会让整个作品变得更加有趣。这就是一件足够有趣的作品，它在最后利用实时的柏林人口移动数据，用移动的卡车的数量对当前时间的人口移动进行了可视化的呈现，如图 5-37 所示。

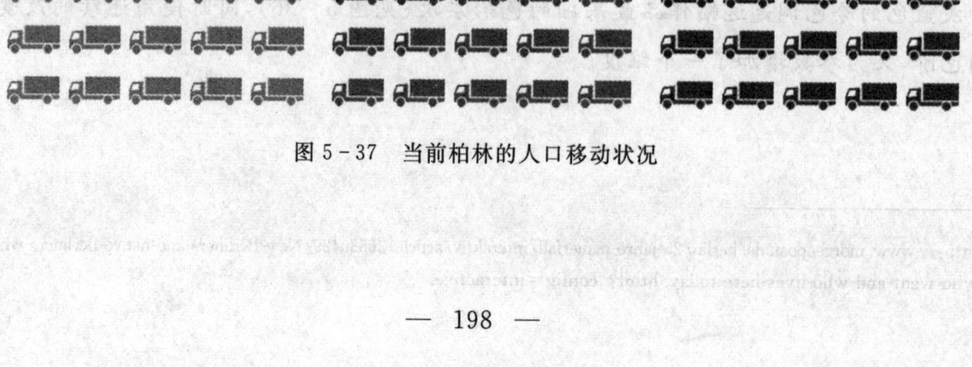

图 5-37 当前柏林的人口移动状况

附 录

附录1 基于Python语言的在线社区用户行为分析

一、Python语言简介

Python是一种面向对象的计算机程序设计语言,由Guido Van Rossum于1989年发明,1991年公开发行。Python语言的设计清晰简明,用途很广泛。Python语言是可以扩充的,并且提供了丰富的API和工具库,编程时使用者能够轻松地使用C语言、C++、Cython来编写扩充模块。在Python里,函数、模块、数字、字符串都是对象,源代码可以复用使用。

Python编译器本身也可以被集成到其他需要脚本语言的程序内。因此,很多人还把Python作为一种"胶水语言"(glue language)使用,利用Python将其他语言编写的程序进行集成和封装。

由于Python语言的简洁、易读以及可扩展等特性,众多开源的科学计算软件包都提供了Python的调用接口,例如著名的计算机视觉库OpenCV、三维可视化库VTK、医学图像处理库ITK。而Python专用的科学计算扩展库就更多了,NumPy和SciPy就是Python语言里十分经典的科学计算扩展库,它们提供了快速数组处理以及数值运算等强大的功能。Python语言及其众多的扩展库所构成的开发环境十分适合于工程技术人员和科研人员处理实验数据、制作图表,甚至开发应用程序。

在社会科学领域,Python也能够为计算社会科学等专业方向的研究提供技术支持。计算社会科学是由计算机信息科学技术和社会科学交叉融合而成的前沿学科,利用了先进的计算机信息技术对人类行为模式和社会系统进行前所未有的细致化的研究,突破和变革了社会科学原有的研究范式,为社会科学的研究和发展开辟了新的道路。

二、案例:在线网络社区对用户的粘性分析

在传播学、广告学等领域,资讯通过什么样的媒介进行播发会产生不同的效益,不同的介质对受体的影响是不一样的。特别是现在进入了互联网时代,信息技术的高速发展给传统的传媒方式带来了冲击,作为资讯接收端的用户不断地在尝试各种新型的传播媒介,百度贴吧、新浪微博等在线社交网络社区的兴起,吸引了众多的用户注意力资源。同时,这些在线网络社区也充当了资讯传播的媒介,海量的新闻、广告等信息在上面传播流动。

人们每天会花大量时间在网络上收发各种信息。在Web1.0时代,门户型的网站为主流,对于用户来说大多数网站的构架模式是单向式的,浏览和查询是这些网站的主要功能,用户之间缺少交互。这些网站的盈利依靠的是巨大的点击流量并且辅以广告等形式实现的。随着互联网的不断普及,网民越来越多,人们对互联网内容和形式的需求也越来越多元化,用户需要

更多的参与感和体验感。在此趋势下,以博客、贴吧等具有社交性的网站为代表的 Web2.0 网站出现了。相对于 Web1.0 网站,在 Web2.0 网站上,用户可以主导生产互联网内容,用户之间的交互性更加突出,也能从中体验到更多的乐趣。

从互联网的发展进化历程可以看到,用户的注意力流向决定了一个网站的兴衰。对于 Web2.0 网站来说,要想获得更好的发展,必须要获得更多的注意力资源,当网站平台不能获得更多的用户注意力时,其竞争性优势可能会降低。那么如何评判一个网站获取用户注意力的能力呢?网站对用户的"粘性"是一种度量的方式,当网站对用户的粘性越高时,人们越愿意待在这个网站上;反之,当网站对用户缺乏粘性时,人们的注意力资源就会从网站流失,网站会失去"人气",走向衰落。

常见的对网站粘性的研究方法是计算一定时间内用户登录网站的频率和时间长短,这里提出一种新的计算网站粘性的方法。无论是计算用户访问网站的频率还是时间长短,都是要考虑时间变量,我们在这里给出的计算网站粘性的方法不受时间影响,并且超越了对单个用户的关注,能够反映出不同用户之间的交互性。显然,当一个网站上的用户交互越多,活跃度也就越高,网站的粘性也就越大。

网站的粘性反映了其吸引和留存用户的能力。从媒介传播的角度来看,研究网站的粘性对于发挥利用媒介的最大效益有着显著价值。此外,分析研究网络社区的粘性,对于在线社群的组织形态和发展趋势等的观察都有积极的借鉴作用。

三、计算过程与结果

下面以在线社区的粘性计算为主题,选取了百度贴吧的算例。百度贴吧是百度公司旗下独立品牌,全球最大的中文社区。贴吧是一种基于关键词的主题交流社区,它与用户的需求紧密结合,为兴趣而生。百度贴吧很受年轻人的喜爱,具有典型的"粉丝文化"特性。贴吧显现出了高度的社群集聚性,是资讯传播的优良介质。

(一)数据来源

数据集涵盖了 6 个不同的百度贴吧(用大写的英文字母 A~F 分别标识)的用户行为数据[①]。数据主要记录了一天 24 小时之内,用户在贴吧上的点击行为,所有的数据不涉及用户的注册账号等具体身份信息,只有以小时为单位的时间记录,以及在该时间段内用户点击(浏览、回复)贴文的行为记录。

用一个简单的示意图来说明用户在贴吧中的行为。如附图 1-1 所示,带有圆圈的 6 个数字 0~5 表示 6 个不同的帖子,用户会在帖子之间跳转,箭头表示跳转的方向,箭头上的数字表示跳转的用户人数。例如,有两个用户打开了编号为 1 的帖子后,又去浏览了编号为 2 的帖子。用户进入每个帖子之后,可能会浏览贴文内容,也可能会发表回复,还可能关闭页面,不再浏览。例如,有一个用户在从编号为 1 的帖子跳转到编号为 3 的帖子后,没有继续点击其他帖子。

在实际的网络数据记录中,用户行为数据的基本格式如附表 1-1 所示。附表 1-1 的数据记录了在第 0 个小时内,两个用户的点击情况。第一个用户从点击浏览编号为 2184586777

---

① Wu L, Zhang J, Zhao M. The Metabolism and Growth of Web Forums[J]. PLOS one,2014,9(8).

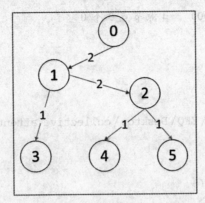

附图 1-1　用户行为示意图

的帖子开始,随后打开了编号为 2185980616 的帖子,最后退出浏览(以大写的英文字母 S 表示退出浏览)。第二个用户的点击浏览顺序为 2185565282 → 2185958660 → 2185972938 → 2185994638 → S。这样,通过附表 1-1 的数据记录格式,我们就可以完整地记录用户在贴吧上的行为。

附表 1-1　用户行为数据示意图

小时	帖子编号（上篇）	帖子编号（下篇）
0	2184586777	2185980616
0	2185980616	S
0	2185565282	2185958660
0	2185958660	2185972938
0	2185972938	2185994638
0	2185994638	S

(二)在线社区用户行为分析

下面以编号为 A 的贴吧为例,计算其用户的交互粘性。数据分析所用的程序是 Python 2.7,这里给出了实现的步骤和代码。

首先计算单个小时内的用户访问人数(UV)和用户生产的内容数(PV),并打印输出单个小时的网络图:

```
# - - coding:utf - 8 - -
import networkx as nx
import matplotlib.pyplot as plt
import numpy as np

fig = plt.figure()
g = nx.MultiDiGraph()
count = 0
```

```python
        source = str(000000000)      #源节点9个0
        uu = []
        vv = []

        #按列读取txt数据
        with open(r'C:\Users\ZFQ\Desktop\collective attention\tb3\tb323.txt','r')
as f0:
            for i in f0:
                tmp = i.split()
                u = tmp[1]
                v = tmp[2]
                count + = 1
                uu.append(u)
                vv.append(v)
                g.add_edge(u,v)

    sink_pos = dict(enumerate( index for index ,value in enumerate( vv ) if value = = 's'))
    source_pos = [-1] + sink_pos.values()
    for l in source_pos:
        if l+1 ! = count:
            g.add_edge(source,uu[l+1])

    print "g finally has",g.number_of_nodes(),"nodes."
    sourcep = g.nodes().index(source)
    sinkp = g.nodes().index('s')
    MM = nx.to_numpy_matrix(g)
    UV = MM[sourcep].sum()#源到节点i的总流量,源行和
    MMT = MM.T
    PV = 0
    for i in range(g.number_of_nodes()):
        PV + = MMT[i].sum()
    PV = PV - MMT[sinkp].sum()
    print "UV",UV
    print "PV",PV

    #打印网络
    pos = nx.spring_layout(g)
    nx.draw(g,pos,node_color ='#A0CBE2',edge_color ='#A0CBE2',node_size = 50,edge
_cmap = plt.cm.Blues,with_labels = False)
```

plt.show()

输出结果如下,UV 表示在第 23 个小时内访问贴吧 A 的用户人数为 1376;PV 表示在第 23 个小时内用户在贴吧 A 上生产的内容数为 6601(发表的帖子、回复等"数字指纹")。
>>>
UV 1376.0
PV 6601.0

附图 1-2 展示的是以帖子为节点的用户行为网络图,帖子之间的连边表示的是用户的跳转。

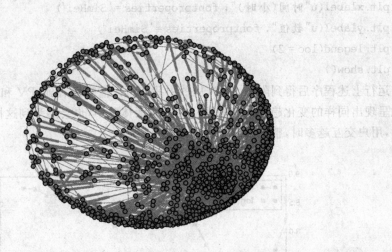

附图 1-2 贴吧 A 第 23 个小时的用户行为示意图

类似地,我们可以计算出贴吧 A 在一天 24 小时的时间内,各个小时的 PV 和 UV,计算结果如附表 1-2 所示。

附表 1-2 贴吧 A 的 PV 和 UV 值

Hour	0	1	2	3	4	5	6	7	8	9	10	11
UV	1053	666	406	320	190	209	451	737	959	1028	1109	1170
PV	3686	2188	1371	1060	545	578	1341	2408	3477	4272	4361	4862
Hour	12	13	14	15	16	17	18	19	20	21	22	23
UV	1131	1059	1090	1073	1102	1182	1315	1492	1322	1349	1475	1376
PV	4593	4455	4306	3416	3838	4245	5580	6810	5856	5820	6477	6601

从附表 1-2 中可以粗略地看出,PV 值和 UV 值的涨落趋势相似。为了更加直观地分析它们之间的关系,我们先画出取了对数后的 PV 和 UV 随时间变化的趋势图。

```
# --coding:utf-8--
import networkx as nx
import matplotlib.pyplot as plt
import numpy as np
```

```python
UV = [1053,666,406,320,190,209,451,737,959,1028,1109,1170,
      1131,1059,1090,1073,1102,1182,1315,1492,1322,1349,1475,1376]
PV = [3686,2188,1371,1060,545,578,1341,2408,3477,4272,4361,4862,
      4593,4455,4306,3416,3838,4245,5580,6810,5856,5820,6477,6601]
t = [i for i in range(24)]
plot1 = plt.plot(t,np.log(UV),'go-',label = "log(UV)")
plot2 = plt.plot(t,np.log(PV),'ms-',label = "log(PV)")
plt.xlabel(u"时间(小时)", fontproperties = 'SimHei')
plt.ylabel(u"数值", fontproperties = 'SimHei')
plt.legend(loc = 2)
plt.show()
```

运行上述程序后得到附图1-3,从图中我们可以清晰地看到,PV和UV值会随着时间的变化呈现出同样的变化趋势。我们从实际的生活体验中,也会感受到这样的规律,当在线人数增多,用户交互越多时,整个在线社区也会越活跃。

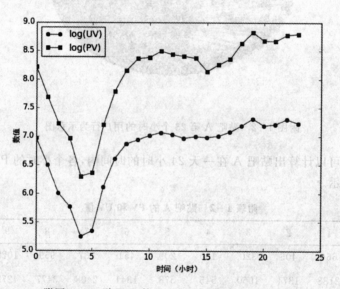

附图1-3 贴吧A的PV和UV随时间的变化趋势

为了进一步证实这一现象,我们还计算分析了其他5个贴吧的PV和UV随时间变化的情况,并将6个贴吧的趋势图一起列出。

```
# - - coding:utf-8 - -
import networkx as nx
import matplotlib.pyplot as plt
import numpy as np

TBA_UV = [1053,666,406,320,190,209,451,737,959,1028,1109,1170,
```

```
         1131,1059,1090,1073,1102,1182,1315,1492,1322,1349,1475,1376]
TBA_PV = [3686,2188,1371,1060,545,578,1341,2408,3477,4272,4361,4862,
         4593,4455,4306,3416,3838,4245,5580,6810,5856,5820,6477,6601]

TBB_UV = [1621,1054,700,543,490,357,564,804,1120,1351,1566,1777,
         1944,1936,1802,1783,1997,1989,2005,2168,2249,2428,2356,1817]
TBB_PV = [5543,2931,1723,1022,1028,653,1272,2334,3847,4005,4882,5190,
         5976,5494,4823,4806,5934,5731,5674,6388,6905,7855,8005,6595]

TBC_UV = [5715,3291,1551,923,641,891,2503,6256,6532,4455,3335,2709,
         3190,2058,1578,1394,1466,1459,1789,1654,1549,1800,2132,1950]
TBC_PV = [14896,7885,3505,2061,1299,1810,5632,14950,14903,9927,7645,6014,
         7685,4994,3902,3369,3460,3652,4090,4111,4051,4628,5375,4757]

TBD_UV = [533,367,279,202,105,81,161,276,350,447,416,400,
         428,444,466,428,480,477,581,585,725,734,737,773]
TBD_PV = [1481,970,616,542,280,154,329,519,691,976,866,849,
         1025,1072,1169,1099,1426,1426,1543,1646,2094,2100,2105,2533]

TBE_UV = [807,592,443,219,130,138,273,493,672,741,867,976,
         1086,1045,882,828,901,1173,962,1023,1001,1036,1070,960]
TBE_PV = [2667,1949,1106,459,317,219,559,1342,2320,2316,2964,3505,
         3684,3767,3386,3023,2939,5152,3710,3805,3709,3373,4221,3846]

TBF_UV = [857,636,512,334,356,276,423,554,709,886,964,1045,
         1249,1318,1106,1195,1219,1401,1506,1626,1743,1712,1626,1414]
TBF_PV = [5760,3256,1750,660,748,625,974,3055,3772,4736,5574,5707,
         6267,7717,6162,6583,6965,7606,8683,10336,12155,12931,13533,12090]


t = [i for i in range(24)]
plt.subplots_adjust(wspace = 0.3,hspace = 0.8)

plt.subplot(321)
plot1 = plt.plot(t,np.log(TBA_UV),'go-',label = "log(UV)")
plot2 = plt.plot(t,np.log(TBA_PV),'ms-',label = "log(PV)")
plt.xlabel(u"时间(小时)", fontproperties ='SimHei')
plt.ylabel(u"数值", fontproperties ='SimHei')
plt.legend(numpoints = 1,ncol = 2,loc ='upper right', bbox_to_anchor = (1.75,1.6))
plt.title('A')
```

```python
plt.subplot(322)
plot1 = plt.plot(t,np.log(TBB_UV),'go-')
plot2 = plt.plot(t,np.log(TBB_PV),'ms-')
plt.xlabel(u"时间(小时)", fontproperties='SimHei')
plt.ylabel(u"数值", fontproperties='SimHei')
plt.title('B')

plt.subplot(323)
plot1 = plt.plot(t,np.log(TBC_UV),'go-')
plot2 = plt.plot(t,np.log(TBC_PV),'ms-')
plt.xlabel(u"时间(小时)", fontproperties='SimHei')
plt.ylabel(u"数值", fontproperties='SimHei')
plt.title('C')

plt.subplot(324)
plot1 = plt.plot(t,np.log(TBD_UV),'go-')
plot2 = plt.plot(t,np.log(TBD_PV),'ms-')
plt.xlabel(u"时间(小时)", fontproperties='SimHei')
plt.ylabel(u"数值", fontproperties='SimHei')
plt.title('D')

plt.subplot(325)
plot1 = plt.plot(t,np.log(TBE_UV),'go-')
plot2 = plt.plot(t,np.log(TBE_PV),'ms-')
plt.xlabel(u"时间(小时)", fontproperties='SimHei')
plt.ylabel(u"数值", fontproperties='SimHei')
plt.title('E')

plt.subplot(326)
plot1 = plt.plot(t,np.log(TBF_UV),'go-',label="log(UV)")
plot2 = plt.plot(t,np.log(TBF_PV),'ms-',label="log(PV)")
plt.xlabel(u"时间(小时)", fontproperties='SimHei')
plt.ylabel(u"数值", fontproperties='SimHei')
plt.title('F')
plt.show()
```

运行结果如附图1-4所示。

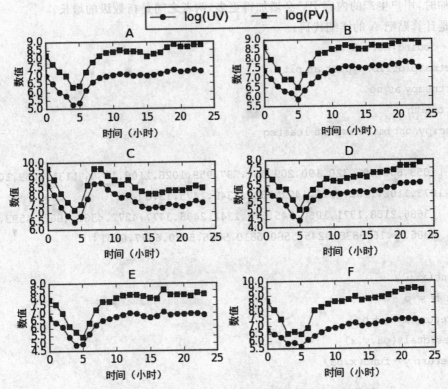

附图1-4　6个贴吧的PV与UV随时间变化的趋势图

通过对6个贴吧进行的实证分析,我们从附图1-4中更加清晰地看到PV与UV两个变量随时间显现出同样的涨落趋势。此外,从实证分析中,还可以发现在线社区中用户行为的一些特点:①虚拟社区的在线人数越多,这个社区的整体活跃度也会越高,反之越低。②PV与UV呈现出高度的相关性。③在线社区的活跃度在一定程度上会受到人们现实生活的影响。在一天24小时之中,从0时起,人们开始下网休息,在线社区的活跃程度自然下降,大概在清晨5点网站活跃度最低,此后上网的人逐渐增加,一般在上午10点左右社区的活跃度会达到一个峰值,10点之后普遍会缓慢增长。

具体到新闻传播等专业领域,我们可以利用这些在线社区的用户特性,进行高效率的资讯传播。广告商以及新闻媒体等准备在虚拟社区推送广告或者新闻时,常常希望自己的内容能够让更多的人接收到,传播得更广更有效率。通过分析研判网站的活跃趋势,适时地将信息推送出去,才能收到好的效益。

(三)在线社区的粘性

在对网络社区的用户行为特点有了初步的认知后,还需要分析找出用户行为背后的定律。人们想知道是什么因素造成了不同在线社区的用户人数以及用户活跃度的差异。

仍然以贴吧A为例,在计算得到了它的PV、UV值,并观察到两者的对数值具有很强的趋势性后,我们推测两者之间存在着幂律关系,即根据这个关系式,将幂指数作为度量在线社区粘性的指标。在计算中我们发现,一般值都大于1。当等于1时,表明PV与UV之间为线性关系,可以理解为当社区上的用户人数UV增加一定量时,用户生产的内容PV会成比例地增加相应的数量。当大于1时,表明 PV 与 UV 之间为非线性的增长关系,当用户人数 UV 有一定的增加时,用户生产的内容 PV 会增加得更多,两者之间是指数级的增长。

下面是计算贴吧 A 的详细代码:

```
# - - coding:utf - 8 - -
importmatplotlib.pyplot as plt
importnumpy as np
import math
fromscipy.optimize import leastsq

IS = [1053,666,406,320,190,209,451,737,959,1028,1109,1170,1131,1059,1090,
      1073,1102,1182,1315,1492,1322,1349,1475,1376]
TST = [3686,2188,1371,1060,545,578,1341,2408,3477,4272,4361,4862,4593,4455,
       4306,3416,3838,4245,5580,6810,5856,5820,6477,6601]

deffunc(x,p):
    a,b = p
    return x * a + b
def residuals(pa,y,x):
    return y - func(x,pa)


ISLOG = np.log10(IS)
TSTLOG = np.log10(TST)
ISLOG = np.array(ISLOG)
TSTLOG = np.array(TSTLOG)
pa = [0.2,0.6]
plsqlog = leastsq(residuals, pa, args = (TSTLOG,ISLOG))
print "theta = ",plsqlog[0][0]
TS = func(ISLOG, plsqlog[0])
for i in range(len(TS)):
    TS[i] = math.pow(10,TS[i])

plt.loglog(IS,TST,'mo')
plt.loglog(IS,TS,'k - -')
plt.xlabel("UV", size = 14)
plt.ylabel("PV", size = 14)
plt.legend(["Data", "Fit Curve"])
plt.show()
```

运行结果为:theta = 1.21232553139,在附图1-5中给出了双对数坐标下,贴吧 A 的 PV 和 UV 的实际值,以及用最小二乘法拟合得到的直线,直线的斜率值就是贴吧 A 的粘性值。

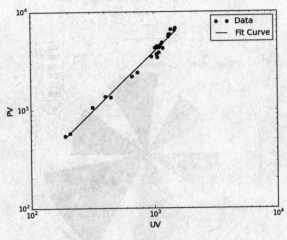

附图 1-5 计算贴吧 A 的粘性

用同样的方法，可以计算出其余 5 个贴吧的粘性值。最后得到贴吧 A 到贴吧 F 的粘性值分别为：1.21，1.26，1.03，1.15，1.34，1.67。利用 Python 的作图功能，将这些粘性值以雷达图的形式直观地展现出来。详细的作图代码如下：

```
# - - coding:utf - 8 - -
importnumpy as np
importmatplotlib.pyplot as plt


N = 6
theta = np.linspace(0.0, 2 * np.pi, N, endpoint = False)
print theta
radii = [1.21,1.26,1.03,1.15,1.34,1.67]
width = np.pi / 6 * np.array(radii)
ax = plt.subplot(111, projection = 'polar')
bars = ax.bar(theta, radii, width = width, bottom = 0.0)
for r, bar in zip(theta, bars):
    bar.set_facecolor(plt.cm.jet(r / 6))
    bar.set_alpha(0.8)
ax.legend(bars, ['A','B','C','D','E','F'])
plt.legend()
plt.show()
```

贴吧之间的数值有差异，说明了不同贴吧对用户的粘性不同。在附图 1-6 中，粘性大的贴吧，其扇形区域的面积也很大，线上的用户也会越活跃，用户之间的交互也会越多，该社区也就越吸引人。本文中定义的粘性更多的是从宏观上表现出来的不同用户之间的交互性。在我们自己的上网体验中，也能够感受到越是有吸引力的帖子，人们越愿意浏览回复，并且可能是相互之间会有多次回复，而一旦遇到不感兴趣的帖子，很多时候人们只是浏览标题，根本不会点开查看。用户交互程度越热烈,反映出论坛的粘性也越大。

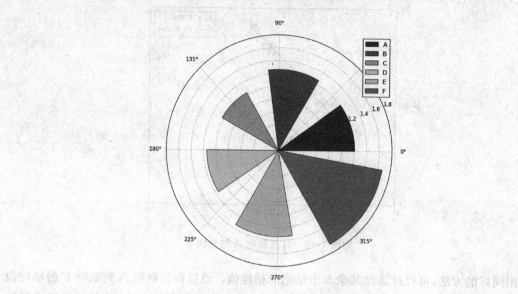

附图 1-6　6 个贴吧的粘性值示意图

小　结

通过利用 Python 语言,分析 6 个不同的百度贴吧的用户行为,我们发现了虚拟社区中用户的行为模式与其在现实中的作息存在着一定的关联。当深夜人们开始休息时,网站的活跃度开始下降,大概在清晨 5 点降到最低。进入白天,人们开始活动,也包括参与虚拟世界的活动,网站的活跃度逐渐增加,并且会一直保持在较为活跃的水平,即在线社区上不断有用户生产内容,不断有用户相互交流。

从虚拟世界用户的这些基本行为特征,结合运用到传媒领域,我们可以把握用户的活动规律,在网络上进行有效率的资讯推送和广告投放,以达到传播效果的最优化。进一步地,为了研究不同社区活跃程度不一样的原因。我们定义了网站的"粘性",粘性值越大,用户越愿意存留在该社区。这里给出的粘性指标不仅反映了在线社区对单个用户的吸引力,更突显了用户之间的交互。正式由于用户之间频繁的互动,才能增加网站活跃度,让网站产生粘性,吸引更多的用户流量。

目前,在网络上出现了各种各样的在线社区,小米手机的粉丝社群就是一个很有名的案例(http://tech.hexun.com/2013-02-02/150886318.html),小米手机依靠构建粉丝社群的方法,粘住了一群热心的粉丝用户,既实现了产品的迭代和优化,又实现了品牌的优势传播,受到了人们极大的关注,是一个很有特点的成功的传播案例。现在,利用大数据的分析工具和研究方法,对在线社区进行深入的分析,不仅能让我们了解到用户层面的行为特点,还能明白用户自发行为的背后因素。在线社区的粘性反映了用户之间的交互活跃程度,同时也决定了一个社区的兴衰趋势。

我们详细地展示了如何利用 Python 语言对用户的行为数据进行分析和研究,并指出在线社区的粘性是反映用户活跃度以及社区发展趋势的衡量指标。随着互联网的快速发展,网络成为了日益重要的传播媒介,网络平台所产生的大数据也在不断累积。利用大数据的技术方法,研究在线社区的基本特征,对于传播学的研究和应用,都有着重大的意义和价值。

附录2　国内部分数据新闻团队介绍

一、人民网要闻部可视化新闻组团队

(一)团队介绍
团队名称：人民网要闻部可视化新闻组
成立时间：2013年10月
团队人员：主编1人，编辑2~3人，设计师2~3人，技术2~3人
人员分工：编辑负责选题、内容脚本制作、数据提炼及清洗、对外宣传推广；设计师负责页面设计；技术负责页面制作
主要工作：交互图表、静态图解、动态图表、H5
频道链接：http://opinion.people.com.cn/GB/364827/index.html

(二)作品介绍

1. 交互图表：安倍外交为何尾随中国

创新一：制造追赶效果

梳理了从2013年3月至2014年8月的中日领导人出访情况，划分为俄罗斯、非洲、北美、欧洲、拉美、亚洲等6个地区，根据日期和国旗巧妙布局，在视觉上形成日本尾随中国的效果，让人一目了然。

创新二：引用外媒评论

每个地区的外交情况可以点击进入，分别展示中日出访时间、领导人以及外媒对中日出访的评论，通过美国、英国、法国、韩国、新加坡等地媒体的评论，再次点题。

作品链接：http://world.people.com.cn/GB/8212/191606/387422/index.html

2. 静态图表：数说应对气候变化看中国如何兑现历次承诺

通过梳理官方发布的有关气候变化的8年年度报告、国家统计局近年年鉴和年度公报，提炼出与中国政府历次承诺有关的数据，用数据说话，制作成图表，很好配合了中国在巴黎气候大会的表态。

作品链接：http://politics.people.com.cn/n/2015/1201/c1001-27878023.html

3. H5作品：我的小米加步枪

配合抗战胜利70周年推出的移动端作品，设定固定的战场场景，用户可利用手机前置摄像头自拍，或者上传照片，满足用户穿军装的梦想。

作品链接：http://politics.people.com.cn/GB/8198/398090/398817/index.html

(三)团队发展历程

2013年10月开始，团队的主要精力是在时政新闻上，主要就是把领导人的新闻从文字改为图片。

2014年4月，团队正式成立，组名为图解组。除了时政新闻，还涉及社会、国际、军事、交互、百科、人物、数字等领域，开始多方面尝试制作交互图表、H5、动态图表等，也推出了自己的微信平台。

2015年10月,团队更名为可视化新闻组,将工作重点放在数据新闻、可视化图表方面,并会进一步加大制作移动端作品力度。

(四)团队发展前景

优点:团队人员创意多、干劲足、爱学习。

不足:人手不足。

面临机会:数据新闻在国内刚刚兴起,频道内容也与百度、360、ZAKER、搜狐等进行合作推广,被不少媒体所瞩目。

威胁:财新网、澎湃、新华网等都成立了可视化团队,人员约二三十人左右,前端后端配置完备,这方面会进一步跟上。

二、澎湃数据新闻部

(一)团队介绍

2014年澎湃新闻上线后,成立了专职的数据新闻部,主要负责三大块内容,即数据新闻、动画新闻、插图。其中数据新闻编辑3人,设计师6人,动画制作4人,插画师3人。每个岗位都有着自身的特点与职能,将各个岗位充分发挥其作用,才能形成一条完整的生产线。

数据新闻编辑:主要负责选题的策划与数据的挖掘和分析。这部分是整个链条的起始,也是最为重要的环节,关乎整个产品的方向与成败。其中两位编辑,毕业于密苏里新闻学院,并且在美国一流的新闻团队工作过,熟悉国际上主流的数据新闻产品的操作流程。

设计师:主要负责将数据以可视化的形式呈现出来。他们中的一部分人是从原《东方早报》信息图表部转来的,一部分是从外界重新招聘的设计师。有一部分设计师,之前从没有接触过新闻,对数据可视化也不是很了解。所以经历了很长一段磨合时间,逐步融入澎湃数据新闻的创作团队中。

附图2-1 上海雾霾来源分析

动画制作:在数据新闻之外还要负责一定的动画产品。动画这块分为平面动画和三维动画两部分,根据不同报道的需要来决定具体的操作方案。动画制作是一个相对漫长的工作,所以多数都是用于制作周期相对较长的专题性报道。当然,在一些重大突发新闻事件中使用动画的形式来解读新闻,可以使读者更加直观地理解新闻。

附图2-2　2015年博鳌亚洲论坛期间外交部公共外交办公室与澎湃新闻合作推出的动画短片

插画师:之前插画师主要负责时事评论漫画,现在,更多的是根据每个人的特点在"视界"栏目下开设了个人专栏。相对来说,插画师有更强的独立性和自主性。

除此之外还会制作一些H5专题产品,这类产品需要优秀的前端工程师的配合,这也是目前的短板之一,一般选择第三方辅助工具来制作,一些比较重要的产品还是请澎湃的前端工程师用代码来实现。

(二)作品介绍

根据不同的产品形态,各个岗位可以根据需要自由灵活地组合。长条图,一般是数据新闻编辑＋设计师的组合。动画新闻,则是由编辑＋设计师＋动画制作的组合。互动H5,这个部分组合需要根据产品最终的呈现形式来决定,编辑＋设计师＋前端工程师(或者第三方交互软件)。

附图2-3　《国之利器》系列H5互动产品

作品链接:http://image.thepaper.cn/html/interactive/2015/08/yuebing/haijun/index.html

附图2-4 著名足球明星梅西在俱乐部和国家队中的数据分析

附图2-5 澎湃数据新闻部所负责栏目《美数课》

(三)团队发展历程及前景

澎湃新闻的前身是《东方早报》。2003年《东方早报》成立之初,就设有专职的岗位负责信息可视化设计。起初,并没有设立部门,而是同版面设计在一个部门中工作,只是大家的岗位分工有所区别。当时,信息可视化的主要职责是配合其他部门制作新闻可视化产品,其中包括图解、图标、地图等。

十多年前,专职从事信息可视化设计的平面媒体还是寥寥无几,更别提设立专职的部门了。那时候《东方早报》在这方面的投入算是比较超前的媒体,工作的流程基本上与今天的数据新闻也比较相似。只是对数据的挖掘与分析这一重要环节还是缺失的,这也与当时内容载体有直接的关系。

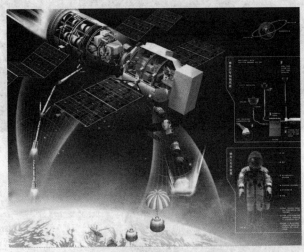

附图 2-6　神州六号飞船发射与回收全过程 1

附图 2-7　神州六号飞船发射与回收全过程 2

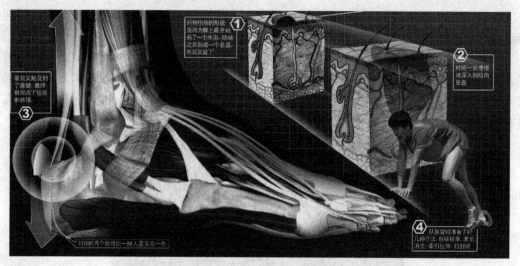

附图 2-8　2008 年北京奥运会刘翔因伤退赛图解

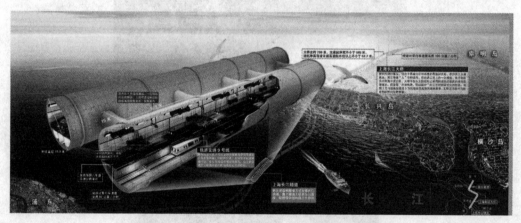

附图 2-9　上海连接崇明岛的"长江隧桥"工程详解

直到 2010 年世博会期间,《东方早报》推出一份《世博日报》,每周一至周五出版,每期有 8 个版面。其中,有一固定版面是运用信息可视化手段介绍各个场馆的看点,使读者更加直观地了解每一个场馆的精华。前后历时将近一年,共做了 183 期。《世博日报》系列看馆栏目在读者中赢得了良好的口碑,也在当年 SND 大赛中斩获三项入围奖。随后,报社成立了专职的信息图表部,人员由三名信息可视化设计师和两名插图师组成。这也是澎湃数据新闻部最初的雏形。

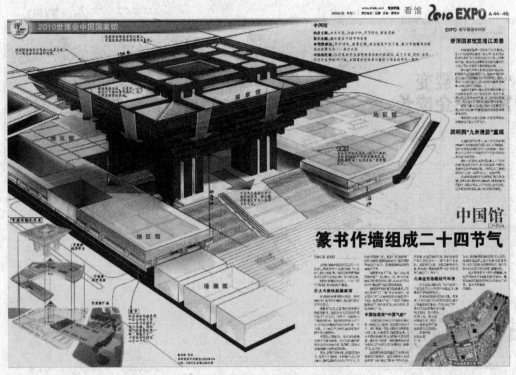

附图2-10 《世博日报》系列场馆介绍版面节选1

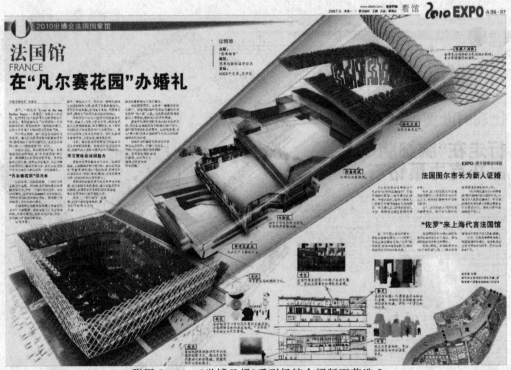

附图2-11 《世博日报》系列场馆介绍版面节选2

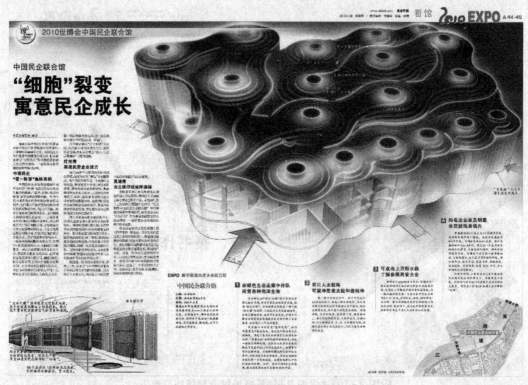

附图2-12 《世博日报》系列场馆介绍版面节选3

附图2-13 《世博日报》系列场馆介绍版面节选4

澎湃新闻现有的团队结构,相对完整的生产链条下也有其自身的一些不足。首先,前端工程师的不足严重制约了整个团队的产品构想,再好的选题、数据、内容,没有强有力的前端作为支撑也是很难呈现出来的。而且,新闻类的前端工程师,需要掌握很多特定的代码库和语言,比如,数据类、地图、时间轴、数据抓取等内容,把这些库有效地整合在一起发挥出各自的长处也是对前端有很高的要求。其次,数据编辑也是一块短板。目前的数据编辑都是新闻专业背景,在处理大规模数据的分析以及算法上都有着一定的困难。这个岗位最理想应该有一定的统计学、数学、计算机专业背景的人参与进来,效果可能会更好一些。

三、图政数据工作室

(一)团队介绍

团队名称:图政数据工作室
成立时间:2014年7月
目前人员:15人左右
详细构成:分为专业团队和实习生团队

1. 实习生团队构成

实习生团队包括新闻组、研究组、公关组(内分为美编、运营、推广)及人事专员。由大组长负责统筹各组任务和组间协调,各组配备一位小组长,在管理好该组的同时协助大组长完成和分配好各项任务,同时设立人事专员职位。四个组成部分详细分工如下:

(1)新闻组:是主要的供稿力量,以数据新闻为主要工作方向。

人员数量:3~4人。

主要任务:为图政及其他媒体提供数据新闻产品。

具体工作:每日更新微博、为图政的微信平台提供稿件、为合作媒体提供数据新闻文案或产品。

合作过的媒体:《南风窗》《南方周末》《南方都市报》、腾讯新闻百科、《家庭》等。图政会根据不同媒体的需要,调整报道方向和形式,服务不同类型的受众。

(2)研究组:以报道研究报告和制作原创型选题为主要工作方向。

人员数量:3~4人。

主要任务:对重大选题进行立项和研究,承接媒体的深度数据新闻委托,建设数据库。

具体工作:负责数据新闻作品的研究设计,包括研究框架设计、数据收集与统计、研究分析的工作。目前研究组产品形式以大型原创数据报道为主,新媒体稿件任务以"学数界"为栏目,在相关学术文章里提炼有新闻传播价值的数据及其结论。

(3)公关组:是由原传播组(下设运营、推广)和原美编组合并,是图政对外的桥梁。

人员数量:6人。

主要任务:负责图政数据新闻产品的可视化、包装推广和品牌活动。

具体工作:负责数据可视化及其排版推送推广、图政品牌建设及市场工作、线上线下活动策划、传播数据的后台分析。公关组需准确理解不同新媒体平台的传播特点,监督编辑流程的执行情况,把握新媒体终端的整体衔接,了解市场和读者的需求及相关媒体动态。

(4)人事专员:负责人力资源的管理和团队建设。

人员数量:1人。

具体工作:负责招聘、培训、薪酬、晋升,组织内部的组长选举工作,保障组间、层级间的沟通,组织开会,做好会议记录。整理档案,制作和整理一系列培训资料,为所有实习生及时提供与数据新闻行业相关的资讯,如数据新闻论坛、会议、学习资源的信息等。改进团队信息化,寻找和推广能够提高团队工作效率的软件。建设团队文化,可组织读书会、讨论会,组织制作纪念品、周边产品。

2. 调度机制

(1)重大选题实行项目制:一般的原创型选题或者大型委托项目会根据需要进行组队,抽调实习生团队的新闻组、研究组人员和图政专业团队一起组建项目组。分工角色包括统筹者、记者、研究员、编码员、校对、可视化人员、技术人员等(图政暂时没有技术人员,会根据项目与委托方媒体的相关人员进行组队)。

(2)职级晋升实行积分制:根据不同组别的不同工作项目及其完成情况和质量,不同人员可以积累不同积分,积分达到一定级别可以做更高级别的项目。

(3)管理岗位实行选举制:每个组员必须参加小组长竞选,当过小组长的人员必须参加大组长竞选。每三个月进行一次选举,可以连任。图政目前实行一人一票制(之前在大组长竞选中实行过组员可投1票、小组长可投2票的投票制度)。

(二)作品介绍

1. 《还有多少官员独董》

本文由《南方周末》委托,历时1个多月,数据量上万。后刊发在《南方周末》头版头条,引起深远影响。该作品获得《南方周末》2014年度新闻三等奖,首届中国数据新闻大赛业界组二等奖。

作品链接:http://www.infzm.com/content/102347

2. 《70城市纪委书记群体透视》

对截止到2015年4月,中国大陆70个大中城市的现任纪委书记进行了独家统计分析,探讨市级纪委书记的任命新趋势。

作品链接:http://news.takungpao.com/mainland/focus/2015-06/3022424.html

3. 《中国政府信息公开公众满意度调查》

调查公众对中国大陆政府信息公开情况的满意度。

作品链接:https://mp.weixin.qq.com/s?__biz=MjM5NjQzMzcxNA==&mid=206008257&idx=2&sn=5edd0c350269735757f77c3faf0d37f9&scene=1&key=b410d3164f5f798eee60569a9fc2d1438535d4cfd423fca79e624de849aadeab51ddc86979d547552f3373049d532dd0&ascene=0&uin=MjEyNDIxMjQyNA％3D％3D&devicetype=iMac+MacBookAir6％2C2+OSX+OSX+10.9.5+build(13F1112)&version=11020201&pass_ticket=Jw8tOr3JbXvMpMjYExKzqT8NuaK5％2BU8Jif84ZVGI2GFXEILZUD％2F3I％2F6c5hAp1GSq

4. 《数据说:中国恐怖袭击到底多严重》

统计和分析了中国新疆地区发生的恐怖袭击及其规律。

作品链接:http://news.sina.com.cn/zl/zatan/2014-08-03/11212011.shtml

5.《程慕阳公司消失,"红色通缉令"逃犯人归何处?》

综合国际刑警组织网站公布的数据以及中纪委网站等数据来源,收集了被中国通缉的国际逃犯名单,并以IPAD和H5的互动形式呈现。该作品获得首届中国数据新闻大赛业界组入围奖,图政数据工作室也成为全国唯一获得双奖的参赛机构。

(三)图政发展历程

1. 图政萌芽期

2012年5月图政创始人戴玉开始在《南风窗》实习到2014年4月@一图观政微信号开通。

(1)标志性事件。

2012年5月,戴玉来到《南风窗》实习,开始尝试准备配文图表的内容,同年9月入职《南风窗》,图表内容是工作之一。之后南风窗资讯栏目专门开辟1/3个版面的图说版,增设1个整版的报告版,展示数据新闻。

2013年9月—2014年6月,戴玉组建了第一届、第二届图表实习生团队,实习时间为3个月和6个月。

2014年4月4日,由于种种原因,戴玉以个人名义注册了微信号@一图观政,之后每10~15天更新一篇,内容主要为数据新闻原创分析文章。

(2)萌芽期的特点。

①这段时期,国内的数据新闻行业并不成熟,没有明确的"数据新闻"概念。自我的职业认知比较模糊,很长一段时期内自称"做图表的",也没有"数据记者"一说。

②数据新闻的地位比较低,定位简单,主要工作就是配合杂志内容做一些数据图表,属于美编和后期的工作,基本没有介入到主体新闻内容的生产当中。

③主要处在数据新闻工作经验的早期积累期,工作内容不固定,做数据新闻的人也不固定,没有进行流程化生产,甚至"自己都不知道自己掌握了关于数据新闻的哪些技能"。

(3)图政萌芽期的重要地位。

①摸索了团队管理的基本原则和规律。

②通过团队制探索了数据库建设,数据新闻的流程也越来越明确。

2. 图政创立期

2014年4月@一图观政微信号开通到2014年7月图政数据研究室(后更名为工作室)正式定名。

(1)大事记。

2014年5月22日,《恐怖袭击到底有多严重》一文推出当天,新疆发生恐怖袭击,该文被阅读5万次,而@一图观政当时的粉丝实际上才200人左右,创造了当时图政微信历史上最轰动的传播效应。因为该文,图政粉丝涨增至1000人。

2014年7月,《南方周末》与@一图观政进行深度合作,文章发表在《南方周末》头版头条,引起深远影响。之后,该文获得《南方周末》2014年度新闻三等奖、中国首届数据新闻大赛二等奖。

(2)创立期的特点。

①从配文图表发展出原创型数据新闻,即独立收集、统计分析数据,通过独家结论撰写报

道,效果甚好。实际上是将定量研究方法应用于新闻。出产了诸多独家重磅的数据新闻报道,例如高官迁徙调动图、领导人首年出访、李克强去哪儿了、官员独董选题等。

②拓展多渠道的新媒体传播方式,从此对内容生产形式和数量有了更多要求。

3. 图政制度化时期

2014年9月图政数据研究室正式定名到2015年3月图政制度基本建立。

(1)大事记。

2014年7月—2014年12月,图政第三届实习生团队组建,团队被分为5个组,每组组员轮流当组长。团队的迅速扩大给管理造成了很大压力,但图政的招聘、薪酬、晋升、评稿、培训、流程、组织制度、考勤请假、稿件制作规范、委托机制等,也在短短几个月内基本建立,图政基本完成了制度化。

2014年9月,图政数据研究室暂时挂靠南风窗,以个人工作室性质独立运作,"图政数据"正式定名。

(2)制度化时期的特点。

①团队上:异地团队的在线组织管理要跨越很多困难,团队复杂程度不是"人数6+6",而是"6的6次方",组织管理非常重要,但成本很高,制度亟待完善。制度化时期建立了一套基本适应数据新闻、适应现有团队情况的制度。

②业务上:亮眼的成果有限,但在配文图表和大型原创稿件之外,又开创了数据新闻的日常更新稿件模式,比如通讯稿、数据简报、微博等。

③人才上:实习生的流动性和不确定性太大,年轻人的心理素质和情绪很不稳定,很多人缺乏基本的政治素养和数据意识,培养起来非常困难。

4. 图政独立时期

2015年4月戴玉退出图政实习生团队到2015年12月图政第三次选举大组长。

(1)大事记。

2015年4月,图政分成实习生团队和专业团队,戴玉成为两个团队总负责人并管理专业团队,实习生团队自己选举大组长进行全盘管理,负责日常发稿。

2015年9—12月,图政专业团队开拓采访渠道,以"数据分析+采访"的模式写稿,突破了以往纯数据分析的报道形式。期间,@一图观政不再挂靠南风窗。

(2)图政独立时期的特点。

①图政实习生的发展应该脱离戴玉的个人色彩,形成自主运行,但这个过程非常艰难,一是实习生之中的管理人才非常缺乏,二是实习时间仅有半年,经验断层比较严重。比较好的是,图政的整个生产流程更为规范,报题、审题、写稿、编辑、校对、制图、排版、推送全部可以自主运行。

②图政专业团队实现了真正意义上的新闻报道,给数据解读加入了采访部分,让报道更有故事性、解读更加准确,采访信源的增加也拓展了数据新闻的报道范围。

5. 团队发展前景

(1)团队的优点。

①年轻化,不看资历看能力,主要由实习生挑大梁,从内容制作到管理沟通都是实习生负责。

②线上工作模式。通过办公软件实现全流程的线上工作模式,这打破了地域限制,使不同地区的优秀人才得以参与其中,不同的背景和思考方式得以碰撞出别样的火花。

③对数据新闻的产品种类、案例和经验积累比较多,针对数据新闻的特点设计和运行了一整套运转制度,在平面媒体界和数据新闻界开创了"制播分离"和委托制的先河,机制比较灵活,可以承接不同媒体的委托。

(2)团队的缺点。

①缺乏技术人员。

②专业团队的组成人员较少,而实习生团队的人员又不太稳定。不断更新换代的实习生团队产生的最大的问题则在于优秀的经验得不到传承,实习生始终处于"试错—纠正—离职"的循环中。由于实习期有限(目前图政的实习期为六个月),实习生经过大量的训练,刚开始较好地适应数据新闻复杂的工作,不久便实习期满离开了团队,而新加入的实习生则又陷入了经验从零开始累积的境地。

③团队的更大发展需要更多的资金投入和全职人员。

四、财新数据可视化实验室

(一)团队介绍

财新数据可视化实验室2013年6月启动,2013年10月8日正式成立,是一个结合新闻编辑和数据研发的虚拟实验室,将数据应用于新闻的采编及呈现。该实验室由财新传媒的首席技术官(CTO)黄志敏负责。

财新传媒数据可视化实验室是一个虚拟部门,有10余名成员,分布于编辑部门、设计部门和技术部门。主要人员由数据分析师、记者编辑、美术设计师、程序员组成。实验室并行多个项目,每个项目按需抽调人手组成项目组,完成不同的数据新闻。

在具体一个数据新闻作品中,需要数据分析师、记者编辑、美术设计师和程序员四者协作完成。其中记者编辑是新闻的基础工作,负责内容的组织和文案的撰写,数据分析师负责数据的整理与分析,美术设计师需要设计数据的最佳呈现形式,而遇到互动复杂呈现方式时,则需要程序员来用代码来编程实现(可参考附图2-14)。前两者实现的是数据"新闻价值"的挖掘,后两者侧重的是数据"呈现价值"的分析。但在实际操作中,往往会一人身兼数职,一个项目可能由三四人完成,也有可能由一两个人完成,只需参与者具备相应能力即可。

数据新闻的生产流程与传统的新闻生产流程不同,传统的流程强调的是线性行为,采编人员、设计和出版是上下游关系,一环套一环,采写是编辑的基础,编辑在记者采写稿件的基础上进行统筹,之后再由设计师来配图和排版,最后才是印刷出版。每一步都依赖于上一步的执行。但数据新闻的生产流程有所不同,采编人员和数据分析师完成数据清洗、整理和分析,并形成初步素材的组织与整理,设计人员根据采编人员提供的素材设计图形,同时与程序员沟通,如果开发成本太高或周期太长的话,要修改设计方案。在方案设计过程中,程序员很可能反过来要求记者补充数据。待方案确定后,设计、开发、文案同步进行。所以三方是合作和互动的关系。

(二)作品介绍

1.《青岛中石化管道爆炸事故》

作品链接:http://datanews.caixin.com/2013-11-24/100608929.html

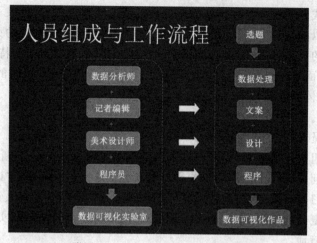

附图 2-14 人员组成与工作流程

该作品将爆炸现场拍摄的照片按照拍摄位置还原到谷歌地图上,配合文字描述,将事件时间、地点、起因等背景作完整的交待,使用户获得身临其境的感受。整个作品充分运用前方记者获取的采访信息,通过引导及交互两个界面,以数据新闻的方式同步呈现了事态进展,帮助用户建立起青岛爆炸事件起因、经过、影响的直观感受。

2.《星空彩绘诺贝尔》

作品链接:http://datanews.caixin.com/2013/nobel/index.html

2013 年 12 月诺贝尔颁奖典礼前后,财新数据可视化实验室推出数据新闻,向一百年来的 700 多位获奖者致敬。该作品以动画的方式展现了各个时代不同国家诺贝尔获奖者的信息。在每年的呈现上,受众都可以对奖项设定、获奖者的国家分布、性别比例、年龄分布有一个直观的了解,并获得视觉上的享受。在对数据进行整合和统计后,高度抽象出了"百年诺奖"背后反映的世界变化,反思了我国获诺奖的情况,并总结了一些有趣的"诺奖之最"。之后又加上了 2014、2015 年的获奖信息。据可视化设计师任远介绍,该作品会常年更新下去。

3.《周永康的人与财》

作品链接:http://datanews.caixin.com/2014/zhoushicailu/

该可视化作品建立在财新网《周永康的红与黑》文字报道的基础之上,实验室历时 3 个月的时间开发出了可视化作品《周永康的人与财》,将 3 万字的文字信息整合提炼出一个基于关系的互动页面,让事件中千丝万缕的关系网完整清晰呈现。该作品一经问世就获得了广泛的传播,财新、新浪加网易的作品页面共获得 400 万次的访问,分享这个地址的微博阅读次数达 2000 多万次,微博评论 4000 多条,微博转发 5 万多次。

(三)团队发展历程

2013 年 6 月,因为一个偶然的机会,接触到数据可视化,也预感到数据新闻的价值,财新开始进入数据新闻领域。一无所知,一切从零开始。

2013 年 7 月,财新传媒的 CTO 黄志敏和编辑黄晨来到浙江大学,参加面向高校教师为主的一个数据可视化培训,在座的主要是计算机图形学的教师和学生,黄志敏和黄晨是仅有的两个来自媒体的学员。

2013年8月,财新传媒完成第一个数据新闻作品《中东地区的敌友关系》,用美观的弦图呈现了错综复杂的中东敌友关系。

2013年9月,财新完成第二个数据新闻作品《三公消费龙虎榜》,用可视化的形式呈现了政府公开的三公消费数据。

2013年10月8日,财新数据新闻与可视化实验室成立,后更名为财新数据可视化实验室。

2013年11月22日,山东青岛发生中石化管道爆炸事故,实验室第一次介入重大报道,作品《青岛中石化管道爆炸事故》2014年6月获得亚洲出版业协会(SOPA)卓越新闻奖,这是中国数据新闻首次在国内外获奖,也是中国新闻史上第一次有程序员获得新闻奖。

2014年7月29日,发布《周永康的人与财》,之后中英文版分获亚洲出版业协会(SOPA)卓越新闻奖,实验室两年内三次获得亚洲新闻奖,还获得腾讯评选的"年度数据新闻""年度多媒体报道"以及国际新闻设计协会(SND)多媒体设计优秀奖等。这个作品成为实验室的代表作品,也成为中国数据新闻的代表作品。

(四)团队发展前景

优点:在技术、设计、内容各方面都表现出较高水平,业界领先;不少成员都有综合能力,既能设计又能开发。

不足:与世界最高水平还有差距,这也是实验室积极参加国际比赛的一个重要原因。设计水平、数据挖掘能力、选题意识都有提升的空间。

困难:数据新闻还没有成功的商业模式,如何能解决数据新闻业务的商业前景和可持续发展,这是一个亟须解决的问题。

应对策略:通过承接商业项目,解决收入差距问题,希望能达到新闻和商业的平衡发展。

五、无界智能媒体实验室数据新闻团队

(一)团队介绍

成立时间:2015年7月

团队规模:现有6人,编制8人(不含实习生,实习生常态设置2人)

无界传媒定位为"一带一路"时政、商业、国际化新媒体机构,内容带有"原创、深度、调查、大数据、智能"标签,追求"极致挖掘、极致传播"。智能媒体实验室是无界传媒最前沿、最智能、最年轻、最无边界的部门,主力做数据新闻、数据可视化、数据产品、数据分析、数据咨询、新闻机器人写作、虚拟机器人、机器人助手、智能云平台等。正在和世界级的企业合作,利用大数据、云计算、人工智能技术、模式识别技术、认知计算技术和机器深度学习,研发智能产品,探索媒体新生态,在数据抓取、自动写作、新闻机器人方面寻求突破。

无界智能媒体实验室目前的人员构成如下:①首席数据新闻官1人,主要负责部门发展方向和战略,拓展数据新闻和智能新闻,并形成品牌和运作模式,推动媒体进化,探索新生态。负责团队建立及管理、稿件审核、活动推广、产品设计等。②数据新闻记者3人,主要负责数据新闻稿件的撰写。③数据分析师1人,侧重于深度数据挖掘、大数据探索及分析等。④数据产品经理1人,主要负责数据新闻产品的市场落地,数据商务合作拓展等。⑤可视化工程师2人(招聘中),主要负责数据新闻稿件的可视化,数据新闻的H5展示、网页交互展示、动态展示

等。⑥数据新闻实习生2人,主要配合团队数据新闻记者工作,撰写数据新闻、智能新闻稿件。

无界智能媒体实验室团队成员具有海外留学、文理交叉学科背景,思维活跃、创意无限,从数据收集、建模分析、可视化呈现到文章写作,可独立一手包办。团队成员日常每人负责不同行业的数据新闻撰写,遇到大选题时相互配合。"原创人+数据采集+结构化数据+传播点+程序写作+数据美学=智能媒体实验室"。

(二)作品介绍

1.《北京加班地图|西二旗完胜金融街》

2015年,"加班"是不少白领的年度词语之一。在北京的众多写字楼群中,哪些才是加班王中王? 无界数据新闻记者联合滴滴出行绘制了一幅浩瀚的北京加班长卷。根据不同地区的打车时间中位数,在西二旗区域,有一半订单在21时后产生,荣登最晚下班榜首。

作品链接:http://www.watching.cn/html/2015/sjxw_1207/5416.html

2.《占全国人口1.6%的帝都人民买走了全国16%的口罩》

2015年华北地区雾霾现象加剧,环境问题成为人们关注的焦点,伴随话题热度增长的还有口罩的消费量。无界数据新闻记者分析《阿里零售平台健康消费报告》数据发现,占全国人口不足1.6%的帝都人2015年在互联网上买走了全国超过16%的口罩。

作品链接:http://www.watching.cn/html/2015/sjxw_1211/5520.html

3.《9100篇最热微信文章全分析|我们将毁于我们所热爱的东西?》

2015年,在微信公众号每天推送的文章汪洋里,有哪些文章可以突破十万+,登上热门榜,从此走上文生巅峰呢? 无界数据新闻记者分析收集了三个月(2015年9—11月)的微信公众号原创内容榜单每天阅读量最高的前100篇文章,共计9100篇微信热门文章,分析了其中奥秘。

4.《中国有多少房屋库存?》

2015年12月21日闭幕的中央经济工作会议提出将"去库存"作为来年经济五大任务之一。无界数据新闻记者分析国家统计局数据发现,11月末全国商品房待售面积69637万平方米。如果按每套100平方米计算,相当于全国待售商品房约有近7百万套。如果按照我国人均住房面积30平方米计算,"空置"的住房可供2300多万人口居住,这接近于北京市的总人口。

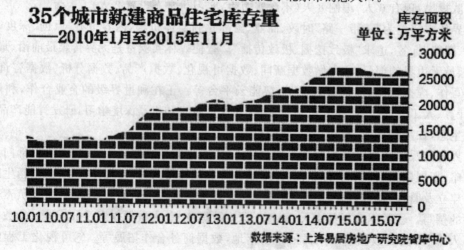

附图2-15 《中国有多少房屋库存?》

作品链接:http://www.watching.cn/html/2015/sjxw_1223/5851.html

5.《人民币加入 SDR、美联储加息,人民币汇率将发生怎样变化》

2015年11月底,国际货币基金组织宣布人民币将在2016年10月1日后被纳入SDR篮子。人民币入篮成功是否意味着人民币国际化的实现?无界新闻数据分析师发现,截至目前,世界货币基金组织发行的SDR为2040亿(单位:SDR)。全球官方外汇储备中约三分之二是美元储备,排在美元之后的是欧元、日元、英镑等。人民币被包含在"其他"项内,所以不超过总储备的3%。由此可见,人民币加入SDR篮子对人民币需求、汇率的冲击在短时间内是有限的。

作品链接:http://www.watching.cn/html/2015/sjxw_1219/5744.html

(三)团队发展历程

1.团队初始阶段

无界把数据当做一种工具,一种表现形式,一种调查手段,涉猎时政、财经、民生等,做以大数据为驱动的新闻和故事,进行调查性报道、解释性报道、创新型报道。数据新闻究其本质是新闻,离不开热点和突发。

2015年天津港"8·12"瑞海公司危险品仓库特大火灾爆炸事故是智能媒体实验室成立后遇到的第一件突发新闻。他们的"数据种子"在很短的时间内从"中美消防员对比""爆炸前后空气质量""网络发声""知识普及"等多方角度切入此事件,记者、设计、技术多方配合,共完成9篇高质量数据新闻稿件。

附图2-16 天津爆炸多角度切入思考①

事实证明,尽管从数据搜集到呈现需要一定周期,但是当数据库的积累达到一定程度、团队的配合足够程序化时,利用数据做热点突发事件完全有可能。之后无界智能媒体实验室的作品《数据|"全面二孩"后,想生就生了?》《数据|二孩生与不生:问问套套和叶酸》《徐翔如何玩转高送转概念》《恐怖袭击 不止今天 不止巴黎》等都是紧跟突发热点的数据新闻。

---

① 制图:无界智能媒体实验室数据可视化实习生余政彦。

2. 团队探索阶段

智能媒体实验室数据新闻团队在成立初期,写作文风和选题方向比较散,摊子铺得大,一定程度上影响了数据新闻的对标性和用户精准性。

在团队成员基本到齐后,根据团队需要和记者个人兴趣选定一到两个行业和领域进行深挖和钻研。如今的智能媒体实验室已经在数据选题上确定了时政、社会、环境、工业、娱乐等几个固定的新闻线。

在文风探索上,遵循新媒体规律,也发挥团队90后种子选手们的活泼特质,在新闻叙事上有了"S姐""肿君""小肿"等人格化的人物设定。数据种子们现在的文风是整个无界新闻中比较活泼有趣的,与读者之间也形成了较为亲密的关系。我们的官方微信公众号"数据种子(wujiedata)"2015年7月开始发文使用,4个月后就获得了"原创"标签功能。

3. 数据开发阶段

团队确定了比较明确的新闻线和文风之后,最大的困难就是数据来源的问题。作为数据新闻报道的基础,海量数据主要来源于政府、企业、社会机构等公开的数据库中获取的数据,或由媒体调查抓取的互联网数据,或引用专业数据公司(专业数据库)的数据,或与产生数据的企业合作获得的数据等。中国政府信息数据实现共享和公开正在努力中,我们在《2018 政府数据要开放?先看看现在长啥样》这篇新闻中曾经对中国各省市区的政府数据公开情况进行了盘点。

无界智能媒体实验室在2015年10月引入了"数据产品经理"的职位,专门负责数据源的对接和数据产品的推广工作。目前已经完成了与不少大数据的合作,包括环保部、统计局、中国气象局、公安部消防局、全国企业信用信息公示系统等政务数据;包括"万得数据库""choice数据库"等专业数据提供方;包括"今日头条""一点资讯""滴滴出行""大众点评""阿里健康""阿里公益"等拥有用户行为数据的公司;包括"数据堂""亮风台""企信宝"等大数据公司。

4. 完善发展阶段

智能媒体实验室的数据工作按照从数据新闻到数据产品再到数据咨询和数据预测的思路上进化和发展,实现智能化和机器化、市场化和商业化、服务化和场景化。

同时培养出一支做数据新闻过硬的团队,最顶级的数据新闻记者应对采访、编程、设计都有所涉猎,数据新闻记者需要了解设计的理论、代码的入门,这样才能对设计师说清楚需求,能明白程序员所说的 bug 是什么。

数据种子们正夜以继日获得新技能,广泛涉猎统计学、设计美学、社科研究方法、计算机数据挖掘、数据可视化、平面与交互设计、网络编程、媒介融合、新媒体艺术等多个领域。目前,无界智能媒体实验室还急需2位数据可视化工程师,来统领大的数据新闻专题的可视化和技术工作,从而实现智能媒体实验室内新闻故事采访、数据分析和可视化呈现的完美生态链。

(四)团队发展前景

1. 团队亮点

(1)无界智能媒体实验室立足无界传媒"有温度的智能媒体平台"的自我定位,除了数据新闻、数据可视化方面的尝试,还积极探索大数据与人工智能的碰撞可能产生的机遇。

(2)无界智能媒体实验室是国内第一个专业性的数据新闻团队(非项目制),数据新闻部门与摄影、评论、商业等部门并行作为一个独立的新闻部门存在。

(3)无界智能媒体实验室联合无界传媒子公司"北京无界新辉信息科技有限公司"成立了

大数据工作室,力求在数据分析和数据产品呈现上更专业、更智能。

(4)智能媒体实验室与无界新闻调查、评论、商业等深度原创新闻部门紧密合作、相互渗透,将故事、调查、采访和数据新闻有机结合起来。

(5)设立专门的数据分析师,加强数据分析能力,实现复杂数据集的洞察。

(6)设立专门的数据产品经理,接入多个数据提供方,形成了包括用户行为数据、工业大数据、环境大数据、娱乐大数据的多线深挖数据新闻模式。

(7)90后团队文风活泼,多学科交叉背景,善于学习使用多种数据分析和数据可视化工具。

2. *存在的不足*

(1)团队的数据可视化工程师职位仍空缺,可视化和技术上的部分工作需要与其他部门对接完成;

(2)在数据来源上,期待与更多数据平台对接合作,形成一个良性的数据生态闭环。

3. *面对的机会和威胁*

(1)寻求可靠的数据源。在选择数据源时,应考虑其代表性和价值,兼顾数据的广度与深度,通过不同数据源相互印证。中国政府信息数据实现共享和公开正在努力中,国际新闻报道中涉猎的国外数据相对容易获得。

(2)数据新闻人才缺乏。国内数据新闻人才奇缺,数据新闻记者和数据新闻可视化人才是需要交叉培养的,国内高校很多新闻专业的培养缺少数据新闻的涉猎和教育。虽然,中国传媒大学、武汉大学等高校已经或者即将开设相关专业和课程,但人才还是有巨大缺口。

(3)对数据新闻的认知不一。形容当下的数据新闻,它相当于一个8岁孩子的发展水平。但是关于数字、数据、大数据、数字化、数据化,数字新闻、数据新闻和可视化新闻等概念,目前存在一些混淆,一些媒体以简单数字、图标、图签、表格罗列的新闻,并不是数据新闻。

六、新华网数据新闻部

(一)团队介绍

成立时间:2013年

团队规模:约20人

当大数据成为至关重要的生产力要素,当大数据给媒体传播带来前所未有的挑战,如何实现"数据突围",成为了新华网的战略考量之一。作为国家重点新闻网站,新华网从2012年开始对"数据可视化"新闻进行探索,是较早开展数据新闻实践的媒体机构之一。

新华网数据新闻部以"用数据传递独特新闻价值"为理念,以数据为驱动,以可视化为载体,在数据梳理、表现形态、传播路径等方面大胆创新,注重全方位改善新闻产品的用户体验,让枯燥内容生动化、让新闻信息知识化,打造高品质的数据新闻专栏相关产品,在创新与融合中让新闻更具价值。

新华网数据新闻部由约20名成员组成,岗位包括策划编辑(项目策划,稿件撰写)、数据分析师(数据挖掘与整理)、设计师(可视化、平面设计)、前端工程师(交互功能实现)等,充分保障每天的生产工作流程。部门成员除了具备相关专业领域知识和丰富的采编、统计、设计、编程等方面的经验,更不乏"海归"、复合型人才,思维敏锐且勇于创新。

新华网数据新闻部所采用的数据来源包括官方权威统计数据、研究机构数据、新华网社交系统形成的数据及各类媒体新闻报道数据等,从根基上确保作品内容的权威可靠性,并借助无人机、传感器等多样前沿科技设备,不断创新数据收集、报道方式和别样的报道视角。

截至目前,新华网数据新闻部共制作了近千期"数据可视化"产品,产品形态包括图解、动画、交互专题、移动端轻应用等;内容涵盖时政、财经、科普、人文、社会、突发事件等题材。

新华网将继续加大数据新闻研发力度,加强与数据机构合作,以更为领先的报道形态,打造数据新闻界的"明星产品",实践媒体融合,更好地引领舆论、服务广大网民。

(二)作品介绍

1. **《科普:什么是船体切割救援》——看到新闻,更看到新闻的背后**

2015年6月,"东方之星"号客轮在长江发生翻沉事故,新华网数据新闻部除了第一时间根据新闻制作图解进行报道并更新实时数据,更推出相关科普类内容,介绍救援、防灾等方面的专业知识,让民众直观了解救援情况,获得网民普遍认可。针对突发新闻推出的图解也已成为部门产品的特色之一,在天津爆炸事故、巴黎恐怖袭击事件、深圳山体滑坡事故等突发新闻中,部门均快速反应,全方位进行跟进报道。

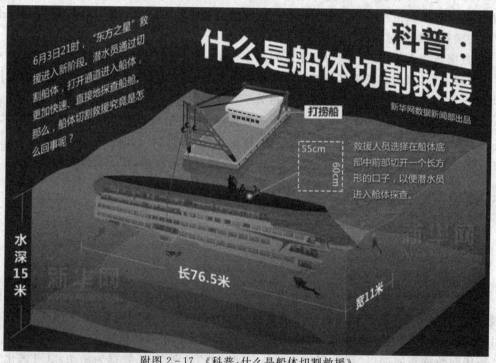

附图2-17 《科普:什么是船体切割救援》

作品链接:http://news.xinhuanet.com/video/sjxw/2015-06/04/c_127879052.htm

2. **《我们为何总爱跟火星"较劲"?》——凡事皆可可视化**

2015年底《火星救援》的上映再次掀起一股"火星热",该图解产品从电影出发,延伸到火星的相关科普介绍及人类对火星科考情况的诸多方面,综合国内外权威机构数据进行可视化呈现。除科技类之外,部门的日常图解还会涉及健康、人文等诸多方面,以"百姓身边的可视化"进一步增强对网民的吸引力。

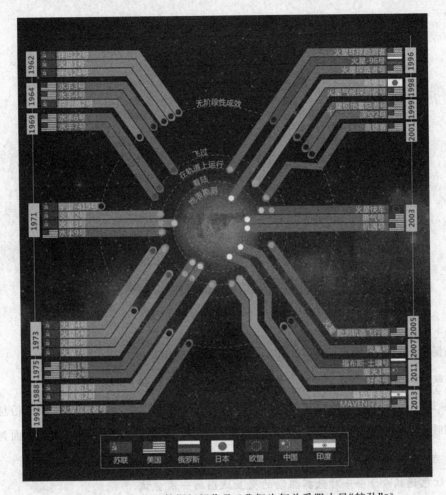

附图2-18 新华网数据新闻作品《我们为何总爱跟火星"较劲"?》

作品链接：http://fms.news.cn/swf/ghxjj2015_sjxw/index.html

3.《一个家庭的65年变迁》——数据与多媒体手段的完美融合

将新中国历史上的重大事件和有关中国经济、人口、家庭变化各方面的权威数据进行年代梳理，以一个根据真实历史资料虚拟的家庭作为载体，通过交互手段，融合漫画、动画、视频、音频等多种媒体形态，生动地体现出65年家国巨变。一经推出在网上掀起了巨大反响，央视网、新浪网、百度网等网站都进行了嵌入式转载。

附图 2-19 《一个家庭的 65 年变迁》

作品链接：http://fms.news.cn/swf/gq65/index.html

4.《政府工作报告与我》——为每个网民量身定做的数据产品

从"新媒体时代，个性化定制的政府工作报告"这一概念出发，通过用户提供的信息自动筛选并提炼政府工作报告中与用户个人生活相关的内容及数据。最终呈现的交互页面为每一个用户产生一个独立的网页地址，方便用户在社交平台分享个人定制的政府工作报告。

5.《红色通缉令》——对数据驱动的交互地图的一次尝试

结合反腐热点趋势，将国际刑警组织中国国家中心局公布的 100 名涉嫌犯罪的外逃国家工作人员、重要腐败案件涉案人等人员进行深度归类分析，将粗放型的新闻数据数字化、碎片化，将外逃涉案人员数据重新归类，即通过世界地图的形式直观呈现外逃路线，网民也可通过涉案人员的外逃时间、原所在单位等索引方式分类查看详细信息。该交互产品亦获得专业人士好评。

作品链接：http://fms.news.cn/swf/waitaomap/

6.《双城记：莫斯科 VS 柏林》——拖动鼠标拉近历史与现代的距离

纪念世界反法西斯战争胜利 70 周年之际，在同类话题的策划产品中另辟蹊径，从时间、空间两个维度对照反映第二次世界大战期间德军与苏军的进军路线与战斗情况。在对莫斯科、柏林两座核心城市重点展示时，除了给相应的历史地标建筑配以实地街景图，更是在对应位置嵌入二战老照片，进一步增强了身临其境之感。

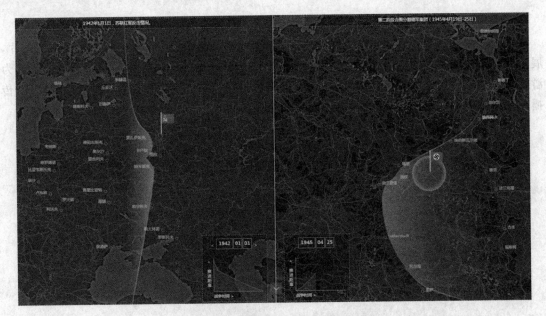

附图 2-20 《双城记：莫斯科 VS 柏林》

作品链接：http://fms.news.cn/swf/twocities1/

7.《在北京停车有多难》——数据更要站在百姓的角度读

通过整理分析北京市登记注册停车位的数量、机动车保有量等相关数据，分析各区县"车位缺口"的发展态势，并呈现不同地段的停车费状况供网民对比参考，兼备新闻性与实用性。该交互产品同时适配移动端，更利于网民的分享传播。

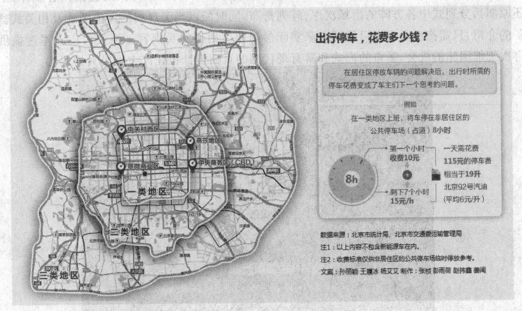

附图 2-21 《在北京停车有多难》

作品链接：http://fms.news.cn/swf/tcydn_2015_sjxw/index.html

8. 《时间如漏沙，还能陪妈妈几次》——做有温度的数据

作为一款母亲节期间推出的亲情交互小游戏，角度新颖，通过衣、食、住、行等多方面图片，展示与母亲（家人）可能的陪伴频率；同时以卡通 Q 版画风增强作品整体的温馨感觉。正因为游戏主题能够在用户间产生共鸣，所以引发了网民的热烈参与，使作品在阐述母亲节意义、传播正能量的同时，也带来良好的社会影响。

附图 2-22 《时间如漏沙，还能陪妈妈几次》

作品链接：http://fms.news.cn/swf/mqj2015/index.html

9. 《全景交互看阅兵》——直观、全面的移动端体验

根据 2015 年 9 月 3 日纪念世界反法西斯战争胜利 70 周年大阅兵的直播内容制作，全景还原阅兵分列式中各方阵的出场次序、阵列排布，同时配以当天现场的高清图片及相关武器装备的介绍，只需拖动页面即可按照方队实际参阅顺序回顾阅兵内容。不仅为广大军迷提供了再次细细回味的机会，新奇的形式和富有现代感的页面设计也让广大网民大饱眼福。

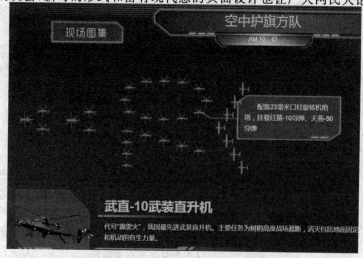

附图 2-23 《全景交互看阅兵》

作品链接：http://fms.news.cn/swf/ybbz2015_sjxw/index.html

10.《2015热点话题我画你猜》——让趣味性与话题性相辅相成

作为2015年终策划的系列产品之一，通过看图猜词的小游戏形式，与网民共同回顾2015年的流行事物、热点新闻话题，以生动的图片增强趣味性和参与度，以大众耳熟能详的热词贴近网民，并通过移动端与PC端"双管齐下"扩大传播力。游戏中所猜的词汇涵盖2015年的新闻关键词、网络流行语、热门影视剧集等方面。

作品链接：http://news.xinhuanet.com/video/sjxw/2015-12/25/c_128566277.htm

附图2-24 《2015热点话题我画你猜》

(三)团队发展前景

2015年10月，新华网数据新闻专栏被评为第25届中国新闻奖名专栏一等奖，这对整个团队是肯定，更意味着一个崭新的起点。同年12月，数据新闻专栏全新改版升级，部门对栏目的长远发展，以及产品形态和内容的规划都有了进一步的思考，紧跟行业发展形势，及时调整产品结构，以信息图、图文互动、专题、PC交互、手机交互等五种形式为主，丰富产品形态；以讲习所、政经事、新极客、人文说、漫动作、数据观、涨知识、第一时间、数问民生、健康解码等十大产品线为主，将时政、财经、科普、人文、社会、突发事件等日常所涉及的内容方面全部涵盖其中。

面对媒体行业和数据新闻行业的发展带来变化与冲击，数据新闻部也将不断完善自身，把握机遇、迎接挑战：

1. 获得更多优质数据源，加快产品转型

部门一方面继续积极与掌握数据资源的政府部门、机构、公司合作，获得外部独家、优质的资源，另一方面将进一步积极运用无人机、传感器等新技术，创新应用，自主获取高价值数据，做出有影响力、高品质的真正靠数据驱动的数据新闻产品。

2. 坚持以内容为导向，着力打造精品栏目

数据新闻行业发展迅速，究其原因，主要是当下网民对新闻的获取渠道终端化、阅读习惯碎片化、形态需求多样化。但数据新闻的形态再多样、技术再发展，也仅仅是新闻传播的辅助性手段，始终要以内容为导向，在保证新闻真实、权威的前提下，根据内容的特点、角度，以及目标受众等因素，打造更多的精品栏目，将可视化产品以生动、多样、直接、易懂的方式精准地传播给广大网民。

3. 引进相关专业人才，培养"多面手"

结合数据新闻的发展形势，进一步对接网民的阅读需求，在引进人才方面，将更加偏重数据挖掘、数据分析等方面。此外，还将加大对现有工作人员采编、设计、技术等多方面技能的培训，真正做到既有专攻又一人多能，提供部门快速应对、"打硬仗、打胜仗"的能力。

参考文献

[1] 王斌. 大数据与新闻理念创新——以全球首届"数据新闻奖"为例[J]. 编辑之友,2013(06):16-19.

[2] 方洁,颜冬. 全球视野下的"数据新闻":理念与实践[J]. 国际新闻界,2013(06).

[3] 郭晓科. 数据新闻学的发展现状与功能[J]. 编辑之友,2013(08):87-89.

[4] 祝建华. 大数据时代的新闻与传播学教育:专业设置、学生技能、师资来源[J]. 新闻大学,2013(04).

[5] 章戈浩. 作为开放新闻的数据新闻——英国《卫报》的数据新闻实践[J]. 新闻记者,2013(06):7-13.

[6] 喻国明,王斌,李彪,杨雅. 传播学研究:大数据时代的新范式[J]. 新闻记者,2013(06).

[7] 高雁. 大数据时代下的新闻专业教育反思[J]. 传媒观察,2013(11).

[8] 苏宏元,陈娟. 从计算到数据新闻:计算机辅助报道的起源、发展、现状[J]. 新闻与传播研究,2014(10).

[9] 陈力丹,李熠祺,娜佳. 大数据与新闻报道[J]. 新闻记者,2015(02):49-55.

[10] 杭敏,John Liu. 财经新闻报道中数据的功用——以彭博新闻社财经报道为例[J]. 新闻记者,2015(02).

[11] 钱进,周俊. 从出现到扩散:社会实践视角下的数据新闻[J]. 新闻记者,2015(02).

[12] 郭恩强,亚历山大·本杰明·霍华德. 数据新闻何以重要?——数据新闻的发展、挑战及其前景[J]. 新闻记者,2015(02).

[13] 戴世富,韩晓丹. 增值与"异化"——数据新闻范式中的新闻价值思考[J]. 传媒观察,2015(03).

[14] 戴世富,韩晓丹. 增值与异化:数据新闻范式中的价值思考[J]. 当代传播,2015(01).

[15] 张艳. 论数据新闻的图像表意与审美转向[J]. 编辑之友,2015(03).

[16] 王秀丽,王天定. 数据新闻可视化设计的反思与创新路径——以2014"数据新闻奖"作品为例[J]. 新闻界,2015(09).

[17] 任瑞娟,白贵. 数据新闻的理论与实践:模式、发现与思考[J]. 新闻大学,2015.

[18] 陈积银,刘颖琪. 数据新闻的实践与前瞻——首届中国数据新闻大赛暨数据新闻教育发展高峰研讨会会议综述[J]. 新闻记者,2015(03).

[19] 李岩,李赛可. 数据新闻:"讲一个好故事"?——数据新闻对传统新闻的继承与变革[J]. 浙江大学学报(人文社会科学版),2015(06).

[20] "国内外新闻与传播前沿问题跟踪研究"课题组,殷乐. 大数据时代的新闻:个案、概念、评判[J]. 新闻与传播研究,2015(10).

[21] 徐锐,万宏蕾. 数据新闻:大数据时代新闻生产的核心竞争力[J]. 编辑之友,2013(12).

[22] 胡怡仁. 话说数据新闻[J]. 新闻战线,2014(1):94-96.

[23]薛晓薇.数据新闻:在成为全球新闻界的"新宠"之后[J].传媒观察,2014(05).

[24]常江,文家宝,刘诗瑶.电视数据新闻报道的探索与尝试——以中央电视台《晚间新闻》"据"说系列报道为例[J].新闻记者,2014(05).

[25]张炯.数据新闻学与新闻编辑能力重构[J].编辑之友,2014(14).

[26]徐琦,宋祺灵.国内电视媒体大数据新闻实践探析——以央视新闻为例[J].新闻界,2014(14).

[27]丁柏铨.数据新闻:价值与局限[J].编辑之友,2014(07).

[28]常江,杨奇光.数据新闻:理念、方法与影响力[J].新闻界,2014(12).

[29]杨雅.大数据分析与可视化技术:新闻传播的新范式——"大数据与新闻传播创新"研讨会综述[J].国际新闻界,2014(03).

[30]黄偲嫣,冯嘉莹.数据新闻给新闻行业带来什么[J].编辑学刊,2014(05).

[31]周善.数据新闻:网站专业生产内容(PGC)的可循之途——四大门户网站的数据新闻实践[J].编辑之友,2014(08).

[32]李希光,赵璞.数据可视化:数据新闻在健康报道中的应用[J].新闻战线,2014(11).

[33]罗艺.美国数据新闻编辑面面观[J].编辑之友,2014(11).

[34]王勇,王冠男,戴爱红.国内数据新闻本体发生发展研究述评[J].昆明理工大学学报(社会科学版),2015(06).

[35]彭兰.数据与新闻的相遇带来了什么?[J].山西大学学报(哲学社会科学版),2015(02).

[36]陈虹,秦静.数据新闻的历史、现状与发展趋势[J].编辑之友,2016(01).

[37]张超,钟新.新闻业的数据新闻转向:语境、类型与理念[J].编辑之友,2016(01).

[38]方洁,高璐.数据新闻:一个亟待确立专业规范的领域——基于国内五个数据新闻栏目的定量研究[J].国际新闻界,2015(12).

[39]张帆,吴俊.2011—2015:大数据背景下英美数据新闻研究述评[J].国际新闻界,2016(01).

[40]西蒙·罗杰斯.精确新闻报道:释放可视化报道的力量[M].岳悦,译.北京:中国人民大学出版社,2015.

[41]方洁.数据新闻概论:操作理念与案例解析[M].北京:中国人民大学出版社,2015.

[42]刘义昆,董朝.数据新闻设计[M].桂林:广西师范大学出版社,2015.

[43]凯利·莱特尔,朱利安·哈里斯,斯坦利·约翰逊.全能记者必备:新闻采集、写作和编辑的基本技能[M].宋铁军,译.北京:中国人民大学出版社,2005.

[44]张华平,高凯,黄河燕,赵燕平.大数据搜索与挖掘[M].北京:科学出版社,2015.

[45]菲利普·梅耶.精确新闻报道:记者应掌握的社会科学研究方法[M].肖明,译.北京:中国人民大学出版社,2015.

[46]张文霖,刘夏,璩狄松.谁说菜鸟不会数据分析入门篇[M].北京:电子工业出版社,2014.

[47]陈胜可.SPSS统计分析从精通到入门[M].北京:清华大学出版社,2014.

[48]杨铁莘.大数据时代下的统计学[M].北京:电子工业出版社,2015.

[49]屈泽中.大数据时代小数据分析[M].北京:电子工业出版社,2015.

[50]麦金尼.利用Python进行数据分析[M].唐学韬,译.北京:机械工业出版社,2014.

[51]邱南森(Nathan Yau).数据之美:一本书学会可视化设计[M].张伸,译.北京:机械工业

[52]喻国明,李彪,杨雅,李慧娟.新闻传播的大数据时代[M].北京:机械工业出版社,2014.

[53]陈为,沈则潜.大数据丛书:数据可视化[M].北京:电子工业出版社,2013.

[54]兰迪·克鲁姆.可视化沟通:用信息图表设计让数据说话(全彩)[M].唐沁,周优游,译.北京:电子工业出版社,2014.

[55]维克托·迈尔·舍恩伯格,肯尼思·库克耶.大数据时代[M].盛杨燕,译.杭州:浙江人民出版社,2014.

[56]刘涛.西方数据新闻中的中国:一个视觉修辞分析框架[J].新闻与传播研究,2016(02).

[57]刘杰.数据新闻可视化叙事初探[J].科技传播,2013(16).

[58]Alexander Benjamin Howard. The art and science of data-driven journalism:when journalists combine new technology with narrative skills, they can deliver context, clarity and a better understanding of the world around us[EB/OL].

[59]Lucy Chambers. The Data Journalism Handbook[M]. O'Reilly,2012.

[60]Geoff McGee:Journalism in the Age of Data[EB/OL]. http://datajournalism.stanford.edu.

[61]史安斌,廖鲽尔."数据新闻学"的发展路径与前景[J].新闻与写作,2014(02).

[62] http://opendata.zeit.de/pisa-wohl-stands-vergleich/visualisierung.php#/en/DEU-OECD.

[63]John Snow's Cholera data in more formats[EB/OL].(2013-03-13). http://blog.rtwilson.com/john-snows-cholera-data-in-more-formats/.

[64]LA NACION. Argentina Senate Expenses 2004-2013[EB/OL].(2013-03-04). http://blogs.lanacion.com.ar/ddj/data-driven-investigative-journalism/argentina-senate-expenses.

[65]朱林.基于特征加权与特征选择的数据挖掘算法研究[D].上海:上海交通大学,2014.

[66]沈浩,谈和.数据新闻时代新闻报道的流程与技能[J].新闻与写作,2015(02).

[67]郑磊,高丰.中国开放政府数据平台研究:框架、现状与建议[J].电子政务,2015(07).

[68]Excel home. Excel数据透视表应用大全[M].北京:人民邮电出版社,2012.

[69]曾悠.大数据时代背景下的数据可视化概念研究[D].杭州:浙江大学,2014.

[70]李晓梅,黄朝晖.科学计算可视化导论[M].长沙:国防科技大学出版社,1996.

[71]周宁,陈勇跃,金大卫,张会平.知识可视化与信息可视化比较研究[J].情报理论与实践,2007(02).

[72]Manuel Lima. 信息繁美:信息可视化方法与案例解析序[M].北京:机械工业出版社,2013.

[73]赵国庆.知识可视化2004定义的分析与修订[J].电化教育研究,2009(03).

[74]陈为,张嵩,鲁爱东.数据可视化的基本原理与方法[M].北京:科学出版社,2013.

[75]文卫华,李冰.大数据时代的数据新闻报道——以英国《卫报》为例[J].现代传播(中国传媒大学学报),2013(05).

[76]王娜君."数据新闻"在我国新媒体平台的实践及发展路径探究[D].广州:暨南大学,2014.

[77]邹莹.可视化数据新闻如何由"作品"变"产品"?——《南方都市报》数据新闻工作室操作思路[J].中国记者,2015(01).

[78]邵国松.训练思维还是训练技能?美国新媒体教育的理论和实践[J].新闻大学,2014(06).

[79]祝建华.从大数据到数据新闻[J].新媒体与社会,2014(04).

[80]黄志敏.程序员获新闻奖,你怎么看?——解读财新网可视化数据新闻[J].中国记者,2015(01).

[81]沈浩,谈和,文蕾."数据新闻"发展与"数据新闻"教育[J].现代传播:中国传媒大学学报,2014,36(11).

[82]维克托·迈尔·舍恩伯格,肯尼思·库克耶.大数据时代[M].盛杨燕,周涛,译.杭州:浙江人民出版社,2012.

图书在版编目(CIP)数据

数据新闻入门教程/陈积银,曹树林主编. —西安:西安交通大学出版社,2016.4
ISBN 978-7-5605-8432-4

Ⅰ.①数… Ⅱ.①陈…②曹… Ⅲ.①新闻学-教材 Ⅳ.①G210

中国版本图书馆 CIP 数据核字(2016)第 072959 号

书　　名	数据新闻入门教程
主　　编	陈积银　曹树林
责任编辑	史菲菲
出版发行	西安交通大学出版社 (西安市兴庆南路 10 号　邮政编码 710049)
网　　址	http://www.xjtupress.com
电　　话	(029)82668357　82667874(发行中心) (029)82668315(总编办)
传　　真	(029)82668280
印　　刷	陕西新世纪印刷厂
开　　本	787mm×1092mm　1/16　印张 15.625　字数 373 千字
版次印次	2016 年 8 月第 1 版　2016 年 8 月第 1 次印刷
书　　号	ISBN 978-7-5605-8432-4/G・1399
定　　价	34.80 元

读者购书、书店添货、如发现印装质量问题,请与本社发行中心联系、调换。
订购热线:(029)82665248　(029)82665249
投稿热线:(029)82668133
读者信箱:xj_rwjg@126.com

版权所有　侵权必究